I0762550

DK EYEWITNESS

LA ENCICLOPEDIA DE LOS ANIMALES EN ESPAÑOL

DK EYEWITNESS

LA ENCICLOPEDIA DE LOS ANIMALES

EN ESPAÑOL

Coordinación editorial Sam Kennedy
Coordinación editorial de arte Stefan Podhorodecki
Edición Ed Pearce, Binta Jallow y Anna Streiffert Limerick
Diseño Mik Gates y Beth Johnston
Ilustración Simon Tegg
Iconografía Geetam Biswas
Coordinación de iconografía Virien Chopra
Subdirección editorial Francesca Baines
Subdirección editorial de arte Philip Letsu
Producción editorial Gillian Reid
Control de producción Leanne Burke
Diseño de cubiertas Stephanie Tan
Coordinación de diseño de cubiertas Rashika Kachroo
Coordinación de arte (cubiertas) Romi Chakraborty
Dirección de publicaciones Andrew Macintyre
Dirección de arte Mabel Chan

Textos Kat Day, Cat Hickey y John Woodward

Expertos entrevistados Colin Beale, Jaime Culebras, Helen Fox, Michael Murray, Dyan deNapoli, Alex Walters, Edith Widder y Hamza Yassin

Asesoría Derek Harvey

DE LA EDICIÓN EN ESPAÑOL
Servicios editoriales deleatur, s. l.
Traducción Montserrat Asensio Fernández, Pilar Comín Sebastián, Antón Corriente Basús y Carmen Gómez Aragón
Coordinación de proyecto Cristina Sánchez Bustamante
Dirección editorial Elsa Vicente

Publicado originalmente en Gran Bretaña en 2025 por Dorling Kindersley Limited
20 Vauxhall Bridge Road, London SW1V 2SA

Parte de Penguin Random House

002-342554-April/2026

Título original: *Encyclopedia of Animals*
Primera edición 2026

ISBN: 979-8-2171-3561-5

Impreso y encuadernado en China

www.dkespañol.com

Este libro se ha impreso con papel certificado por el Forest Stewardship Council™ como parte del compromiso de DK por un futuro sostenible. Para más información, visita **www.dk.com/uk/information/sustainability**

CONTENIDO

Historia de la evolución 6
Clasificación animal 8
Alimentación y respiración 10
Percepción y movimiento 12
Reproducción animal 14
Así crecen los animales 16

INVERTEBRADOS 18
Invertebrados 20
Libélulas y afines 22
Saltamontes y mantis 24
Insectos bestiales 26
¡Ojo al dato! Insectos 28
Escarabajos coloridos 30
Moscas fascinantes 32
Mariposas y polillas 34

PECES 66
¿Qué es un pez? 68
Tiburones y rayas 70
Tiburones martillo 72
Peces antiguos 74
Anguilas esquivas 76
Peces de agua dulce 78
Peces abisales 80
Pregunta a una exploradora marina 82

ANFIBIOS Y REPTILES 98
Anfibios y reptiles 100
Salamandras espectaculares 102
Ranas fabulosas 104
Fantásticos sapos 106
Pregunta a un fotógrafo de ranas 108
Fantásticas tortugas 110
Tortuga verde 112

AVES 126
Las aves 128
Corredoras veloces 130
Águilas rapaces 132
Halcones y afines 134
Rapaces nocturnas 136
¿Qué es? Aves rapaces 138
Aves carroñeras 140
Pregunta a un ornitólogo 142

MAMÍFEROS 176
Los mamíferos 178
Grandes gatos 180
Felinos menores 182
Guepardo corredor 184
Caninos astutos 186
¿Qué es? Raza de perro 188
Nutrias y parientes 190
Pregunta a un veterinario 192

VIDA ANIMAL 248
Socios y parásitos 250
Cazadores y cazados 252
Biomas y hábitats 254

Identifica... mariposas y polillas 36
Hormigas, abejas y avispas 38
Abejas laboriosas 40
Arañas sedosas 42
Arácnidos increíbles 44
¡Ojo al dato! Gusanos 46
Ciempiés y milpiés 48
Medusas blanditas 50
Cangrejos y compañía 52
Identifica... crustáceos 54

Moluscos alucinantes 56
Cefalópodos listos 58
Pulpos de anillos azules 60
Equinodermos extraordinarios 62
Pregunta a una experta en corales 64

Peces de agua salada 84
Picudos y voraces 86
¡Ojo al dato! Peces 88
Caballitos bailarines 90
Peces de arrecife tropical 92
Peces tóxicos 94
Identifica... peces 96

Cocodrilos feroces 114
Serpientes escurridizas 116
¡Ojo al dato! Lagartos 118
Lagartos escamosos 120
Geniales gecos 122
Identifica... reptiles 124

Aves marinas 144
Aves buceadoras 146
Pelícanos poderosos 148
¡Ojo al dato! Alzar el vuelo 150
Desfile de pingüinos 152
Pregunta a una pingüinóloga 154
Aves acuáticas de patas largas 156
Aves fabulosas 158
Colibríes y vencejos 160
¡Ojo al dato! Nidos y huevos 162

Martines pescadores 164
Pájaros carpinteros y tucanes 166
Loros vanidosos 168
Buena percha 170
Cuervos listos 172
Identifica... aves cantoras 174

Topos, musarañas y erizos 194
Roedores afanosos 196
Identifica... roedores 198
Murciélagos magníficos 200
Marsupiales maravillosos 202
Mamíferos ovíparos 204
Perezosos y afines 206
Simios increíbles 208
Monos traviesos 210
Langur chato dorado 212

Primitivos prosimios 214
Osos imponentes 216
Oso polar 218
¡Ojo al dato! Depredadores 220
Focas, morsas y leones marinos 222
Delfines y marsopas 224
Ballenas y afines 226
Identifica... mamífero acuáticos 228
Poderosos elefantes 230
La familia de los camélidos 232

Cerdos silvestres 234
Animales rumiantes 236
Pregunta a una cineasta 238
Colosales jirafas 240
Équidos 242
Rinocerontes y tapires 244
¡Ojo al dato! Vida familiar 246

Pregunta a un ecólogo 256
Impacto humano 258
Salvar animales 260

GLOSARIO 262
ÍNDICE 266
AGRADECIMIENTOS 270

Historia de la evolución

REGISTRO **FÓSIL**

Los fósiles, como este de un *Tyrannosaurus rex*, nos informan sobre las especies prehistóricas. Nos dicen cómo era un animal y, según la profundidad y la capa de roca donde se encuentren, cuándo vivió.

La evolución es el proceso por el cual las especies de seres vivos cambian a lo largo del tiempo. Se produce porque los hijos no son exactamente igual que los padres. Sus diferencias se acumulan de generación en generación y, al final, dan lugar a especies nuevas.

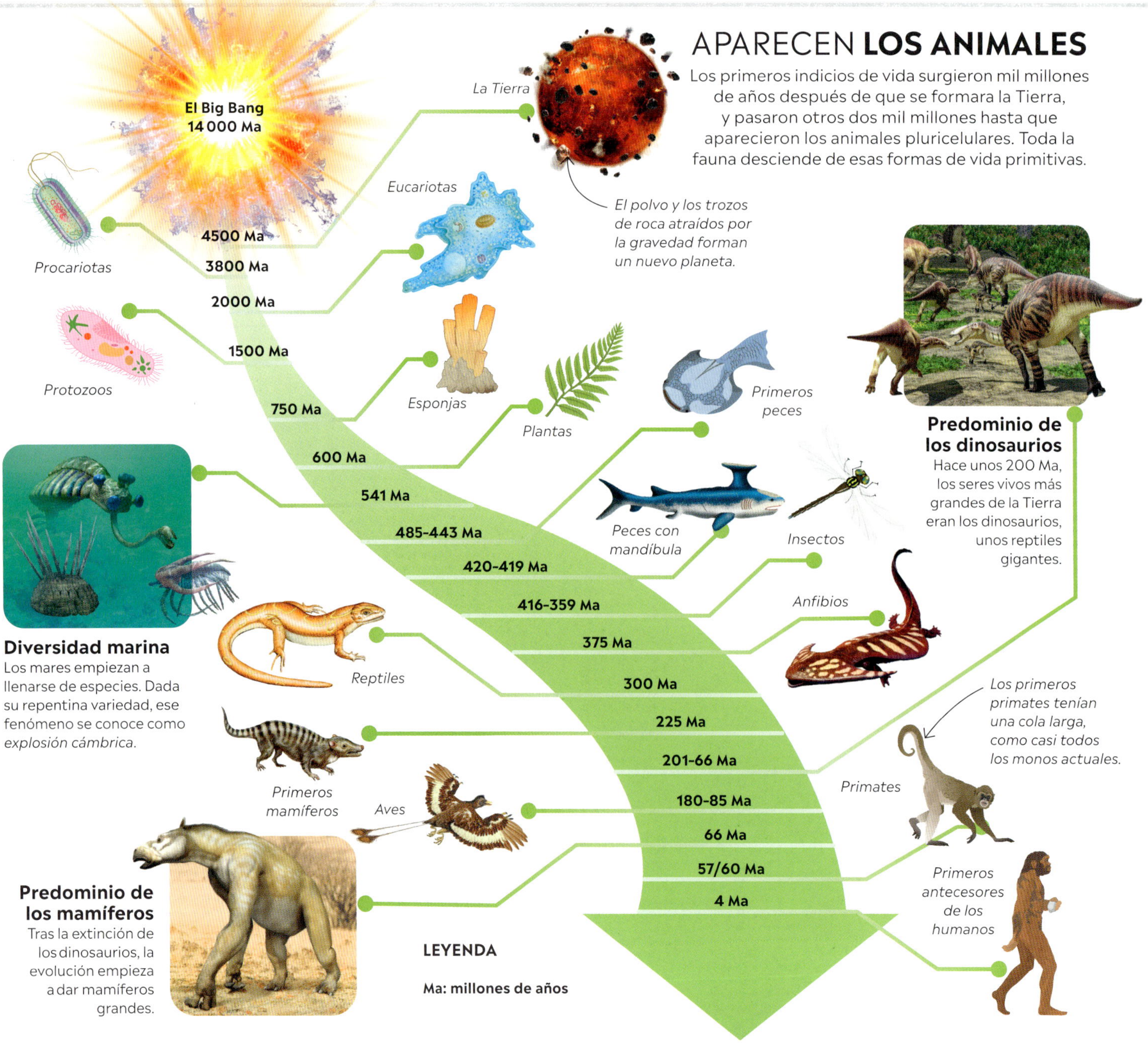

APARECEN **LOS ANIMALES**

Los primeros indicios de vida surgieron mil millones de años después de que se formara la Tierra, y pasaron otros dos mil millones hasta que aparecieron los animales pluricelulares. Toda la fauna desciende de esas formas de vida primitivas.

El Big Bang 14 000 Ma

La Tierra

El polvo y los trozos de roca atraídos por la gravedad forman un nuevo planeta.

4500 Ma

Procariotas

3800 Ma

Eucariotas

2000 Ma

Protozoos

1500 Ma

Esponjas

750 Ma

Plantas

600 Ma

Primeros peces

541 Ma

Diversidad marina

Los mares empiezan a llenarse de especies. Dada su repentina variedad, ese fenómeno se conoce como *explosión cámbrica*.

485-443 Ma

Peces con mandíbula

420-419 Ma

Insectos

416-359 Ma

Anfibios

375 Ma

Reptiles

300 Ma

225 Ma

Primeros mamíferos

201-66 Ma

Predominio de los dinosaurios

Hace unos 200 Ma, los seres vivos más grandes de la Tierra eran los dinosaurios, unos reptiles gigantes.

180-85 Ma

Aves

66 Ma

57/60 Ma

Primates

Los primeros primates tenían una cola larga, como casi todos los monos actuales.

4 Ma

Primeros antecesores de los humanos

Predominio de los mamíferos

Tras la extinción de los dinosaurios, la evolución empieza a dar mamíferos grandes.

LEYENDA

Ma: millones de años

¡SOLO EN 2023, EL MUSEO DE HISTORIA NATURAL DE LONDRES IDENTIFICÓ 619 ESPECIES NUEVAS DE AVISPAS!

Las tortugas gigantes de las islas Galápagos mayores tienen el típico caparazón abombado.

En las Galápagos menores, la mutación da lugar a un caparazón original en forma de silla de montar.

VARIEDAD **ASOMBROSA**

Los genes se heredan de padres a hijos, se mezclan y, a veces, mutan, lo que da lugar a diferentes colores, tamaños o formas. En las islas, eso puede producir variaciones asombrosas entre especies.

NUEVAS **ESPECIES**

A veces, los accidentes geográficos dan pie a nuevas especies. Hace unos 6 millones de años, en América del Norte, la formación del Gran Cañón dividió un territorio y, junto con él, su población de ardillas. Con el tiempo, evolucionaron a dos especies, una a cada lado del desfiladero.

La ardilla antílope de Sonora vive en el sur del cañón.

La ardilla antílope de cola blanca habita en el norte del cañón.

ADAPTACIÓN **FASCINANTE**

La fauna evoluciona adaptándose a su hábitat y los alimentos que ofrece. Los pingüinos se han adaptado desarrollando un cuerpo aerodinámico y alas en forma de aletas, que facilitan bucear en aguas frías en busca de presas.

Las alas y las patas funcionan como aletas.

DESDE QUE HAY VIDA EN LA TIERRA, LAS EXTINCIONES MASIVAS HAN CAMBIADO EL CURSO DE LA EVOLUCIÓN.

La colisión de un asteroide con la Tierra pudo ser la causa de una extinción masiva.

SELECCIÓN **NATURAL**

Los animales más aptos para sobrevivir y reproducirse son los que transmiten sus genes a la siguiente generación. En eso consiste la selección natural, que impulsa la evolución y la adaptación, como muestra la liebre ártica.

Variación de color
Una especie de liebre que vive en el Ártico puede nacer con el pelaje blanco o marrón.

Preferencia del depredador
El halcón gerifalte detecta fácilmente las liebres marrones sobre la tierra nevada.

El camuflaje triunfa
Las liebres blancas sobreviven y transmiten sus genes de pelaje blanco a la siguiente generación, con lo que su población aumenta.

¡ESTE SALTAMONTES LONGICORNIO, DESCUBIERTO EN 2016, SE **CAMUFLA** EN FORMA DE **HOJA**!

Clasificación **animal**

Se han identificado cerca de 1,2 millones de especies animales, y aún quedan muchas por descubrir. Los científicos clasifican los animales y los reúnen en grupos según sus características biológicas y sus antepasados más lejanos.

Esponjas

Cnidarios

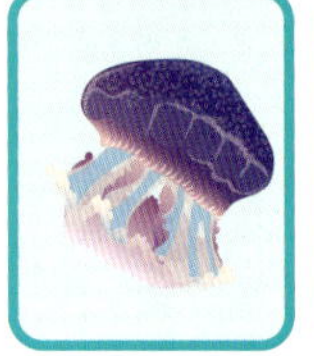

Platelmintos

Anélidos

Moluscos

Nematodos

Artrópodos

Equinodermos

Cordados

TIPOS DE **ANIMALES**

Todos los seres del reino animal, desde las esponjas hasta los simios, se clasifican en varios grandes grupos: los filos; aquí arriba se muestran los más grandes. Todos menos uno están formados por invertebrados. Al último, los cordados, pertenecen los vertebrados.

Clases de vertebrados

El filo de los cordados, que contiene todos los vertebrados, se divide en clases. A ellas pertenecen los mamíferos, las aves, los reptiles, los anfibios y los peces.

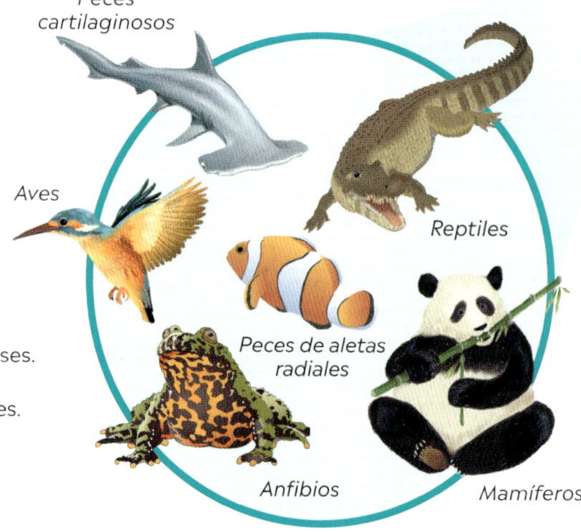

¡SE CONOCEN **MÁS DE 20 000 ESPECIES** DE MARIPOSAS!

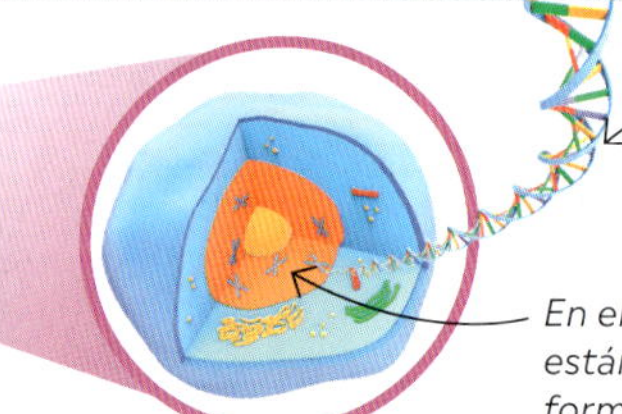

ORGANISMOS CELULARES

El cuerpo de los animales está hecho de muchas células. Las especializadas crean tejidos y órganos que el animal necesita para moverse, respirar, comer, percibir estímulos y reproducirse. En el núcleo de cada célula está el ADN, que determina muchas cosas, como el aspecto.

Los invertebrados, como esta medusa, constituyen el 97 % del reino animal.

Todos los animales forman parte del reino animal, incluido el tigre.

El reino animal se divide en filos. El tigre pertenece al de los cordados.

Cada filo se divide en clases. Una clase de cordados son los mamíferos.

Cada clase está formada por órdenes. Un orden de los mamíferos es el de los carnívoros, al que pertenece el tigre.

Cada orden se compone de familias, como los félidos, a la que pertenecen todos los felinos.

Dentro de una familia, los animales con rasgos biológicos muy similares forman un género, como Panthera.

El género Panthera *es el de los cinco grandes felinos: leopardo, jaguar, tigre, león y leopardo de las nieves.*

Cada género contiene varias especies, como Panthera tigris, *el tigre.*

CLASIFICACIÓN **ANIMAL**

La ciencia tiene un sistema para agrupar las especies según sus características. Se empieza con grupos amplios, seguidos de subgrupos específicos. Este diagrama muestra los grupos y subgrupos a los que pertenece el tigre.

NOMBRES DE **ESPECIES**

Todas las especies tienen su nombre científico en latín. El del tigre es *Panthera tigris*. La primera palabra indica que pertenece al género *Panthera* (grandes felinos); la segunda palabra indica la especie.

LOS REINOS **DE LA VIDA**

Todos los seres vivos de la Tierra se dividen en seis grandes grupos: los reinos. Los animales, las plantas y los hongos son reinos distintos. Los organismos unicelulares pertenecen al reino de los protistas o al de las bacterias o al de los arqueas.

Alimentación y respiración

Los animales comen plantas y otros animales, y descomponen la comida cuando la digieren. Al respirar, obtienen oxígeno del aire o del agua y lo combinan con los alimentos digeridos para liberar energía.

UNA DIETA MUY VARIADA

Los animales han desarrollado muchas formas de nutrirse. La mayoría de ellos son herbívoros: se alimentan de plantas. Los carnívoros comen otros animales. Los omnívoros se alimentan de plantas y de animales. Los detritívoros comen materia en descomposición.

HERBÍVOROS
Las plantas tienen glúcidos, proteínas y vitaminas, pero la materia vegetal es difícil de digerir. Los animales que se alimentan solo de plantas, como esta oruga, tienen que comer mucho para obtener los nutrientes que necesitan.

CARNÍVOROS
Los carnívoros transforman el alimento en tejidos (músculos, huesos, piel, etc.). Su dieta es mucho más rica en nutrientes que la vegetal. ¡Al cocodrilo le basta con comer una vez por semana!

NADA TIQUISMIQUIS
La dieta de algunos animales es mucho más variada que la del cazador o la del herbívoro estrictos. Un oso caza peces o animalillos, pero también come fruta, nueces y miel, todo rico en energía. ¡Como muchos humanos!

LAS **MARIPOSAS** BEBEN **ORINA** Y SUDOR ANIMAL —¡Y HASTA **LÁGRIMAS DE TORTUGA**!— EN BUSCA DE SAL.

SOBRAS Y DESPERDICIOS

La carne es muy nutritiva, pero cazar exige esfuerzo y habilidad. Algunos carnívoros, como esta hiena, se ahorran trabajo escarbando entre los restos de animales abatidos por otros depredadores.

Y, POR ÚLTIMO...

Hay animales que incluso comen detritus, es decir, restos en descomposición de organismos muertos. Son detritívoros y resultan cruciales en la cadena alimentaria, ya que reciclan la materia orgánica muerta y la transforman en nutrientes que las plantas absorben. Así empieza el ciclo de nuevo.

Las lombrices se alimentan de los detritus del suelo.

¡ALGUNAS ESPECIES DE **PEZ GATO** TIENEN UNAS **175 000 PAPILAS GUSTATIVAS**!

BIEN EQUIPADOS

Los animales han desarrollado muchas formas de obtener alimento. Algunos rasgos, como los dientes afilados, tienen varios usos, pero otros sirven para lidiar con alimentos concretos.

Filtradores
Muchos animales acuáticos, como este coral, filtran el agua que los rodea y retienen diminutos seres vivos.

Libadores de néctar
Las mariposas liban el dulce néctar de las flores con su larga lengua tubular.

Cascanueces
El fuerte pico del loro está bien adaptado a romper la dura cáscara de los frutos secos.

OXÍGENO **VITAL**

La digestión transforma los compuestos orgánicos complejos de los alimentos en otros más simples, como la glucosa, que es un glúcido. Se necesita el oxígeno que respiran los animales para convertir la glucosa en energía, agua y dióxido de carbono.

El panda gigante come brotes de bambú. Al digerirlos se liberan glúcidos.

Glucosa (glúcido) + **Oxígeno** O_2

Energía

Un animal necesita energía para moverse, crecer y reproducirse.

CO_2

Dióxido de carbono

AGUA

Cuando hace frío, se ve el agua que contiene el aliento.

Grullas japonesas

Las branquias son rojas porque tienen muchos vasos sanguíneos.

El ajolote albino (blanco) no se suele ver en la naturaleza. Este se ha criado en cautividad.

PULMONES Y BRANQUIAS

Los animales terrestres respiran a través de los pulmones, que están recubiertos por vasos sanguíneos finísimos que absorben el oxígeno del aire y desechan el dióxido de carbono y el vapor de agua. Los animales acuáticos absorben el oxígeno del agua por las branquias.

LA BALLENA **VIVE EN EL MAR**, PERO **RESPIRA AIRE** A TRAVÉS DEL **ESPIRÁCULO** QUE TIENE EN LA **CABEZA.**

Percepción y movimiento

Los animales son muy conscientes de lo que pasa a su alrededor gracias a los sentidos, que les permiten reaccionar y moverse rápido, ¡a veces a toda pastilla! Esa combinación de percepción y movimiento es vital para casi todos.

Con su agudo oído el zorro detecta roedores que escarban bajo la tierra.

SIEMPRE **EN GUARDIA**

Los cinco sentidos (vista, oído, olfato, gusto y tacto) son esenciales para los animales. Algunos los tienen más desarrollados que los humanos. El zorro tiene el oído muy agudo y localiza ratones ocultos en la hierba; con el agudo olfato detecta depredadores; y el tacto de los sensibles bigotes le sirven para orientarse en la oscuridad.

VISIÓN **SONORA**

Los murciélagos cazan de noche gracias a la ecolocalización: emiten unos chasquidos que rebotan en los objetos que no ven. Eso crea un eco que el oído capta y el cerebro procesa para generar una imagen de sonar.

En la diana

Cuando el murciélago acecha a su presa, emite una ráfaga ultrarrápida de chasquidos para generar más eco y mejorar la calidad de la imagen que crea.

ARMA SECRETA

Las serpientes de cascabel y otras víboras tienen fosetas, unos sensores que detectan el calor que irradian los animales, sobre todo los de sangre caliente: mamíferos y aves. Son como ojos que ven en la oscuridad y crean imágenes a modo de cámaras infrarrojas.

La foseta está entre los ojos y las fosas nasales.

Resplandor mortal

Una cascabel hambrienta puede «ver» el calor de un ratón escondido en las entrañas de su madriguera.

¡EL **ABEJORRO** PERCIBE EL **CAMPO ELÉCTRICO DE LAS FLORES**. ESO LO AYUDA A **ENCONTRAR ALIMENTO**!

Las alas largas son una adaptación a planear.

PLANEADORES **NATOS**

Muchas aves recorren grandes distancias gracias a técnicas especiales. Este albatros puede planear en las corrientes de aire durante horas o días y cubrir varios cientos de kilómetros sin batir las alas.

¡A LA **CARRERA**!

Algunos animales terrestres, como la serpiente, se arrastran sobre el vientre, pero casi todos tienen patas para caminar y correr. El guepardo, el animal terrestre más rápido, corre a 120 km/h.

COMO SI... **NADA**

Los animales acuáticos, como los peces, las ballenas y las focas se impulsan en el agua mediante aletas. Este pingüino usa así sus cortas alas para nadar con la velocidad y eficiencia necesarias para perseguir y atrapar a sus presas.

¡EL PEZ VELA, EL MÁS RÁPIDO DEL MAR, PUEDE NADAR A 110 KM/H!

MÚSCULOS Y ESQUELETOS

Los animales se mueven gracias a los músculos, que están pegados al esqueleto. Pero los músculos solo pueden tirar, no empujar; así que, para mover una extremidad, se necesitan dos músculos que se opongan: mientras uno se contrae, el otro se relaja.

Chimpancé

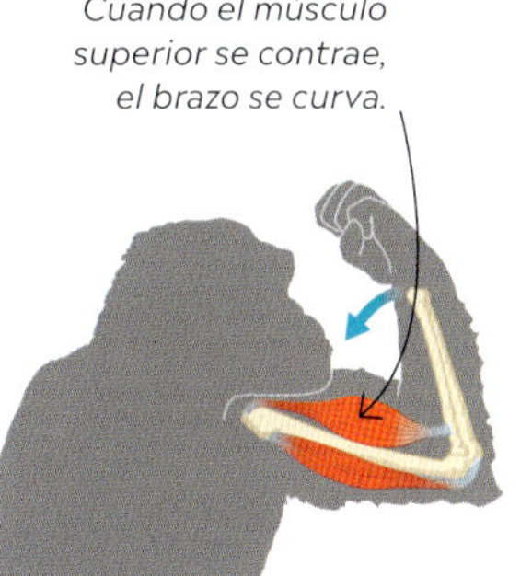

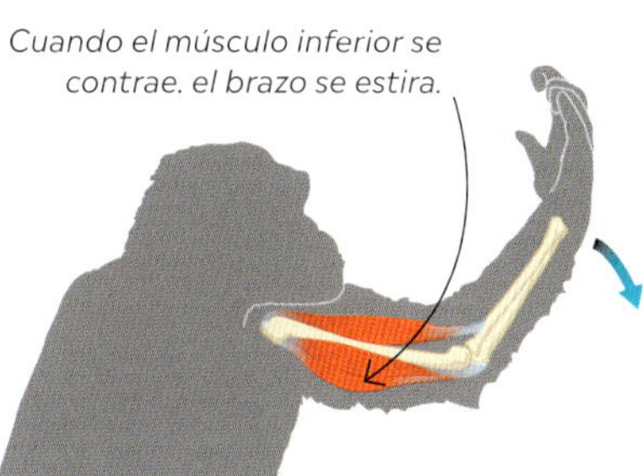

Contraer
Para tirar de la mano hacia el hombro, el músculo superior del brazo se contrae y el músculo inferior se relaja.

Estirar
Cuando el chimpancé extiende el brazo, el músculo superior se relaja y el inferior se contrae, lo que hace que el brazo se estire.

Saltamontes

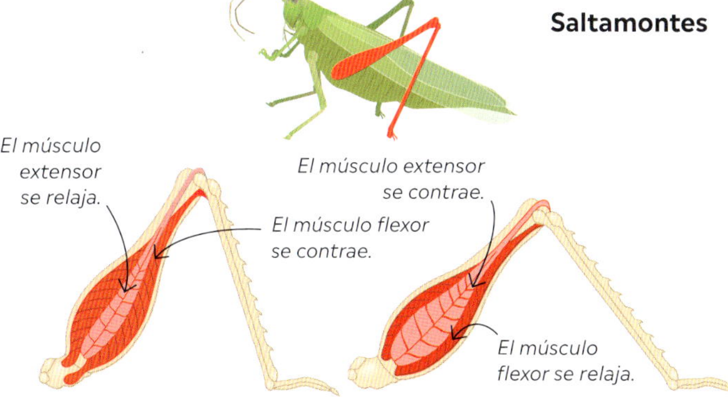

Flexión
Los músculos de las patas del saltamontes están pegados al exoesqueleto. Aquí el flexor se contrae para llevar adelante la parte inferior de la pata.

Extensión
Para tirar la pata hacia atrás, el músculo flexor se relaja y el extensor opuesto se contrae.

Reproducción animal

Como todo ser vivo, los animales se reproducen y dan lugar a nuevas generaciones. Para muchos animales, eso exige que un macho y una hembra se apareen, lo cual se acompaña a veces de un cortejo. Luego, es frecuente que cuiden de sus crías.

¡UN **PULPO EN AGUAS PROFUNDAS PROTEGIÓ** SUS **HUEVOS** DURANTE MÁS DE **CUATRO AÑOS**!

¡UN **PIQUERO PATAS AZULES MACHO** BAILA Y **PRESUME DE PATAS PARA ATRAER** A UNA HEMBRA!

DESOVE Y APAREAMIENTO

En la reproducción sexual, el macho fertiliza los óvulos de la hembra. Los peces lo hacen por desove: ponen los óvulos y el esperma en el agua, donde se mezclan. En cambio, casi toda la fauna terrestre, como estas mariposas del limón, se aparean: el macho pasa el esperma directamente a la hembra.

Partenogénesis
Cada generación es exactamente igual a la anterior.

Reproducción sexual
Al heredar genes de dos progenitores, cada generación es ligeramente distinta.

La descendencia tiene rasgos de ambos padres.

MADRES Y PADRES

Algunos invertebrados y unos pocos vertebrados se reproducen sin pareja, por partenogénesis; así salen clones genéticamente idénticos de un solo progenitor. Sin embargo, casi todos los animales tienen padre y madre y heredan características de ambos.

CUIDADO PARENTAL

Los animales jóvenes son blanco fácil de los depredadores, por lo que muchos no sobreviven. Algunas especies tienen muchas crías y así se garantiza que algunas lleguen a adultas. Otras tienen pocas, pero las cuidan mucho. Estos albatros de las Galápagos solo crían un polluelo al año y buscan comida juntos para alimentarlo.

Los padres alimentan al polluelo y lo protegen.

PONER **HUEVOS**

Los animales ovíparos son los que ponen huevos. Las aves se sientan sobre los huevos para mantenerlos calientes y a salvo. Sin embargo, los huevos de casi todos los peces, insectos, anfibios y reptiles se desarrollan sin ayuda de los padres hasta que eclosionan, como estos de cocodrilo.

TENER **CRÍAS**

En vez de poner huevos, los animales vivíparos paren crías vivas. Las crías crecen dentro de la madre hasta que están listas para nacer. Las de mamífero se alimentan de leche materna. La gestación de los macacos cangrejeros dura unos cinco meses; después la madre amamanta a la cría hasta que cumple un año.

La cría de macaco cangrejero tiene un escaso pelaje negro que se va aclarando a medida que crece.

EL **CORTEJO**

Para buscar pareja algunos animales tienen un ritual de cortejo, sobre todo las aves. En muchas especies, como el ave del paraíso raggiana, el plumaje del macho es colorido y lo despliega exhibiéndolo. La hembra evalúa la energía, el tamaño, el canto y los colores del macho para seleccionar una pareja adecuada.

El macho abre las coloridas plumas para eclipsar a sus rivales.

¡LA CRÍA DE **ELEFANTE SE COME** LA **CACA MATERNA, RICA EN NUTRIENTES,** PARA DESARROLLAR EL **SISTEMA DIGESTIVO!**

Así crecen los animales

Los animales son pequeños al nacer y crecen a medida que sus células se dividen y multiplican. Para algunos, crecer supone un cambio radical de forma y de modo de vida.

¡UN **PEZ LUNA** PUEDE PONER **300 MILLONES DE HUEVOS** DE GOLPE!

DIVIDIRSE Y **CRECER**

La primera etapa de la vida de un animal es un óvulo: una sola célula que contiene un núcleo con ADN. Cuando se fecunda, se divide en dos, luego en cuatro, en ocho y así sucesivamente hasta dar las numerosas células diminutas que forman su cuerpo.

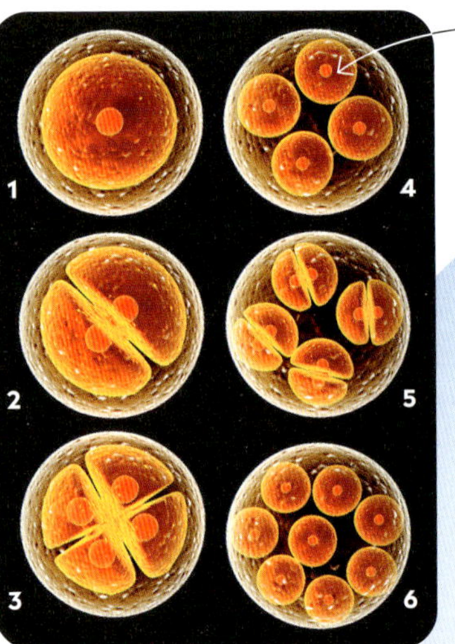

Las células divididas son copias unas de otras.

CAMBIO DE **FORMA**

Algunos animales cambian totalmente de forma al crecer. Es la metamorfosis. Por ejemplo, la mariposa atlas nace como una oruga de cuerpo blando. Pasa la mayor parte del tiempo comiendo y creciendo. Después, se transforma en un adulto con alas que ni come ni crece.

Los huevos eclosionan
La hembra de la mariposa atlas pone huevos, de los que salen orugas pequeñas y espinosas.

Alimentación y crecimiento
Las orugas comen hojas y cambian de aspecto varias veces a medida que crecen.

El cuerpo puede alcanzar 12 cm de largo.

Reconstrucción
A su debido tiempo, la oruga produce seda y teje un capullo. Luego se convierte en pupa, etapa en la que cambia hasta transformarse en una polilla adulta.

El capullo de seda marrón contiene una pupa.

DE HUEVO A **EMBRIÓN**

La división celular se observa en los huevos de rana. Las células se dividen y las diminutas esferas negras se alargan. Luego pasan a ser embriones y, más tarde, renacuajos.

El embrión tiene cabeza y cola.

Embrión redondo en una fase temprana de desarrollo.

Las alas pueden llegar a medir 27 cm de envergadura.

Belleza alada
Cuando la mariposa atlas adulta sale del capullo con su nueva forma puede volar, pero no comer y solo vive unos días.

Capullo seco y vacío.

Los colores vivos atraen a las hembras.

PRESUMIR **DE TIPO**

Los animales que no cambian de forma pueden alterar su aspecto al madurar. Muchos, como este tragopán cariazul macho, desarrollan colores llamativos u otros rasgos con los que avisan de que están listos para aparearse y plantar cara a sus rivales.

¡LAS **ESPONJAS DE CRISTAL** DE LOS FONDOS ABISALES PUEDEN VIVIR **15 000 AÑOS** Y SEGUIR **CRECIENDO** EN LA VEJEZ!

La esponja de cristal se llama así por su esqueleto de sílice, similar al cristal.

CADA VEZ **MÁS GRANDES**

Como la mayoría de los animales jóvenes, las crías de orca son como una versión pequeña de sus progenitores. Al crecer se hacen más grandes, pero el ritmo de crecimiento se ralentiza cuando llegan a adultas.

LA CRÍA MÁS GRANDE ES LA DE LA **BALLENA AZUL.** ¡PESA MÁS QUE **UN COCHE PEQUEÑO**!

LA **VEJEZ**

Todos los animales envejecen. Muchos mueren cuando ya no pueden reproducirse, pero algunos viven más: hay chimpancés que llegan a los 60 años; puede deberse al gran tamaño de su cerebro, que se asocia con una esperanza de vida mayor.

INVERTEBRADOS

Invertebrados

Los invertebrados son animales que no tienen columna vertebral (formada por las vértebras). Muchos tienen el cuerpo blando, como las medusas y los gusanos, mientras que otros, como los insectos, tienen un exoesqueleto duro. Los vertebrados son animales que tienen columna vertebral.

GUSANOS
Hay casi 100 000 especies de gusanos. Los más conocidos son los anélidos, cuyo cuerpo está formado por anillos, como el de esta lombriz.

CNIDARIOS
Los cnidarios viven en el mar y en agua dulce, y tienen tentáculos con aguijones. Entre sus más de 11 000 especies están las medusas, las anémonas y los corales.

MOLUSCOS
Casi todos los moluscos tienen concha, como nautilos, caracoles y almejas. Algunos no tienen concha, como babosas, pulpos y calamares.

EQUINODERMOS
A este grupo de animales marinos, cuyo nombre significa 'piel espinosa', pertenecen los erizos (arriba), las estrellas, los pepinos y los lirios de mar.

Vertebrados: 3 %

Invertebrados: 97 %

¡IN... CONTABLES!

Casi todas las especies animales son invertebradas, y, en su mayoría, insectos. Solo hay un pequeño porcentaje de vertebrados como nosotros.

TRAJES DE CONCHA

Los caracoles y otros moluscos tienen concha dura y sin articulaciones, donde pueden refugiarse cuando los amenaza un depredador. La concha crece al mismo tiempo que el animal, que la conserva toda la vida.

Ojos en la punta de largos tentáculos

La concha crece en espiral; así no resulta ni muy ancha ni muy alta.

Para moverse, el caracol flexiona el pie y segrega una capa de mucosidad que lo ayuda a deslizarse.

Atrapan las presas con los tentáculos urticantes.

PEGAN FUERTE

Casi todos los invertebrados se desplazan para buscar alimento y pareja, o para huir de los depredadores. Algunos acuáticos viven adheridos a una superficie, bien con un disco muscular parecido a un pie, como esta anémona, bien enganchados con una especie de pegamento, como los percebes.

CIERTOS **GUSANOS PARÁSITOS** SE PASAN LA VIDA **DENTRO DE OTROS** ANIMALES.

1. Huevo
Casi todos los insectos ponen huevos. De cada huevo sale una cría en forma de larva.

2. Larva
La larva no tiene alas y dedica casi todo el tiempo a comer y crecer.

3. Pupa
La larva entra en una fase de reposo: la pupa.

4. Adulto
Insecto con alas totalmente desarrollado, en este caso, una mariquita.

METAMORFOSIS

Muchos invertebrados cambian de forma y hábitos al crecer: la oruga se transforma en polilla, y la larva de mariquita, en mariquita. Este proceso es la metamorfosis y suele constar de cuatro etapas.

DIVERSIDAD BESTIAL

Hay 1,25 millones de especies de invertebrados en unos 30 grupos principales. Varían en tamaño, desde unos milímetros hasta la longitud de un autobús. Viven en todas partes: en la tierra, en el aire, bajo suelo y en el agua. Estos ejemplos son solo una ínfima muestra de su rica diversidad.

CRUSTÁCEOS
Casi todos viven en el agua y todos tienen un esqueleto externo duro y articulado (exoesqueleto): cangrejos, percebes, langostas (arriba) y gambas.

ARÁCNIDOS
Los escorpiones, arañas, garrapatas y ácaros tienen ocho patas. Muchos tienen un aguijón, con el que cazan y se defienden, o inoculan veneno cuando pican.

INSECTOS
Suman cerca del 75 % de las especies animales. Tienen seis patas, ojos compuestos y el cuerpo dividido en tres partes (cabeza, tórax y abdomen), además de las antenas. La mayoría tiene alas.

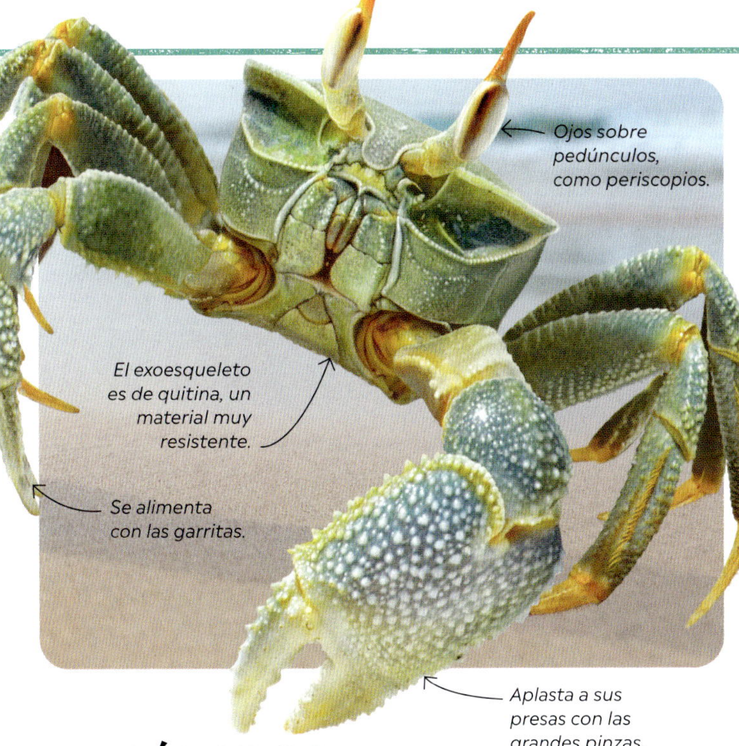

Ojos sobre pedúnculos, como periscopios.

El exoesqueleto es de quitina, un material muy resistente.

Se alimenta con las garritas.

Aplasta a sus presas con las grandes pinzas.

ARTRÓPODOS

Se encuentran en todos los hábitats de la Tierra y son los invertebrados más numerosos: constituyen alrededor del 80 % de las especies animales. Tienen un exoesqueleto duro dividido en segmentos conectados por articulaciones, como una armadura. Entre ellos, insectos, arañas, escorpiones y crustáceos, como este cangrejo violinista.

Cigarra saliendo del exoesqueleto.

TRAJE NUEVO

El exoesqueleto no crece con el animal. Los invertebrados con exoesqueletos, como esta cigarra, tienen que mudar: desprenderse del caparazón de vez en cuando y crear otro cuando crecen.

EL **INVERTEBRADO MÁS GRANDE** ES EL **CALAMAR GIGANTE.** ¡PUEDE MEDIR **10 M** DE LARGO!

Libélulas y afines

Con las brillantes alas y piruetas llamativas, estos fascinantes depredadores se lanzan en picado en busca de moscas y mosquitos para alimentarse.

ATAQUE **AÉREO**

Las libélulas son rápidas, ágiles, pueden volar hacia atrás y flotar en el aire. Son cazadoras implacables. Atrapan insectos en pleno vuelo con sus patas largas y delgadas.

ECHAR **A VOLAR**

Una ninfa puede tardar más de tres horas en transformarse en adulto, como la libélula de cuatro manchas de la imagen. Eso la deja indefensa frente a los depredadores, por lo que con frecuencia lo hace durante la noche.

1. La salida
Tras salir del agua, la ninfa se adhiere al tallo de una planta. Poco a poco, el cuerpo se abre y el adulto empieza a emerger.

El adulto revienta el exoesqueleto porque le queda demasiado estrecho.

La ninfa se mimetiza con el tallo de la planta.

2. Al fin libre
Antes de desechar por completo el exoesqueleto, la libélula debe esperar a que las patas, blandas y flexibles, se endurezcan.

La exuvia es la piel vacía de la ninfa.

Las alas, finísimas pero muy resistentes, comienzan a desplegarse.

¡LA NINFA **LANZA AGUA** POR EL **ANO** PARA HUIR DE SUS ENEMIGOS MEDIANTE **PROPULSIÓN A CHORRO**!

El caballito del diablo tiene el cuerpo largo y esbelto, formado por 10 segmentos.

Alas aerodinámicas que se pliegan hacia atrás.

En reposo pone las alas para arriba.

La envergadura máxima es de unos 120 mm.

¿LIBÉLULA O **CABALLITO?**

La principal diferencia entre ellos es que, en reposo, los caballitos ponen las alas juntas sobre el abdomen, mientras que las libélulas las extienden en horizontal. Ambos mueven las alas y las patas gracias al tórax musculoso. Casi todos los órganos están en el abdomen.

DEL AGUA **AL AIRE**

Las libélulas y los caballitos del diablo desovan en el agua. De los huevos nacen las ninfas, que no tienen alas. La ninfa de algunas especies vive bajo el agua varios meses, o incluso años, y muda entre 5 y 14 veces. Cuando está lista para convertirse en adulto, sale del agua y muda por última vez.

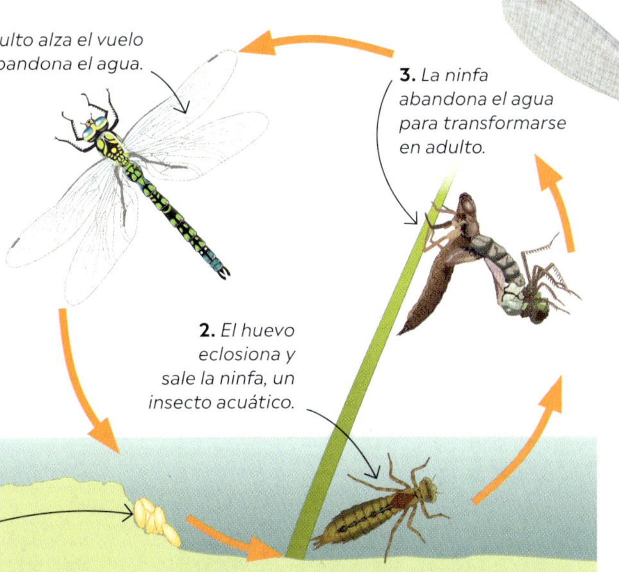

RITUAL DE **APAREAMIENTO**

Cuando se aparean, el macho agarra la cabeza o el cuello de la hembra, que se curva hacia delante para engancharse a él. Permanecen así un rato y luego vuelan al agua, a menudo unidos. Allí la hembra pone cientos de huevos.

TODO **OJOS**

Los ojos de la libélula tienen unas 30 000 lentes; ve en casi todas direcciones, con solo un punto ciego detrás de la cabeza. Los caballitos del diablo tienen los ojos grandes, pero muy separados.

Libélula

Caballito del diablo

CAZADORA **SIGILOSA**

Las ninfas son depredadores feroces. Camufladas por su color verde o marrón, se acercan con sigilo a su presa y proyectan su mandíbula articulada y retráctil, que se clava en la víctima.

¡HACE 300 MILLONES DE AÑOS, EL **MEGANISÓPTERO,** INSECTO PARECIDO A LA LIBÉLULA, TENÍA UNA **ENVERGADURA DE HASTA 75 CM!**

EN **FAMILIA**

Los grillos, saltamontes y sus parientes tienen boca y muerden o mastican. De los huevos no sale ni una oruga ni una larva, sino un animal como los progenitores, pero en miniatura; luego se convierte en adulto.

Mantis
La mantis es un depredador de cuerpo alargado y potentes patas delanteras.

Cucarachas
La cucaracha, plana y ovalada, vive en entornos húmedos y come materia en descomposición.

Grillos y saltamontes
Muchos de estos insectos saltan con sus robustas patas traseras.

Insectos palo
Los insectos más largos del mundo son de este tipo de artistas del camuflaje.

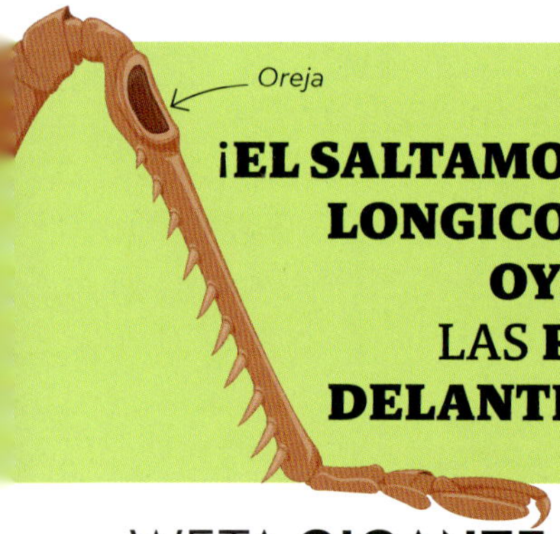

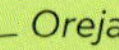

¡EL SALTAMONTES LONGICORNIO OYE POR LAS **PATAS DELANTERAS**!

WETA **GIGANTE**

Este tipo de grillo solo se encuentra en Nueva Zelanda y es uno de los insectos que más pesa del mundo; llega a 71 g, casi lo mismo que un jerbo. De día se esconde en la sombra y se activa de noche, cuando busca alimento entre las hojas del bosque.

Los ojos compuestos reaccionan al más mínimo movimiento.

La afilada mandíbula atraviesa las escamas.

Las patas con largas espinas entrelazadas sirven para atrapar presas.

EMBOSCADA **LETAL**

La mantis religiosa es un depredador implacable. Con sus potentes patas delanteras llenas de púas, atrapa una presa en milésimas de segundo. Además, puede con animales mucho más grandes que ella, como este lagarto.

Este lagarto retorcido de dolor no tiene escapatoria.

¡ALGUNOS **SALTAMONTES MANDAN SU CACA BIEN LEJOS** CON LAS PATAS TRASERAS!

La lima (en naranja) es una vena modificada con «dientes» estriados.

El borde interior duro del ala (en verde) es el raspador y funciona como una púa de guitarra.

UN CANTO **RASPADO**

El macho de casi todos los saltamontes, grillos y saltamontes longicornios atrae a la hembra con «canciones», que produce frotando partes del cuerpo. Los saltamontes frotan el interior de una pata trasera con un ala. Los grillos frotan la parte dura del borde del ala con la lima de la otra.

SALTAMONTES **TÓXICO**

El saltamontes arcoíris, originario de América del Norte, debe su nombre a su exoesqueleto brillante. Se cree que el color sirve para ahuyentar a los depredadores.

ENJAMBRE DE **LANGOSTAS**

La langosta del desierto es temida por el daño que hace a los cultivos. Si tiene comida en abundancia, vive como cualquier saltamontes, pero, cuando se reproduce en exceso y el alimento escasea, forma grandes enjambres. Vive en África y Asia, y cada ejemplar puede comer su peso en plantas en un día.

Las alas se alargan antes de formar el enjambre.

Las largas patas traseras sirven para saltar y brincar.

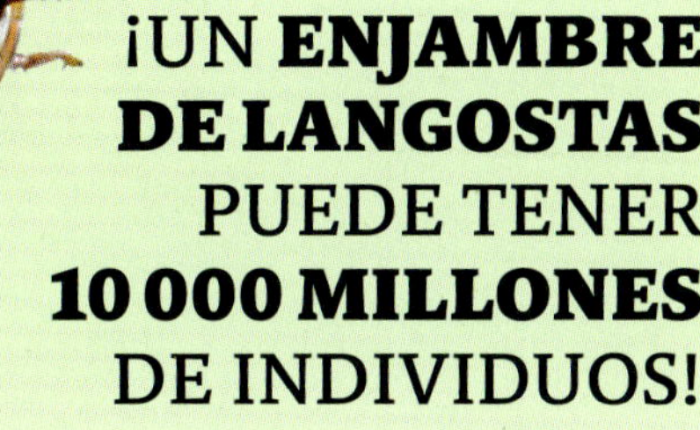

¡UN **ENJAMBRE DE LANGOSTAS** PUEDE TENER **10 000 MILLONES** DE INDIVIDUOS!

INGENIERO **DE SONIDO**

El grillo topo macho construye una madriguera con una forma especial que actúa como un megáfono que amplifica su canto de cortejo. Su ingeniería acústica es tan eficaz que se lo oye hasta a 400 m.

Saltamontes y **mantis**

Los saltamontes, los grillos, las mantis y sus parientes, como los saltamontes longicornios, tienen el cuerpo alargado y patas traseras fuertes.

CHUPA**SANGRES**

La chinche de cama es un parásito sin alas que de día se esconde en la ropa de cama y de noche bebe sangre humana. Su picadura irrita, pero no es peligrosa.

CACA **DULCE**

Los áfidos, como este pulgón verde, se alimentan del poco nitrógeno que tiene la savia; por eso deben comer mucha. En cambio, tiene demasiado azúcar para el pulgón, que expulsa su excedente por el ano en forma de mielecilla, un líquido pegajoso y dulce que comen las hormigas y otros animales.

¡UN **CHINCHE DE CAMA** PUEDE PASAR **300 DÍAS SIN COMER**!

DAR CERA, **PULIR CERA**

Esta chinche que imita a una espiga floral se camufla en el tallo de las plantas sacando unos largos zarcillos cerosos por la cola. Su capa cerosa repele el agua.

Cuerpo hinchado con el jugo de su presa.

Las patas centrales y traseras son largas y finas. Las delanteras, más gruesas y cortas, sujetan la presa.

ASESINO **TÓXICO**

El aguijón afilado y hueco de esta chinche inyecta una saliva tóxica. La presa queda paralizada y se disuelven sus órganos internos, que la chinche succionará.

ESCUDO **APESTOSO**

El chinche maloliente, o de escudo, se llama así por el olor que desprende cuando se siente amenazado. Expele un líquido que no es venenoso, pero irrita y puede provocar reacciones alérgicas.

¿INSECTO O **ESCARABAJO?**

Los heterópteros son insectos parecidos a los escarabajos, excepto en las alas. Las de los escarabajos son duras y, al plegarse, se unen en línea recta. Las de los heterópteros tienen una mitad dura y otra blanda, y cuando las pliegan se solapan.

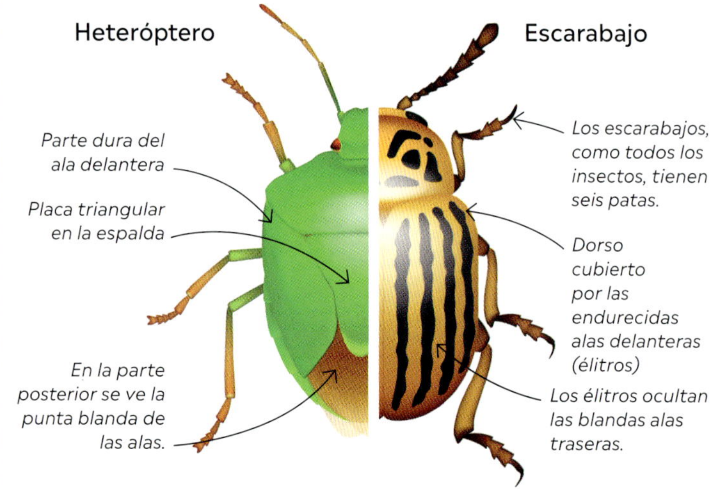

Insectos **bestiales**

Las antenas sensibles detectan presas.

Los ojos compuestos con múltiples lentes detectan cada movimiento.

Hay insectos e insectos. Las chinches tienen un aparato bucal con el que pueden succionar líquidos, como savia, agua... e incluso sangre.

LA **CHINCHE PICUDA** CONTAGIA A UNAS **500 000 PERSONAS** AL AÑO LA **ENFERMEDAD DE CHAGAS**, QUE PUEDE PROVOCAR **ENFERMEDADES CARDÍACAS MORTALES.**

El rostrum, un punzante pico segmentado, se extiende desde la parte posterior de la cabeza.

El afilado segmento inferior empala la presa.

Cuerpo muy fuerte en forma de espina.

EL **ZAPATERO**

Los diminutos pelos de los «pies» del zapatero repelen el agua y lo ayudan a mantenerse a flote cuando se desliza usando las patas centrales como remos. Para agarrar la presa, levanta las patas delanteras.

A PLENA **VISTA**

Algunos insectos son artistas del disfraz. El hemíptero púa, que succiona savia, se adhiere al tallo de las plantas para alimentarse y desovar. Dada su forma de espina afilada, es casi invisible para las aves hambrientas... y un bocado muy doloroso.

LA **CIGARRA AFRICANA** ***BREVISANA BREVIS*** ES EL INSECTO MÁS RUIDOSO CONOCIDO. SUPERA LOS **106 DECIBELIOS**. ¡COMO UNA **MOTOSIERRA**!

¡OJO AL DATO! INSECTOS

Pese a su pequeñez, los insectos son de lo más asombroso. Muchos comen cosas insólitas y tienen tácticas ingeniosas para evitar que los devoren.

TÁCTICAS DE CAMUFLAJE

Algunos insectos se camuflan tan bien que son casi invisibles para los depredadores, sobre todo para aves que se guían por la vista para cazar.

INSECTOS HOJA TROPICALES

Son como hojas y hasta imitan las marcas y cicatrices que dejan los animales que comen hojas.

POLILLAS NOCTURNAS

Muchas se pasan el día pegadas a la corteza de los árboles, ocultas por las manchas de las alas.

MACACÓN

¡La oruga de la mariposa macaón se parece mucho a un excremento de pájaro!

SUPERATLÉTICOS

Con sus músculos con efecto palanca, algunas especies de pulga saltan hasta 200 veces la longitud de su cuerpo. ¡Como si un humano de 1,65 m saltara hasta lo alto de la torre Eiffel!

SUPERLETALES

Hay insectos que se alimentan de sangre, como la pulga (dcha.), la chinche chupasangre y el mosquito. Algunos contagian enfermedades graves, como la malaria.

SUPERTÓXICOS

La oruga de la polilla zigena de seis manchas come plantas que tienen toxinas y con ellas produce cianuro, un veneno mortal. Cuando se transforma en adulto, conserva el cianuro y es venenosa para sus depredadores.

Coloración de advertencia

DIETAS RARAS

La dieta de algunos insectos, que puede incluir madera o caca, no es muy apetecible para los humanos.

ESCARABAJOS PELOTEROS

Recogen la caca de animales grandes, hacen una bola con ella y se la dan de comer a sus crías.

TERMITAS

Muchas comen madera y devoran vallas, muebles y casas enteras de este material.

HORMIGAS

Algunas beben la caca dulce de los pulgones, que se nutren de savia.

LA GRAN **COLONIA**

En una colonia de termitas puede haber más de 7 millones de individuos. Juntos construyen el nido, recolectan comida y cuidan de las crías.

VIDAS **CURIOSAS**

Algunos insectos tienen una vida muy corta; otros viven en vastas colonias, donde solo desempeñan una función.

HORMIGAS MELÍFERAS
Viven en los desiertos y almacenan alimentos azucarados en el cuerpo de sus compañeras.

TERMITAS
Dedican la vida a cuidar de su reina, que produce un huevo cada tres segundos.

CIGARRAS PERIÓDICAS
Viven 17 años bajo tierra; luego salen, mudan el exoesqueleto y se aparean. Mueren cinco semanas después.

EFÍMERAS
Pasan años bajo el agua y luego se transforman en adultos con alas que solo viven un día.

EL MÁS PEQUEÑO

Las mimáridas son avispas. Con 0,25 mm de largo, son los insectos más pequeños. Cuatro en fila ocuparían lo mismo que un punto ortográfico.

LOS MÁS GRANDES

Casi todos los insectos son pequeños, pero algunos tropicales son increíblemente grandes. Estos dos baten récords.

MARIPOSA ALAS DE PÁJARO DE LA REINA ALEXANDRA
Habita el bosque tropical y es la más grande del mundo. Se encuentra en Nueva Guinea y su envergadura alcanza 28 cm.

Patas largas y finas parecidas a ramitas.

INSECTO PALO GIGANTE
El *Phryganistria chinensis* puede alcanzar 62 cm de longitud: es el insecto más largo.

La pulga se posa sobre un nuevo huésped, lista para comer.

Escarabajos **coloridos**

Una cuarta parte de las especies animales son escarabajos: hay al menos 400 000 especies. Viven en casi todas partes, salvo en el mar. El más pequeño es como una cabeza de alfiler.

¡EL **ESCARABAJO TITÁN, DE SUDAMÉRICA**, PUEDE LLEGAR A MEDIR **16,7 CM**!

¡**EL ESCARABAJO BOMBARDERO** SE DEFIENDE CON **SUSTANCIAS QUÍMICAS CALIENTES Y TÓXICAS**, QUE EXPELE POR EL **ANO**!

JOYAS **VIVIENTES**

Muchos escarabajos tienen colores muy vivos, y algunos hasta relucen con un brillo irisado. Eso se debe a que las estrías del exoesqueleto reflejan distintas longitudes de onda de luz.

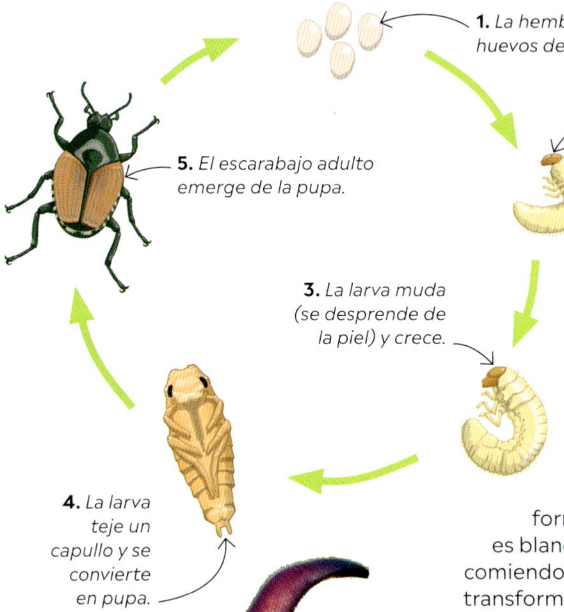

1. La hembra adulta pone los huevos después de aparearse.
2. De cada huevo sale una larva hambrienta.
3. La larva muda (se desprende de la piel) y crece.
4. La larva teje un capullo y se convierte en pupa.
5. El escarabajo adulto emerge de la pupa.

CICLO **VITAL**

El escarabajo nace en forma de larva; su cuerpo es blando y se pasa el tiempo comiendo y creciendo. Luego se transforma en pupa y, al final, en adulto.

¡SE HIZO **LA LUZ**!

Luciérnagas y gusanos de luz son escarabajos. Su brillo en la oscuridad sirve para comunicarse y buscar pareja. Algunas especies tiene un patrón exclusivo de destello.

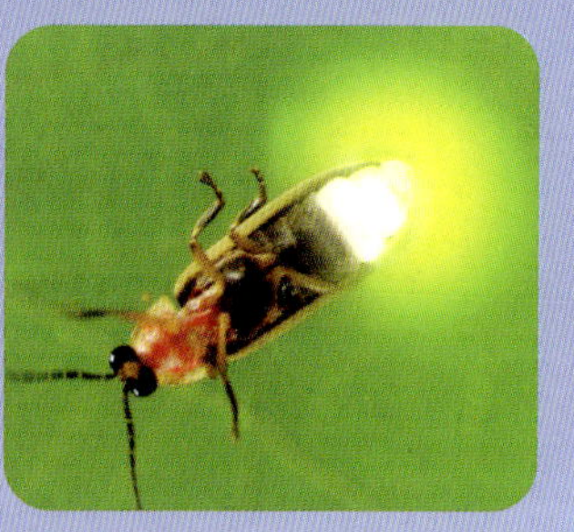

CAZADOR **SUBMARINO**

Muchos escarabajos se arrastran por el suelo, pero algunos viven en charcas, lagos y ríos. El buceador gigante caza peces bajo el agua y usa las patas traseras como remos para desplazarse. Atrapa una burbuja de aire bajo las alas delanteras y se queda sumergido hasta 30 minutos.

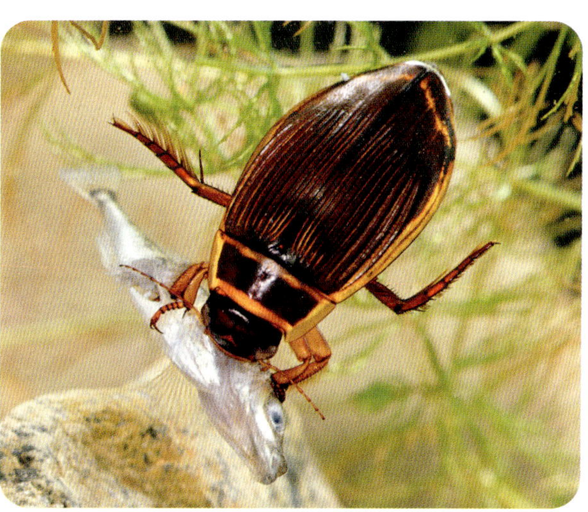

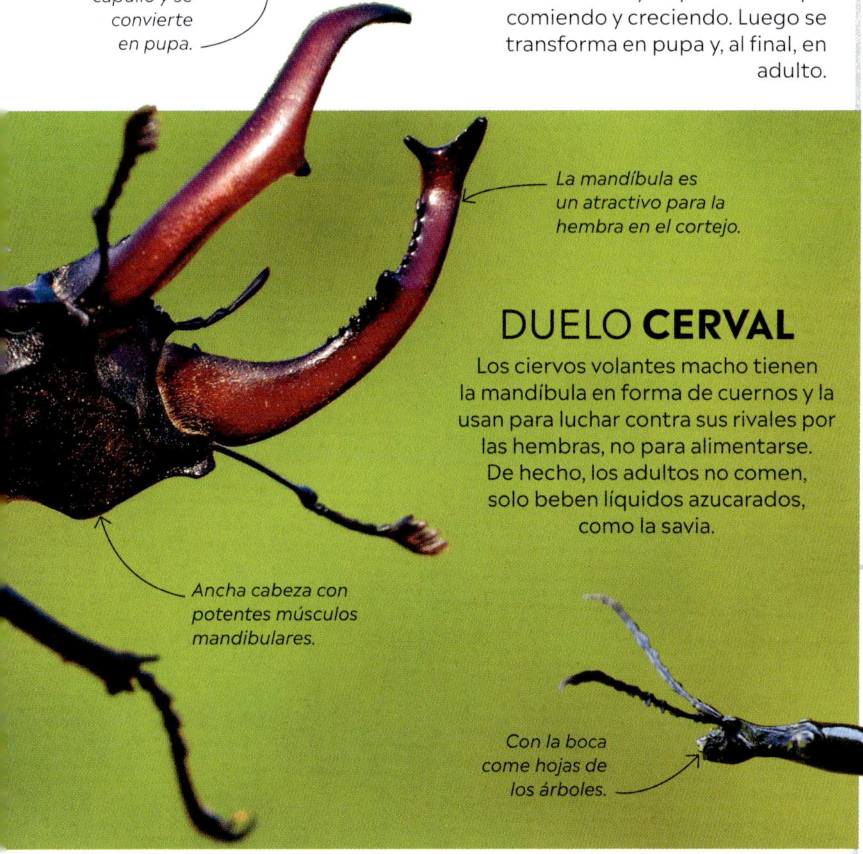

La mandíbula es un atractivo para la hembra en el cortejo.
Ancha cabeza con potentes músculos mandibulares.

DUELO **CERVAL**

Los ciervos volantes macho tienen la mandíbula en forma de cuernos y la usan para luchar contra sus rivales por las hembras, no para alimentarse. De hecho, los adultos no comen, solo beben líquidos azucarados, como la savia.

UN CUELLO MUY LARGO

El gorgojo jirafa de Madagascar tiene el cuello larguísimo. Los machos lo usan para luchar entre sí y para hacer danzas de cortejo ante las hembras, que tienen el cuello mucho más corto.

Con la boca come hojas de los árboles.
Los élitros rojo vivo cubren las alas traseras.
La base del cuello es una prolongación del cuerpo.

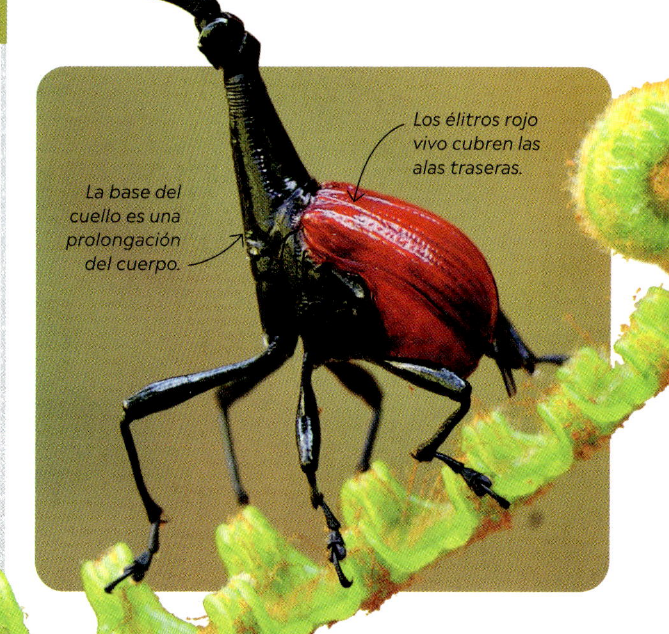

ANATOMÍA DE UN ESCARABAJO

Casi todos los escarabajos adultos se identifican fácilmente por los élitros; son las alas delanteras endurecidas y protegen las delicadas alas traseras. Para echar a volar, extienden los élitros y despliegan las alas que hay debajo.

Cabeza con ojos compuestos
Tórax
Élitros extendidos
Pata
Élitros plegados
Alas traseras membranosas
Abdomen segmentado

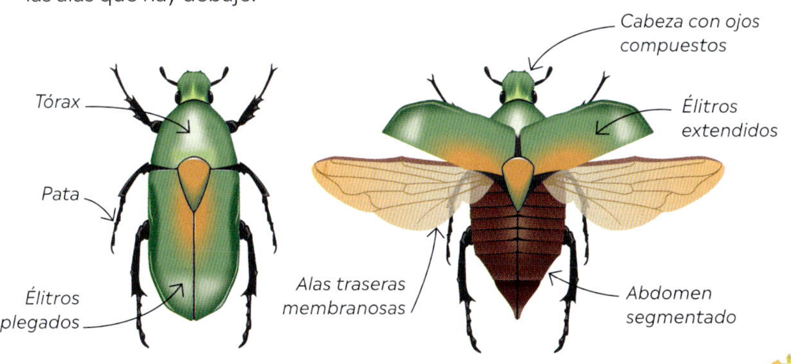

Moscas **fascinantes**

Hay quien las considera una plaga, pero son animales asombrosos con un don para el vuelo gracias a la adaptación de las alas. Desde las domésticas hasta los mosquitos, hay más de 110 000 especies.

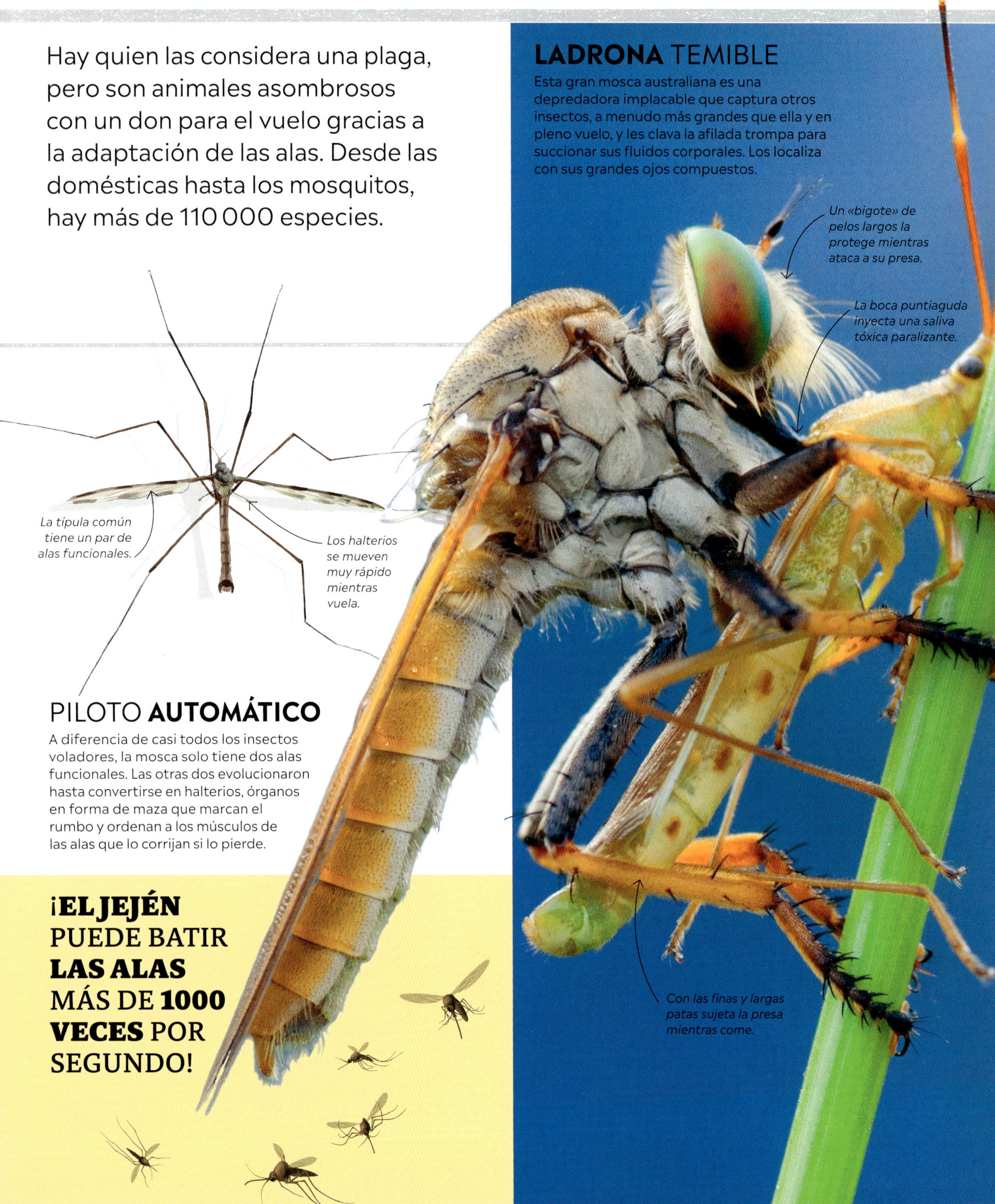

LADRONA TEMIBLE

Esta gran mosca australiana es una depredadora implacable que captura otros insectos, a menudo más grandes que ella y en pleno vuelo, y les clava la afilada trompa para succionar sus fluidos corporales. Los localiza con sus grandes ojos compuestos.

PILOTO AUTOMÁTICO

A diferencia de casi todos los insectos voladores, la mosca solo tiene dos alas funcionales. Las otras dos evolucionaron hasta convertirse en halterios, órganos en forma de maza que marcan el rumbo y ordenan a los músculos de las alas que lo corrijan si lo pierde.

¡EL JEJÉN PUEDE BATIR **LAS ALAS** MÁS DE **1000 VECES** POR SEGUNDO!

SUPERVISIÓN

Casi todas las moscas tienen ojos compuestos formados por miles de lentes. Dan un campo de visión amplio y permiten detectar movimientos rápidos. A algunos machos, como este sírfido, casi les cubren la cabeza; así localizan mejor a las hembras.

Los ojos de los sírfidos tienen hasta 6000 lentes diminutas.

OJOS **TALLUDOS**

La mosca tropical de ojos pedunculados tiene los ojos en la punta de unos pedúnculos rígidos de hasta 1 cm que se proyectan a los lados de la cabeza. Los machos se enfrentan y comparan la envergadura de los ojos en disputas territoriales. El que tiene los pedúnculos más largos suele ganar y tener más éxito con las hembras.

CICLO VITAL

La mosca tiene un ciclo vital de cuatro etapas similar al de la mariposa: huevo, larva, pupa y adulto. Del huevo nace la larva, un gusano sin patas que suele comer materia en descomposición, como heces o animales muertos. Sin embargo, algunas se alimentan de otros insectos o son parásitos que se nutren de la carne de grandes animales vivos. La larva se transforma en pupa, y esta, en un adulto con alas.

1. *La mosca doméstica pone huevos blancos cilíndricos.*

2. *El huevo eclosiona y de él sale una larva que muda y crece.*

3. *La larva teje un capullo protector y pasa a ser pupa.*

4. *La mosca doméstica adulta rompe el capullo de la pupa.*

CHUPASANGRE

Una de las moscas más peligrosas del mundo es el mosquito chupasangre, pues transmite enfermedades mortales, como la malaria. Puede beber tres veces su peso en sangre.

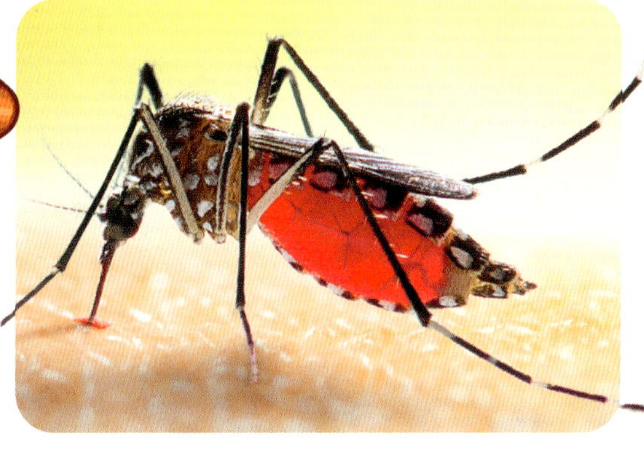

PROCESADORAS **DE ALIMENTO**

La mosca adulta solo ingiere alimento líquido o que ella misma ha convertido en líquido. Los diferentes tipos de mosca tienen piezas bucales distintas, desde esponjas blandas a agujas afiladas, adaptadas para procesar y recolectar su alimento.

Esponja

La boca de la mosca doméstica parece una esponja: empapa la comida en saliva para licuarla.

Cuchilla

Los tábanos que beben sangre cortan la piel de su presa con un par de cuchillas afiladas.

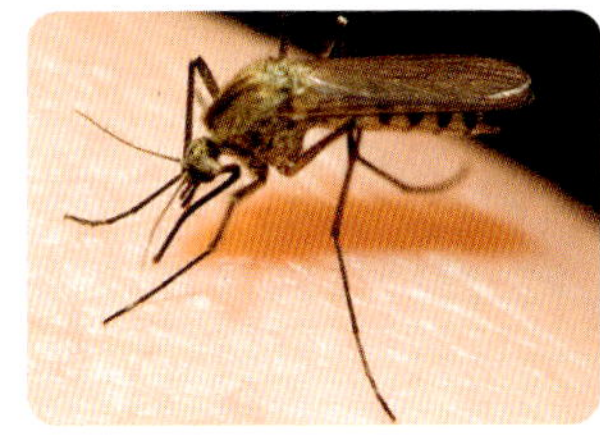

Aguja

La boca del mosquito tiene forma de aguja afilada y hueca, ideal para chupar sangre.

SOLO **LAS HEMBAS DE MOSQUITO PICAN**. NECESITAN LAS **PROTEÍNAS** DE LA SANGRE PARA PRODUCIR **HUEVOS**.

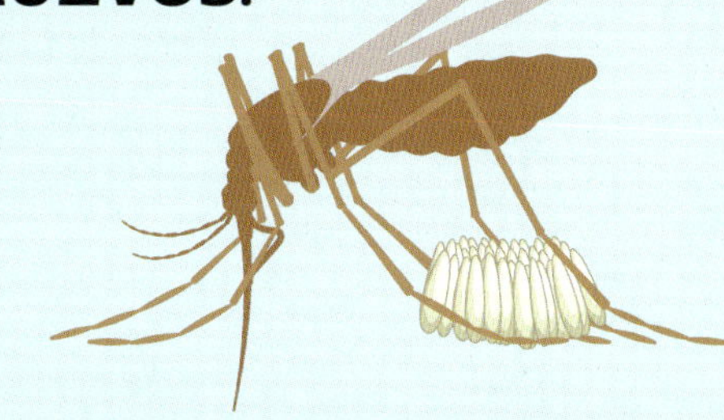

Mariposas y polillas

La delicada y colorida mariposa y su prima nocturna, la polilla, mantienen sanos los hábitats de las plantas y las flores mediante su importante papel de polinizadoras.

ALAS **DE ESCAMAS**

Como en toda mariposa o polilla, las alas de esta macaón están formadas por cientos de miles de diminutas escamas de colores solapadas; además, la quitina las endurece.

FALSO **AZUL**

¡La morfo azul es marrón! Solo parece azul porque, cuando se expone a la luz, unas crestas en forma de árbol que hay en las escamas reflejan la luz azul del espectro con más intensidad que el resto de los colores.

CICLO **VITAL**

Las polillas y las mariposas tienen metamorfosis: nacen como orugas y luego pasan por una etapa de pupa durante la cual se transforman en adultas.

¡LA GRAN **MARIPOSA ATLAS** TIENE UNA **ENVERGADURA** DE HASTA **30 CM**!

ORUGA **EN GUARDIA**

Cuando está en peligro, agita unos apéndices en forma de látigo que tiene en la cola bifurcada.

La oruga de la mariposa harpía, como la de la foto, tiene varias defensas contra los pájaros que intentan comérsela. El cuerpo verde la camufla y la cara roja se percibe como una señal de peligro. Además, expulsa ácido fórmico por el abdomen cuando la atacan.

El color rojo advierte de que este insecto puede ser venenoso.

POLINIZADORAS VITALES

Casi todas las mariposas y las polillas se alimentan del néctar de las flores. Al pasar de una flor a otra, esparcen el polen que fertiliza las plantas. Esta esfinge colibrí lame el fondo de flores largas y estrechas donde otras no llegan; sin ella, algunas plantas podrían extinguirse.

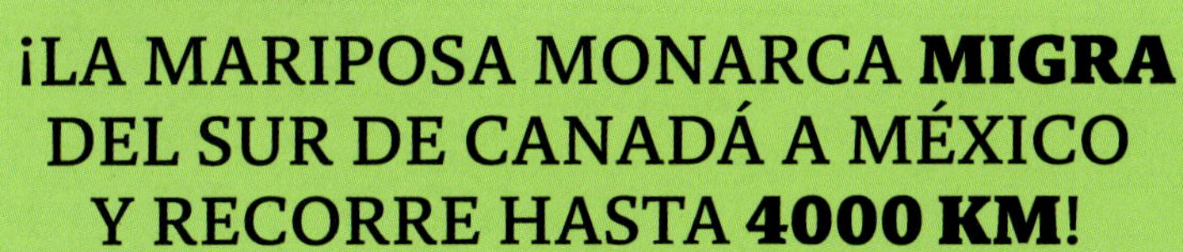

¡LA MARIPOSA MONARCA **MIGRA** DEL SUR DE CANADÁ A MÉXICO Y RECORRE HASTA **4000 KM**!

¿**MARIPOSA** O **POLILLA**?

Ambas pertenecen al orden de los insectos lepidópteros ('alas escamosas'). Su principal diferencia es que la mariposa suele ser activa de día y casi todas las polillas vuelan de noche.

Las antenas de las polillas son plumosas; las de las mariposa tienen forma de maza.

Mariposa

Polilla

¡**SUPER**OLFATO!

Las polillas nocturnas dependen del sentido del olfato para encontrar alimento y pareja. Algunos machos, como esta polilla emperador, tienen las antenas tan desarrolladas que detectan el olor de una hembra a más de 1,6 km de distancia.

1
2
3
4
5
6
7
8
9
10
11
12
13
14
15
16

IDENTIFICA...

MARIPOSAS Y POLILLAS

¿Cuántos de estos seres voladores reconoces? ¡Tapa las respuestas y descúbrelo!

1 *Pyrgus malvae*
2 *Zygena de Occitania*
3 Mariposa alas de pájaro de la reina Alejandra
4 Mariposa alas de pájaro Goliat
5 Mariposa pavo real
6 Mariposa macaón cebra
7 Mariposa monarca
8 Polilla común
9 Mariposa anillo azul
10 *Cymothoe coccinata*
11 *Colias hyale*
12 Esfinge de la adelfa
13 *Eurema brigitta*
14 Papilio de los cítricos
15 Polilla *Euchromia*
16 *Morpho helena*
17 Mariposa nazarena
18 Mariposa hoja seca
19 Mariposa azufrada
20 *Trogonoptera brookiana*
21 Mariposa cebra
22 Libélula
23 *Mechanitis polymnia*
24 Mariposa cristal
25 Mariposa blanca verdinervada
26 *Euschemon*
27 Macaón
28 Polilla luna
29 Polilla del Atlas
30 Mariposa vanessa
31 *Polyura athamas*

El intruso es el 22: la libélula, que tiene las alas transparentes. En cambio, las alas de las mariposas y las polillas son opacas.

NIDO **DE PAPEL**

Algunas avispas que viven en colonias construyen nidos de papel. Las obreras, que son hembras estériles, mastican pulpa de madera y la pegan al nido por capas. Cuando se seca, forma un dosel impermeable.

El nido tiene forma de cono invertido.

Las avispas pueden ser agresivas cuando protegen el nido.

¡LA AVISPA AZUL PARALIZA **ARAÑAS GIGANTES**, CON LAS QUE **ALIMENTA** A SUS CRÍAS!

CULTIVO DE **HONGOS**

En los bosques tropicales americanos, las hormigas cortadoras de hojas forman filas de miles de individuos para transportar pedazos de hojas al nido. Las hojas nutren a un hongo que crece en el nido y les sirve de alimento.

Con la afilada mandíbula despedazan las hojas.

Hormigas, abejas y **avispas**

Todas pertenecen al mismo grupo de insectos. Las hormigas son básicamente avispas sin alas y las abejas son avispas vegetarianas. Las hormigas viven en colonias, pero las avispas y las abejas viven solas o en grupo, según la especie.

DULCE **NÉCTAR**

Las avispas cazan insectos para alimentar a sus crías, pero casi todas las abejas se nutren de néctar y polen. Al hacerlo, cumplen una importante labor: llevan el polen de una flor a otra y así polinizan las plantas.

El polen se pega a las patas peludas.

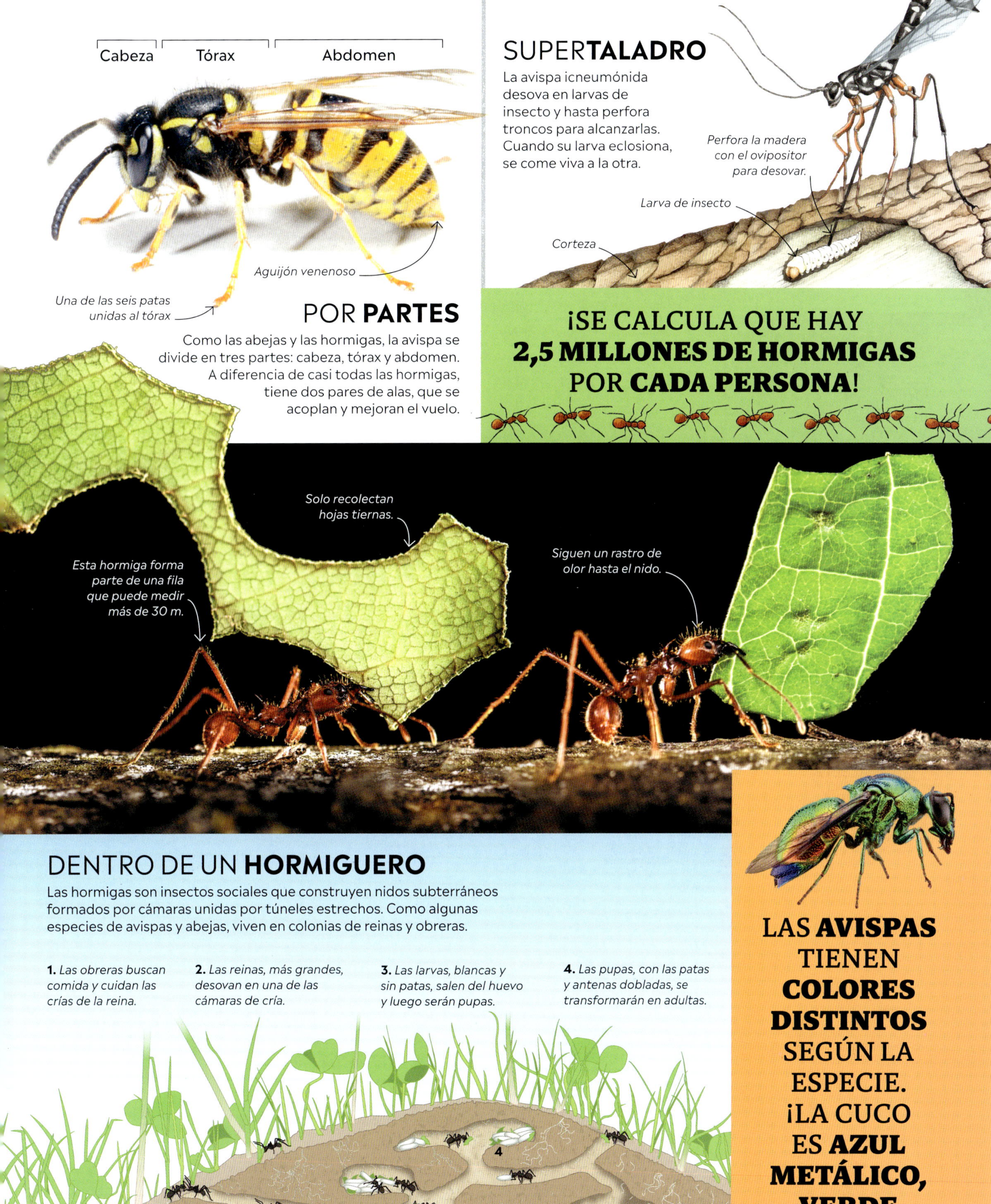

SUPER**TALADRO**

La avispa icneumónida desova en larvas de insecto y hasta perfora troncos para alcanzarlas. Cuando su larva eclosiona, se come viva a la otra.

POR **PARTES**

Como las abejas y las hormigas, la avispa se divide en tres partes: cabeza, tórax y abdomen. A diferencia de casi todas las hormigas, tiene dos pares de alas, que se acoplan y mejoran el vuelo.

¡SE CALCULA QUE HAY **2,5 MILLONES DE HORMIGAS** POR **CADA PERSONA**!

DENTRO DE UN **HORMIGUERO**

Las hormigas son insectos sociales que construyen nidos subterráneos formados por cámaras unidas por túneles estrechos. Como algunas especies de avispas y abejas, viven en colonias de reinas y obreras.

1. *Las obreras buscan comida y cuidan las crías de la reina.*

2. *Las reinas, más grandes, desovan en una de las cámaras de cría.*

3. *Las larvas, blancas y sin patas, salen del huevo y luego serán pupas.*

4. *Las pupas, con las patas y antenas dobladas, se transformarán en adultas.*

LAS **AVISPAS** TIENEN **COLORES DISTINTOS** SEGÚN LA ESPECIE. ¡LA CUCO ES **AZUL METÁLICO, VERDE Y ROJA**!

Algunas abejas forman cadenas en forma de guirnalda.

Saco de veneno

Los músculos empujan el veneno abajo por el aguijón.

El panal almacena miel, polen y larvas.

Las bandas de colores vivos disuaden a los depredadores.

La abeja melífera puede batir las alas 200 veces por segundo.

Aguijón en la cola

La abeja se defiende con el aguijón. Cuando se lo clava a animales de piel más gruesa, el aguijón se desprende del cuerpo de la abeja y esta muere.

AIRE **ACONDICIONADO**

Cuando un panal se calienta en exceso, las obreras lo enfrían batiendo las alas. Así crean una brisa que además evapora las gotas de agua, lo cual enfría más el aire.

UNIDAD **FAMILIAR**

Las abejas viven en colonias: grupos en los que solo la reina pone huevos. Las obreras, que se cuentan por miles, hacen todas las tareas, como recolectar alimento y cuidar de las crías. Los zánganos machos no hacen nada más que aparearse con la reina.

LAS MELÍFERAS EJECUTAN LA **DANZA DEL COLETEO** Y ASÍ DICEN A LAS OTRAS DÓNDE **HAY NÉCTAR**.

QUIÉN ES **QUIÉN**

Una colonia puede tener entre 60 000 y 80 000 abejas. Hay una reina y unos cientos de zánganos machos. El resto son obreras, todas hijas de la reina y estériles, es decir, que no pueden reproducirse.

Reina

El cuerpo esbelto está adaptado a alojar los huevos. Rara vez abandona el nido.

Zángano

Es grueso, robusto, de alas grandes y sin aguijón. No puede recolectar polen.

Obrera

Es más pequeña y ágil que el zángano, con el abdomen estrecho.

Abejas laboriosas

La reina «exiliada» está protegida en el enjambre.

Las abejas son vitales para la biodiversidad del planeta: dispersan el polen, necesario para fertilizar las plantas y producir semillas. Además, fabrican miel y cera.

CREAR UNA **COLONIA**

Si una colonia crece en exceso, la reina y algunas obreras fundan otra. En la antigua colonia, emerge una nueva reina de entre las 20 abejas jóvenes criadas por las «nodrizas».

UNAS PINTURAS RUPESTRES EN ESPAÑA MUESTRAN QUE LOS HUMANOS YA CRIABAN ABEJAS MELÍFERAS HACE 9000 AÑOS.

ESPACIO DE **ALMACENAJE**

El panal es un laberinto de celdas hexagonales de cera de abeja (una sustancia espesa que secretan las obreras). En las celdas la reina pone los huevos; también se almacena la miel y el polen que sirven de alimento. Los zánganos y las aspirantes a reina se crían en celdas más grandes. Las obreras nacen en celditas de cría.

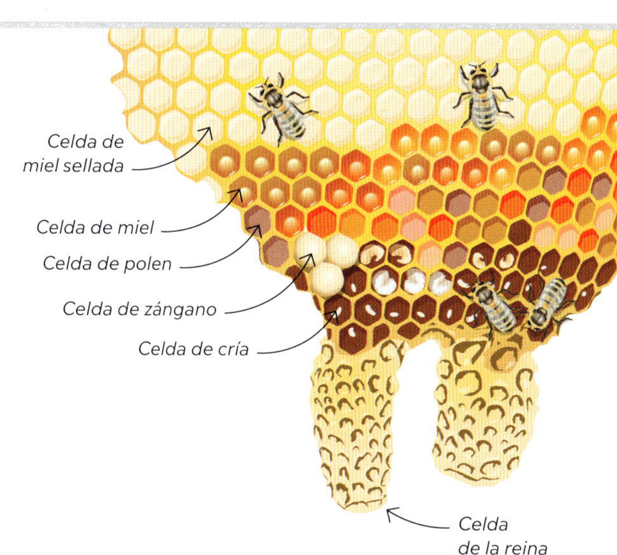

SUPER**MADRE**

La reina se pasa casi toda la vida poniendo huevos. ¡Puede poner 1500 al día! Las obreras la cuidan, alimentan y, si es necesario, la protegen con su vida. La reina puede vivir cinco años; las obreras, solo semanas o meses.

Los huevos se depositan en las celdas.

UN BUEN **DULCE**

Las abejas producen miel con el néctar (un líquido azucarado muy nutritivo que segregan las plantas) pasándoselo de boca en boca para extraerle el agua. Cuando ya solo tiene el 18 % de agua, se espesa y pasa a ser miel.

MUY **VITALES**

Cuando la abeja se alimenta, el polen de la flor se adhiere a su cuerpo y, a medida que se desplaza, lleva el polen a otras flores, que así se fecundan y forman semillas. El viento y otros animales también diseminan polen, pero los insectos son los polinizadores más importantes.

Con la corta lengua sorbe el néctar.

Recoge el polen en la cesta.

¡LA ENVERGADURA DE LAS PATAS DE LA **TARÁNTULA GOLIAT** LLEGA A **28 CM**!

Arañas **sedosas**

Las arañas, con ocho patas largas y un par de colmillos venenosos, son depredadores consumados de insectos y otros animalillos. Producen seda y la usan de forma ingeniosa para cazar, construir nidos, proteger los huevos y poner trampas.

HILAR **SEDA**

El cuerpo de la araña se divide en dos partes. En el cefalotórax, delante, están los ojos, colmillos y patas. En el abdomen, detrás, están el corazón, los pulmones y las glándulas sericígenas (productoras de seda). Estas se conectan con las hileras, que fabrican seda en hebras mil veces más finas que un cabello humano. Las hebras combinadas forman hilos fortísimos.

La fuerte seda soporta el peso de la araña.

Hilera

La seda líquida se almacena en las glándulas sericígenas.

Abdomen

Ocho patas

Colmillos

Cefalotórax

Ojos

ARAÑA PESCADORA

Algunas arañas tejen la tela para atrapar presas, pero otras dependen de su agilidad. La araña pescadora las acecha en la orilla de las charcas. Puede flotar en el agua y correr por ella, donde atrapa insectos, renacuajos e incluso peces pequeños.

El veneno de la araña mata a los peces.

Las almohadillas de las patas repelen el agua e impiden que se hunda.

CAPULLOS **PARA HUEVOS**

Las arañas usan la seda para infinidad de cosas. Muchas especies fabrican capullos donde ocultan sus huevos de los pájaros y otros animales. Esta araña amarilla de jardín se esmera en proteger a su futura familia lo mejor posible.

Manos a la obra
La araña crea una pequeña red densa en forma de copa con seda suave y lanosa.

Desove
Produce una masa de huevos amarillos y los coloca debajo de la abertura de la copa.

La tapadera
La araña empieza a cubrir los huevos con más capas de seda lanosa para ocultarlos.

Misión cumplida
El capullo protector está acabado y los huevos quedan sellados dentro hasta que eclosionan.

SOPA **DE MOSCA**

La araña lobo atrapa a sus presas con su potente mandíbula. Con los colmillos articulados que tiene a los lados inyecta un veneno que las mata o paraliza. Luego regurgita fluidos digestivos para licuarlas y comérselas.

TRAMPAS **DE SEDA**

La araña tejedora debe su nombre a las trampas en forma de rueda que teje para atrapar insectos. Esta araña tigre ha cazado un saltamontes y lo envuelve con fina seda para que no escape. Luego lo apuñala con sus colmillos venenosos y empieza a comérselo.

LA HEMBRA SUELE SER MÁS GRANDE QUE EL MACHO, Y A VECES... **¡SE LO COME TRAS APAREARSE**!

¡SI UN HILO DE **SEDA DE ARAÑA** Y UNO DE **ACERO** TUVIERAN EL **MISMO GROSOR**, EL DE SEDA SERÍA **MÁS RESISTENTE**!

CAZADORA SUBMARINA

La araña de agua es la única que pasa largos periodos de tiempo bajo el agua. Como necesita aire para respirar, teje una «campana de buceo» de seda, donde atrapa una burbuja de aire y se mete dentro. Para cazar presas, sale disparada de ese refugio.

ARAÑA TRAMPERA

Algunas arañas viven en madrigueras ocultas por trampillas de seda y tierra. Cuando un insecto se acerca, perciben la vibración a través de los hilos de seda que hay a la entrada de la madriguera. Entonces salen deprisa para atrapar al desprevenido.

Los hilos de seda actúan como cables trampa para la presa.

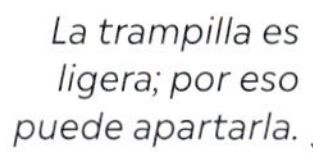

La trampilla es ligera; por eso puede apartarla.

La araña espera, lista para salir de golpe si detecta movimiento en la trampa.

CHUPASANGRE

La garrapata se nutre de sangre animal, incluida la humana. Vive entre las plantas, se adhiere a una presa que pasa y empieza a comer. Cuando se llena, se desprende para reproducirse.

La garrapata se ensancha llena de sangre tras alimentarse.

Garrapata voraz

EL CORTEJO

Los escorpiones usan las pinzas para atrapar y desgarrar presas. En el ritual del cortejo, el macho también guía con ellas a la hembra en una especie de danza antes de aparearse.

PATAS LARGAS

A diferencia de la araña, cuyo cuerpo consta de dos partes principales, el opilión, o segador, es un arácnido de una sola pieza. Las ocho patas, que suelen ser varias veces más largas que el cuerpo, pueden alcanzar los 15 cm de largo.

DEFENSA HEDIONDA

El escorpión látigo debe su nombre a su cola larga y fina parecida a un látigo. Es cazador, como los auténticos escorpiones, pero no tiene aguijón. Rocía a sus atacantes con un ácido irritante similar al vinagre.

La cola larga es un órgano sensorial.

Las largas patas delanteras son como antenas que detectan presas.

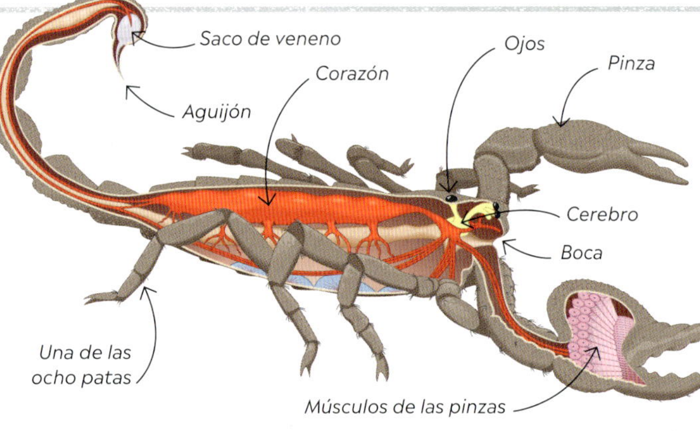

EL ESCORPIÓN

Como otros arácnidos, el escorpión tiene ocho patas articuladas, un exoesqueleto duro, pinzas fuertes y un potente aguijón en la punta de la larga cola segmentada, que usa sobre todo para defenderse. Algunas especies tienen hasta 12 ojos, pero, en general, no ven muy bien.

Las pinzas prensiles aplastan cualquier presa pequeña.

¡EN TODAS LAS CASAS VIVEN MILLONES DE MINÚSCULOS ÁCAROS DEL POLVO!

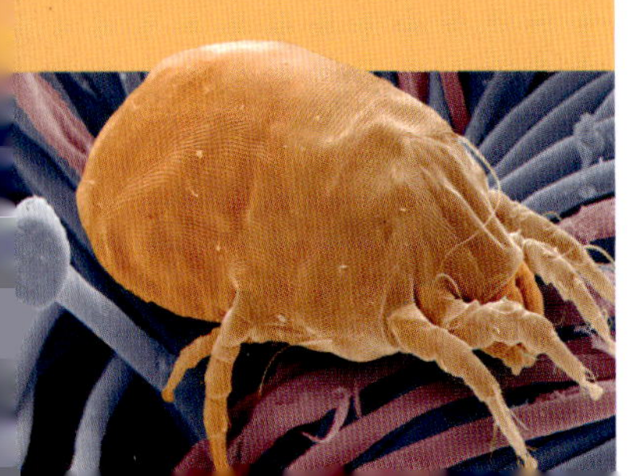

Arácnidos increíbles

El vasto grupo de los arácnidos comprende unas 100 000 especies de arañas, escorpiones, ácaros, garrapatas y otros animales. No tienen antenas, pero sí cuatro pares de patas y piezas bucales en forma de colmillos o pinzas.

OTROS ARÁCNIDOS

Los escorpiones, las arañas y los opiliones no son los únicos arácnidos. Hay unos 15 grupos principales, cada uno con muchas especies.

Ácaros y garrapatas
Las garrapatas son parásitos que chupan sangre. Los ácaros comen muchas cosas, de sangre a plantas e insectos.

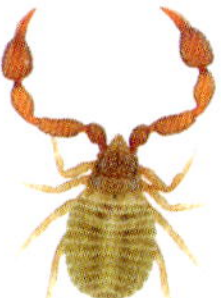

Pseudoescorpiones
Se llaman así por su gran parecido con los escorpiones. Tienen pinzas venenosas y carecen de cola.

Araña látigo
Esta fiera depredadora sin veneno detecta presas con las largas patas delanteras, que son como antenas.

Solífugos
El solífugo, o araña camello, vive en el desierto y alcanza los 15 cm de largo. Con su gran mandíbula caza presas grandes, como lagartijas.

¡UNA **GARRAPATA HAMBRIENTA** PUEDE RESISTIR **UN AÑO SIN COMER!**

MAMÁ TAXISTA

En lugar de poner huevos, las hembras de escorpión paren crías vivas. Nada más nacer, se montan a la espalda de la madre, que las lleva consigo hasta que son capaces de cazar por su cuenta.

Cola arqueada segmentada y muy flexible.

Glándula venenosa cubierta de cerdas sensitivas.

Las crías son blandas y frágiles.

CADA AÑO **MUEREN** UNAS **3000 PERSONAS** POR **PICADURA DE ESCORPIÓN.**

¡OJO AL DATO! GUSANOS

Estos animales de cuerpo blando muestran todo tipo de formas y tamaño. Muchos son casi microscópicos, otros, auténticos gigantes, y algunos llevan vidas propias de películas de terror.

GUSANOS ZOMBIS

Se descubrieron en 2002 en una ballena muerta en el fondo del mar. Pueden alcanzar 7 cm de largo y se alimentan de huesos. Su piel produce un ácido que disuelve los minerales del hueso, lo que libera grasas y proteínas comestibles. Se han hallado en huesos de peces y, en un experimento, ¡hasta de vacas!

PARÁSITOS TEMIBLES

Muchos gusanos viven en otros animales. Algunos dan molestias leves a su huésped, pero otros causan graves problemas de salud.

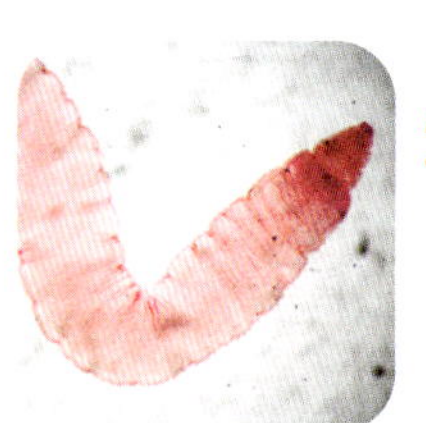

TENIA
Este gusano plano vive en los intestinos del huésped y puede causar dolor de estómago y fiebre.

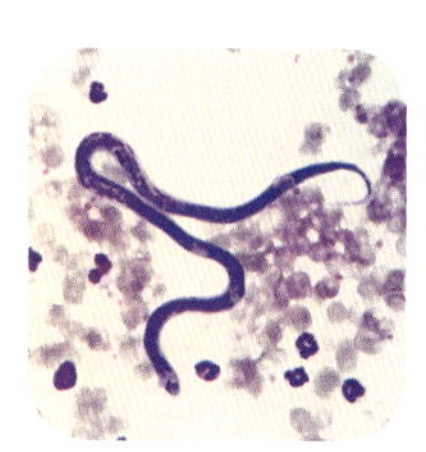

GUSANO DEL CORAZÓN
Este fino gusano vive en los pulmones y el corazón del perro. Causa enfermedades pulmonares e insuficiencia cardíaca.

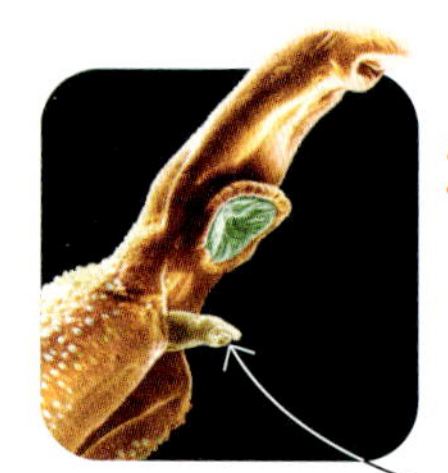

DUELAS DE LA SANGRE
Este gusano cilíndrico desova en los vasos sanguíneos, lo que provoca dolor abdominal.

La hembra vive dentro del macho.

LOS MÁS LARGOS

Casi todos los gusanos son pequeños, pero algunos son larguísimos. He aquí unos cuantos que baten récords.

LOMBRIZ COMÚN: Habita en la tierra de jardín y puede alcanzar los 35 cm de longitud.

LA LOMBRIZ MÁS LARGA: La gigante africana puede medir 6,7 m de largo.

EL NEMATODO MÁS LARGO: *Placentonema gigantissima* vive en cachalotes y llega a medir 7,62 m de largo.

EL PARÁSITO MÁS LARGO: *Tetragonoporus,* que también vive en el intestino del cachalote, alcanza los 40 m.

Cuando el nemertino se siente amenazado, se encoge hasta quedar en la décima parte de su longitud.

EL NEMERTINO MÁS LARGO: *Lineus longissimus* podría ser el animal más largo: mide hasta 50 m.

COLORES VIVOS

Hay gusanos de colores muy vivos. Casi todos viven en el lecho marino y, ante el peligro, se refugian en su madriguera.

GUSANO MARINO
De aspecto peludo y con un brillo irisado.

GUSANO ÁRBOL DE NAVIDAD
Atrapa presas con sus dos coronas espirales de tentáculos.

PLUMERO
Tiene tentáculos naranjas en forma de abanico.

LOMBRIZ JAPONESA
Es fácil de detectar por su color púrpura.

ESPERANZA DE VIDA

La longevidad de un gusano oscila entre solo dos años hasta más de dos siglos. Este gráfico compara varias especies.

NEMATODO *ASCARIS LUMBRICOIDES*: 2 años

LOMBRIZ DE TIERRA COMÚN: hasta 6 años

GUSANO GANCHUDO: hasta 18 años

TENIA: hasta 25 años

GUSANO DE TUBO ESCARPIA LAMINATA: 200 años

GUSANO PLANO: ¡Podría vivir para siempre regenerando y protegiendo su ADN!

DIETA VARIADA

Los gusanos comen de todo: tierra, hojas muertas, alimentos a medio digerir... ¡hasta sangre!

LOMBRICES
Mientras se abren paso bajo el suelo, comen tierra y digieren su material vegetal en descomposición.

TENIAS
Como algunos nematodos, viven en el intestino de los animales y absorben su comida a medio digerir.

SANGUIJUELAS
Algunas chupan sangre. Otras son depredadoras y se nutren de invertebrados como caracoles, larvas de insectos y lombrices.

NEMERTINOS
Casi todos son depredadores que viven en el agua. Cazan y comen caracoles marinos, babosas marinas y camarones.

GUSANOS TUBÍCOLAS GIGANTES
Viven cerca de las fumarolas del fondo marino. No tienen boca, intestino ni ano. Los habitan bacterias que producen alimento.

DIVERSIDAD DE ESPECIES

Muchos tipos de gusano han evolucionado hasta dar miles de especies, cada una adaptada a un modo de vida ligeramente distinta.

LOMBRICES DE TIERRA
Hay 6000 especies, inconfundibles por su cuerpo segmentado.

NEMATODOS
Blancos y en forma de hilo. Hay unas 30 000 especies.

GUSANOS PLANOS
Casi todas sus 20 000 especies son parásitos de cuerpo aplanado.

GUSANOS CINTA
Los nemertinos también se llaman así por su forma de cinta. Hay más de 1300 especies.

CONDICIONES EXTREMAS

El gusano de Pompeya vive cerca de las fuentes hidrotermales del lecho marino. Prospera en temperaturas altísimas gracias a su mucosa aislante, que lo recubre y nutre a bacterias resistentes al calor.

Ciempiés y milpiés

Estos artrópodos evolucionaron hace más de 400 millones de años y fueron habitantes pioneros de la Tierra. Los ciempiés son depredadores rápidos; los milpiés, vegetarianos lentos.

EL **MAYOR INVERTEBRADO** QUE HA EXISTIDO ES ***ARTHROPLEURA.*** VIVIÓ HACE 300 MILLONES DE AÑOS Y **MEDÍA 2,6 M.**

EXTRA**SUAVES**

Los antepasados de los milpiés y los ciempiés seguramente se parecían a los onicóforos, que viven en bosques cálidos y húmedos. Tienen un cuerpo blando, similar al de la oruga, y hasta 43 pares de patas rechonchas.

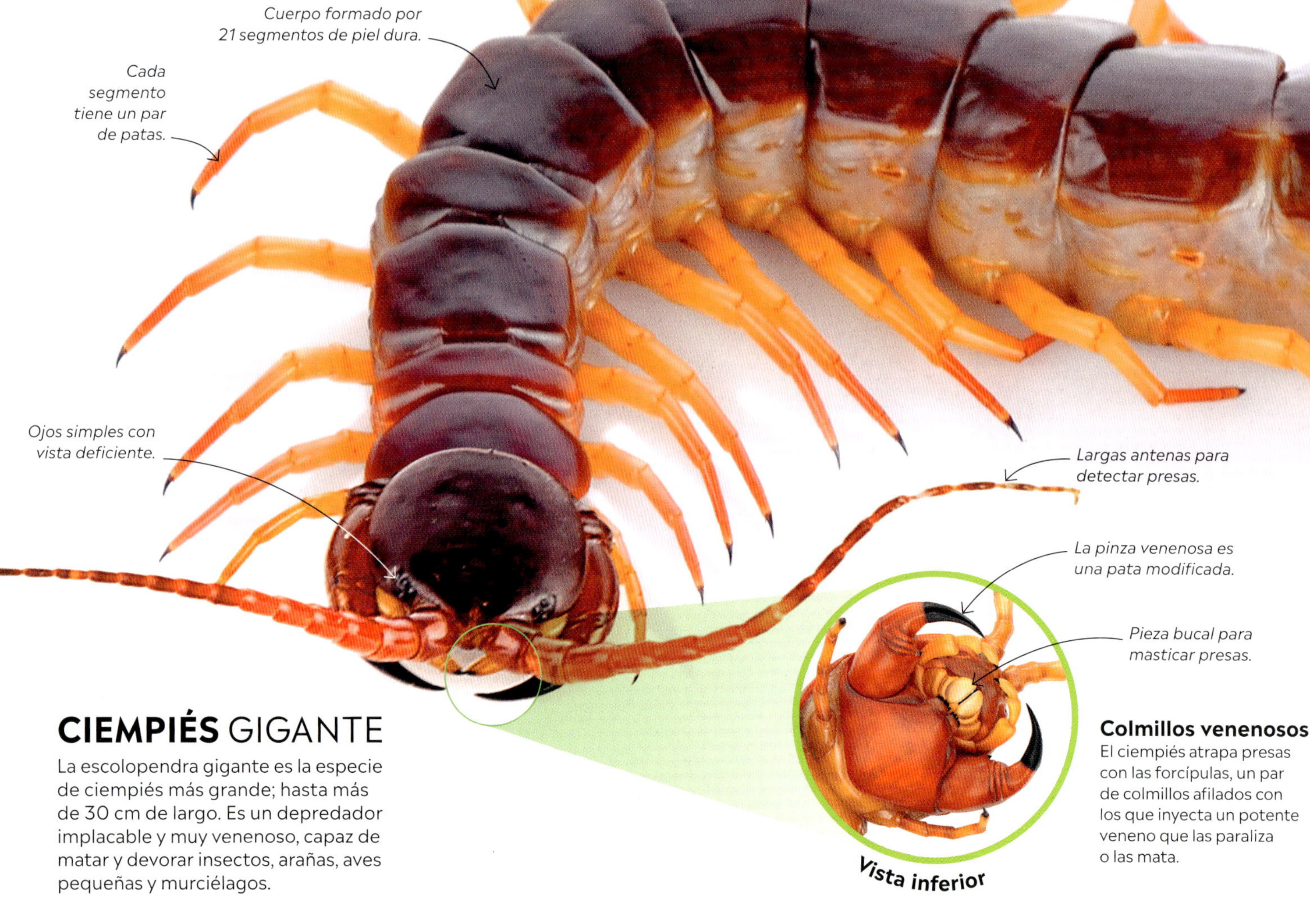

CIEMPIÉS GIGANTE

La escolopendra gigante es la especie de ciempiés más grande; hasta más de 30 cm de largo. Es un depredador implacable y muy venenoso, capaz de matar y devorar insectos, arañas, aves pequeñas y murciélagos.

Colmillos venenosos

El ciempiés atrapa presas con las forcípulas, un par de colmillos afilados con los que inyecta un potente veneno que las paraliza o las mata.

EL MILPIÉS SEGREGA **SUSTANCIAS TÓXICAS** QUE PUEDEN **CEGAR** A SUS **DEPREDADORES.**

PASO **A PASO**

El milpiés tiene dos pares de patas por segmento. Camina lentamente, moviendo las patas de cada lado a la vez con el cuerpo recto. El ciempiés tiene un par de patas por segmento. Es más rápido y se desplaza retorciendo el cuerpo, sin sincronizar el movimiento de las patas.

LOS CIEMPIÉS NACEN CON SOLO **TRES PARES DE PATAS.** LES SALEN MÁS **A MEDIDA QUE CRECEN.**

PATALEANDO

Los milpiés contribuyen al reciclaje de la naturaleza, pues casi todos comen plantas en descomposición. Tienen más patas que el ciempiés: ¡hay una especie con más de 1300! Además, son más cortas y están debajo del cuerpo.

EN**ROLLADO**

Cuando el milpiés se siente amenazado, se enrolla en una espiral blindada que protege la parte inferior del cuerpo, más blanda. Algunos forman una bola compacta y redonda. Si con eso no basta, hay especies que rocían al depredador con sustancias tóxicas.

Medusas **blanditas**

Medusas, hidras, anémonas y corales son algunos de los animales más extraños del planeta. A veces incluso cuesta reconocerlos como animales. Tienen el cuerpo blando y células urticantes con las que atrapan presas y se protegen.

Medusa joven
Medusa adulta
Segmento plano
Huevo
Plánula
Estróbilo
Pólipo
Plánula adherida

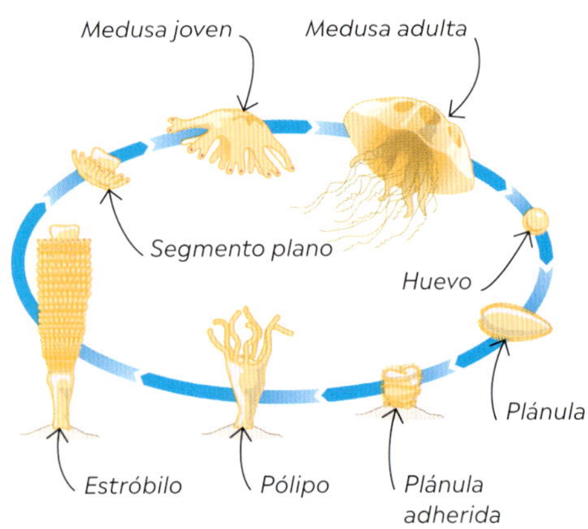

VIDA DE LA **MEDUSA**

La medusa adulta pone huevos. De ellos salen las plánulas, que son larvas. Se adhieren a las rocas y cada una se transforma en un pólipo fijado al sustrato. Luego se convierte en un estróbilo, una serie de segmentos planos, que poco a poco se desprenden y pasan a ser medusas adultas.

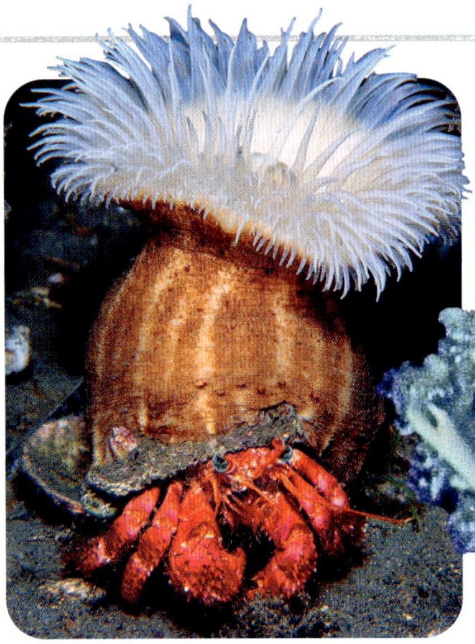

DE **PASEO**

Las anémonas de mar son pólipos coronados por tentáculos urticantes con los que atrapan presas. Casi todas se adhieren a las rocas, pero esta se aferra al caparazón de un cangrejo ermitaño. Su picadura lo protege de los depredadores.

LOS **ARRECIFES DE CORAL** TIENEN UNAS ALGAS QUE LES DAN **SU COLOR.**

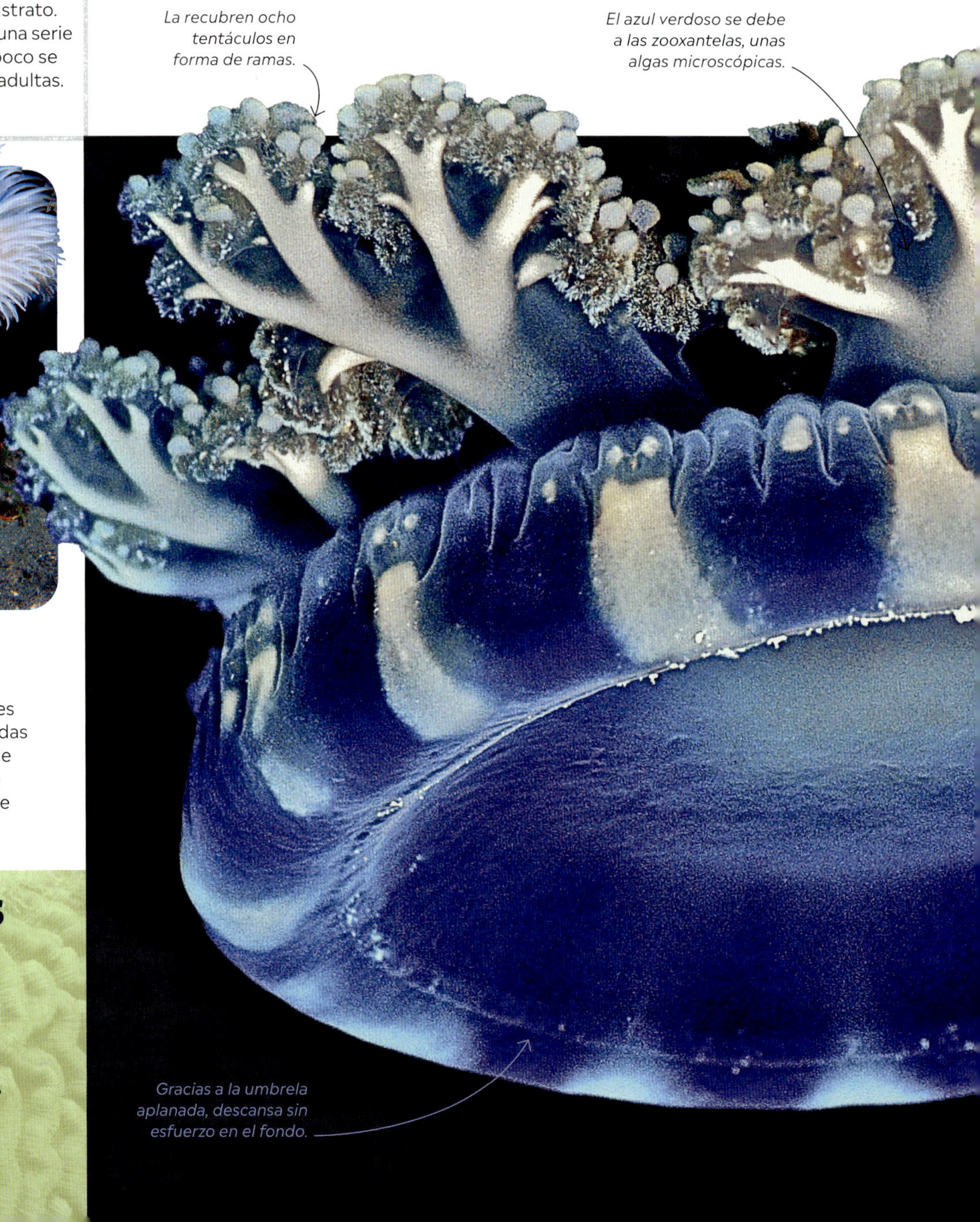

La recubren ocho tentáculos en forma de ramas.
El azul verdoso se debe a las zooxantelas, unas algas microscópicas.
Gracias a la umbrela aplanada, descansa sin esfuerzo en el fondo.

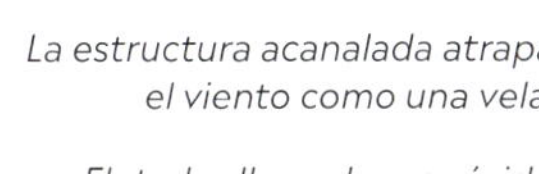

La estructura acanalada atrapa el viento como una vela.

Flotador lleno de monóxido de carbono y aire.

COLONIA **A LA DERIVA**

La carabela portuguesa parece una medusa, pero son cuatro pólipos, cada uno especializado en una función. Uno forma un flotador lleno de gas que se mueve a la deriva por la superficie del mar. Debajo cuelgan los pólipos, encargados de la alimentación y la reproducción, y los tentáculos urticantes.

El pólipo de la alimentación devora presas.

Los tentáculos defensivos pueden medir 10 m de largo.

Con los largos tentáculos venenosos paraliza y mata peces y crustáceos.

¡LA **BOCA DE LA ANÉMONA MARINA** TAMBIÉN ES SU **ANO**!

El aguijón con púas se dispara.

Hay un aguijón oculto en cada célula urticante.

Células urticantes

La medusa tiene células urticantes en los tentáculos. En cada célula hay un aguijón enrollado en forma de arpón. Cuando este se activa por contacto, se dispara e inyecta veneno.

MEDUSA BOCABAJO

A diferencia de otras medusas, esta especie tropical se posa en el fondo con los tentáculos para arriba. Estos transportan algas microscópicas que usan la energía solar para producir azúcar, del que se alimenta. El coral tropical obtiene casi toda su comida del mismo modo.

TIPOS DE **CNIDARIOS**

Los corales, las medusas y las anémonas constituyen el grupo de los cnidarios. Las medusas nadan libremente, pero los corales y las anémonas viven fijados al sustrato.

Medusa

Las medusas adultas se dejan llevar por la corriente, pero también pueden nadar despacio. Son un solo animal, pero suelen viajar en enjambres. El 95 % de su cuerpo es agua.

Anémona de mar

La anémona también es un solo animal. Se adhiere a superficies sólidas submarinas y espera a que la comida pase al alcance de sus tentáculos urticantes.

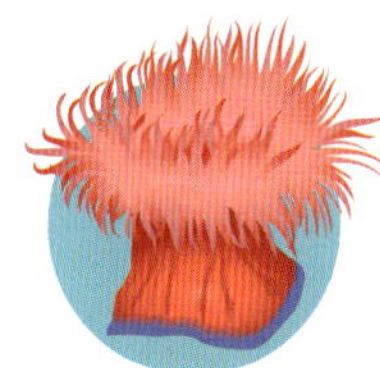

Coral

El coral está formado por cientos de miles de pólipos individuales. Tienen coronas de tentáculos independientes, pero cuerpos unidos entre sí como las ramas de un árbol.

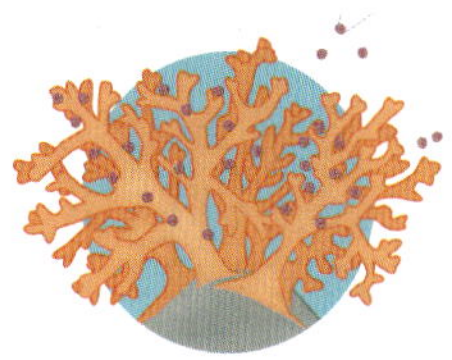

CRÍAS **EN FLOR**

La hidra común mide 3 cm de largo y vive como un pólipo pegado a una roca o una planta. En verano, se reproduce: su diminuto cuerpo desarrolla otro pólipo, como el brote de una planta, que luego se desprende y lleva una vida independiente.

¡LOS **FÓSILES DEMUESTRAN** QUE **LAS MEDUSAS** LLEVAN EN LA TIERRA **500 MILLONES DE AÑOS**!

Cangrejos y compañía

Los cangrejos y sus parientes forman el grupo de los crustáceos. Al igual que los insectos, son artrópodos (invertebrados con exoesqueleto duro), pero su esqueleto suele ser mucho más resistente, y muchos tienen diez patas o más.

CARACTERÍSTICAS DE **LOS CRUSTÁCEOS**

El bogavante es un crustáceo típico: cuerpo alargado, varios pares de patas y una cola segmentada y musculosa. Algunos crustáceos han evolucionado de otra forma, pero muchos tienen un caparazón que les cubre la cabeza y la parte delantera del cuerpo.

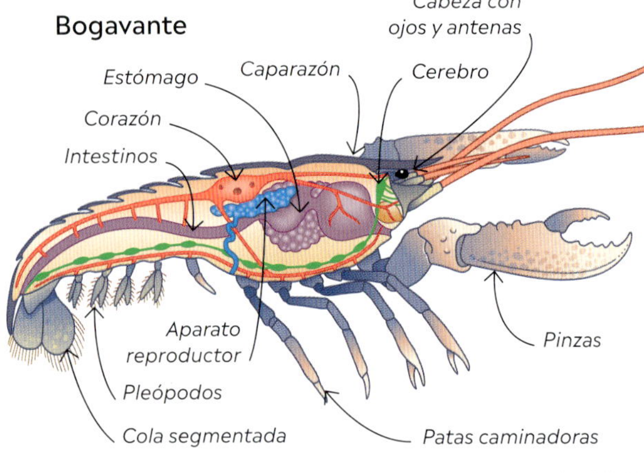

VIOLINISTA **VISTOSO**

Los cangrejos tienen ocho patas caminadoras y un par de fuertes pinzas, con las que se alimentan. Este violinista macho tiene una pinza supergrande que equivale a la mitad de su peso. Con ella atrae a las hembras y presume ante los rivales.

Ojos en pedúnculos articulados.

Con la pinza más pequeña recoge alimento.

Las articulaciones solo se doblan lateralmente.

El duro exoesqueleto protege los órganos internos.

LOS **COPÉPODOS MARINOS** SON TANTOS QUE FORMAN LA **MAYOR CONCENTRACIÓN DE VIDA ANIMAL** DE LA TIERRA.

DESFILE DE **LANGOSTAS**

Los cangrejos y las langostas viven principalmente en el lecho marino, ocultos entre las rocas, de donde salen a cazar o recolectar comida. Suelen quedarse en el mismo sitio, pero las langostas del Caribe a veces marchan en fila india 50 km o más para buscar otra zona donde alimentarse.

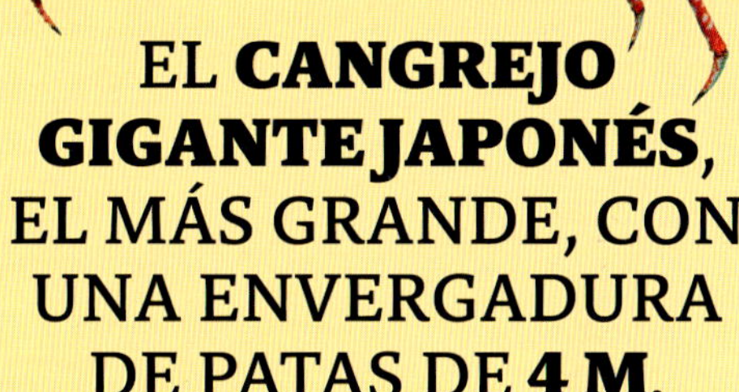

EL **CANGREJO GIGANTE JAPONÉS**, EL MÁS GRANDE, CON UNA ENVERGADURA DE PATAS DE **4 M**.

Las grandes pinzas se regeneran si se cortan.

TIPOS **DUROS**

Hay crustáceos de muchas formas y tamaños, desde diminutos copépodos a cangrejos de caparazón duro. La mayor variedad se da en el mar, pero algunos viven en agua dulce o en tierra firme.

Cangrejos

Langostas y cangrejos de río

Gambas y camarones

Copépodos

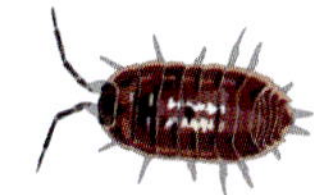

Cochinillas

Percebes

COCHINILLAS **FABULOSAS**

Pocos crustáceos viven en tierra firme. El más conocido es la cochinilla, que come materia vegetal muerta. Respira con unos órganos parecidos a branquias que solo funcionan bien si hay humedad; por eso vive bajo rocas o troncos, lejos de la luz.

Se orientan con las antenas, que son órganos sensitivos.

El exoesqueleto se divide en siete segmentos.

COMPAÑEROS **DE VIAJE**

El krill, parecido al camarón, vive en las ricas aguas del océano Antártico, donde se multiplica hasta formar enjambres gigantescos a la deriva. Es la presa principal de las colosales ballenas barbadas que habitan ese gélido mar, pero también lo cazan focas y pingüinos.

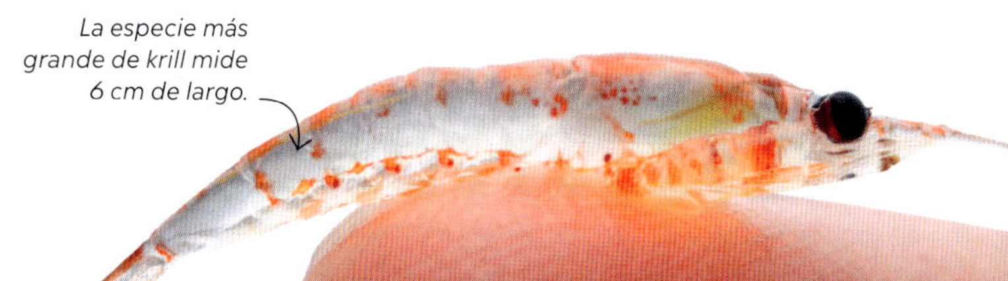

La especie más grande de krill mide 6 cm de largo.

1
2
3
4
5
6
7
8
9
10
11
12
13
14
15
16
17
18
19
20
21
22
23

IDENTIFICA... **CRUSTÁCEOS**

¿Sabes de crustáceos? ¿Distingues un piojo de una langosta? y ¿un cangrejo de un copépodo? Intenta reconocer estos coloridos crustáceos sin mirar las respuestas que aparecen abajo. ¿Sabes quién es el intruso?

1 *Neocaridina davidi*
2 Cangrejo fantasma del Atlántico
3 Langosta versicolor
4 Cangrejo rojo de roca
5 Buey de mar
6 Cigarra del mar
7 Cigala
8 Camarón común
9 Ostrácodo
10 Artemia
11 Camarón boxeadora
12 Camarón camello
13 Cangrejo de las nieves
14 Camarón mármol
15 Bogavante americano
16 Araña cangrejo
17 Bellota de mar
18 Cochinilla de la humedad
19 Camarón tigre
20 Camarón mantis arcoíris
21 Cangrejo azul
22 Cochinilla asellus
23 Pulga de playa
24 Cangrejo arcoíris
25 Lía de agua
26 Cangrejo renacuajo cola larga
27 Cangrejo decorador
28 Cangrejo Dungeness
29 Krill antártico
30 Percebe
31 Cangrejo ermitaño
32 Copépodo
33 Camarón arlequín
34 Cangrejo de mar común

¿QUIÉN ES EL INTRUSO?

El intruso es la araña cangrejo (16). ¡Es una araña, no un cangrejo! No la confundas con los cangrejos araña, que son crustáceos.

Moluscos **alucinantes**

Los caracoles, las almejas, los calamares y sus parientes son moluscos. Algunos de estos animales de cuerpo blando tienen una concha dura. Casi todos viven en el agua, pero los hay terrestres.

UNA **VIEIRA** TIENE HASTA **200 OJOS DIMINUTOS** EN EL **BORDE DE LA CONCHA**.

CONCHAS **Y PERLAS**

La concha de los moluscos está hecha de minerales calcáreos y recubierta de nácar, un material liso y brillante. Las ostras y otros moluscos bivalvos cubren con nácar los granos o gusanos que se les meten en la concha; así se forman las perlas.

SUPER**BABOSAS**

Las babosas marinas son gasterópodos y unos de los moluscos más coloridos. Se alimentan de animales, como anémonas de mar. Muchas, como esta *Goniobranchus kuniei*, viven en los arrecifes de coral.

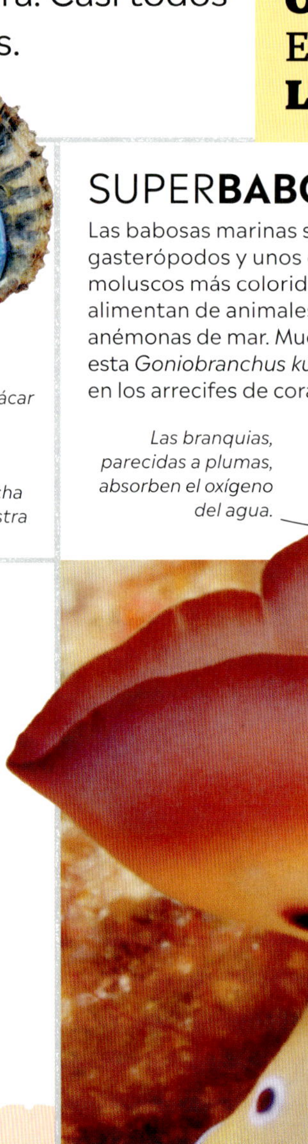

5. *Las partículas comestibles pasan por el intestino, donde se digieren.*

6. *Los residuos se eliminan con el agua que expulsa el mejillón.*

4. *Los palpos que rodean la boca son como dedos que introducen el alimento en el intestino.*

Ano

Branquias

Boca

1. *El mejillón absorbe las partículas de alimento presentes en el agua.*

2. *El agua fluye por las branquias, donde las partículas se adhieren al moco.*

3. *Unos pelos microscópicos envían las partículas de alimento a la boca.*

COMIDA **FILTRADA**

Los mejillones, las almejas y las vieiras son bivalvos. Tienen dos conchas unidas por una bisagra. Son acuáticos y casi todos viven enterrados en la arena o pegados a las rocas. La mayoría se nutre filtrando el agua por el cuerpo.

DENTRO DE UN **GASTERÓPODO**

Cerca del 80 % de los moluscos son gasterópodos, grupo que incluye a babosas y caracoles, terrestres o acuáticos. Se deslizan sobre un pie viscoso. Los caracoles acuáticos, como este, tienen branquias, pero algunos terrestres tienen un pulmón. Casi todos tienen una concha, a menudo espiral.

POR **TIERRA**

Casi todos los moluscos viven en el agua y respiran por branquias, igual que los peces. Algunos tienen pulmones y respiran aire; por eso pueden vivir en tierra. Los caracoles y babosas terrestres comen sobre todo plantas, aunque este colorido caracol cubano también se alimenta de hongos y líquenes. Su concha crece con él.

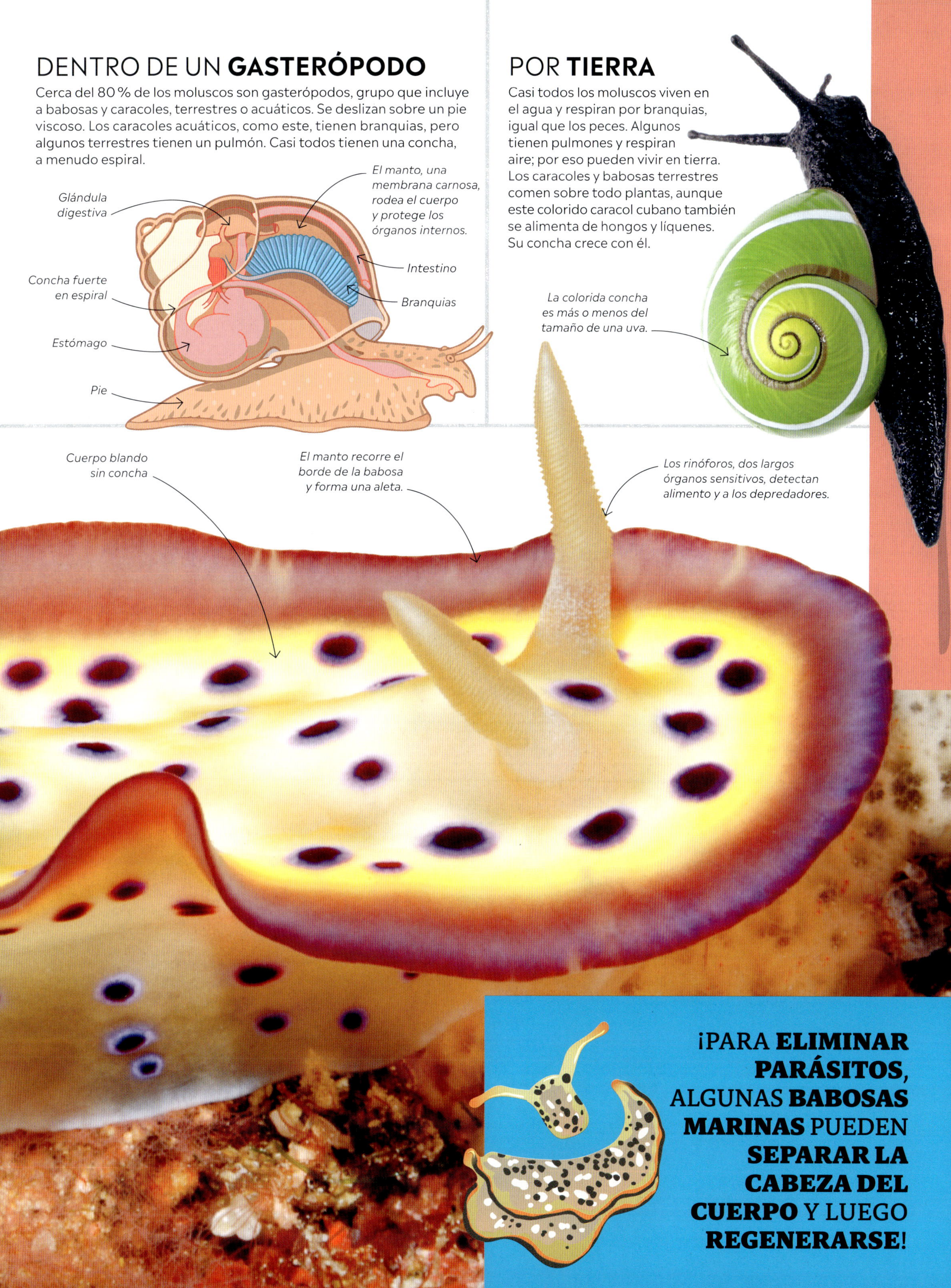

¡PARA **ELIMINAR PARÁSITOS**, ALGUNAS **BABOSAS MARINAS** PUEDEN **SEPARAR LA CABEZA DEL CUERPO** Y LUEGO **REGENERARSE**!

TIPOS DE CEFALÓPODOS

La palabra griega *cefalópodo* significa 'cabeza-pata'. Indica que las patas de estos animales están unidas a la cabeza. Hay cuatro tipos principales, todos de cuerpo blando menos el nautilo.

Pulpo
Estos animales tienen una gran cabeza redonda y ocho brazos con ventosas.

Calamar
Los calamares tubulares tienen espina dorsal, ocho brazos y dos tentáculos extensibles.

Sepia
La sepia tiene un «pico», ocho brazos y dos tentáculos.

Nautilo
Es el único cefalópodo vivo con concha externa dura que sirve de protección.

PROPULSIÓN A CHORRO

El calamar nada despacio hacia delante con las aletas. Para moverse rápido, se dispara hacia atrás expulsando un chorro de agua por un sifón situado en la parte inferior del cuerpo.

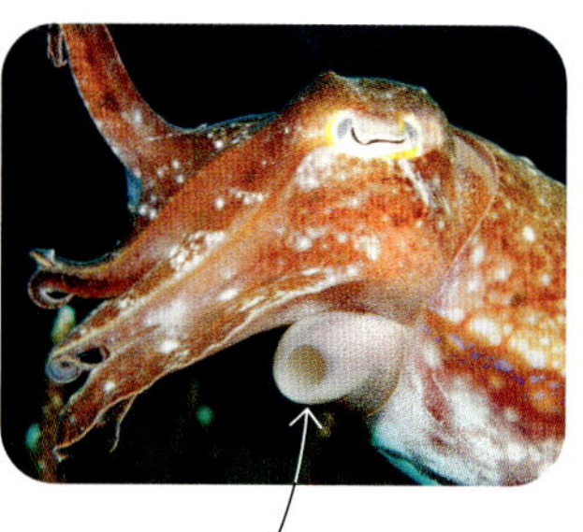

El sifón muscular también sirve para exhalar, desovar y expeler tinta.

¡HAY **CALAMARES** QUE DAN **SALTOS** DE **3 M** DE ALTURA EN EL AIRE!

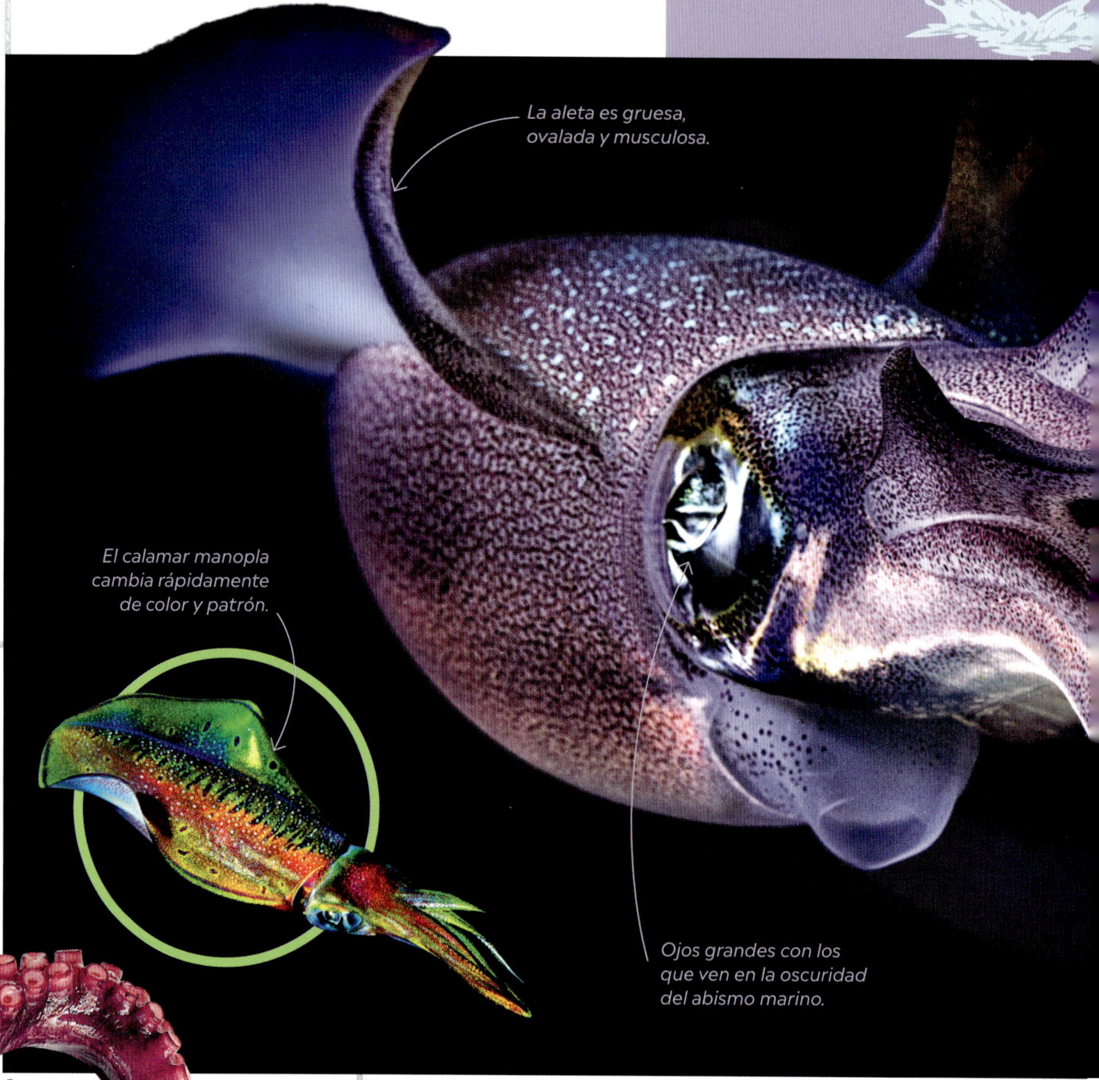

La aleta es gruesa, ovalada y musculosa.

El calamar manopla cambia rápidamente de color y patrón.

Ojos grandes con los que ven en la oscuridad del abismo marino.

ABRAZO **MORTAL**

Los brazos y los tentáculos de los calamares, sepias y pulpos tienen cientos de potentes ventosas con las que atrapan presas, las sujetan e, incluso, las desmembran. Algunas ventosas del calamar cuentan con ganchos con los que agarran las presas resbaladizas o que se resisten.

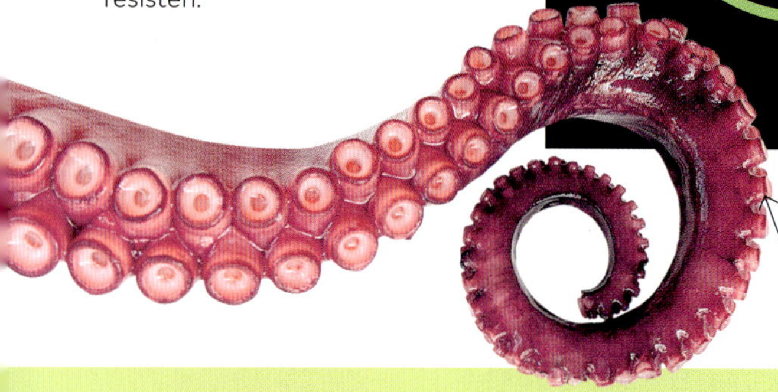

El pulpo puede mover las ventosas por separado.

¡EL **CEREBRO** DEL **PULPO** TIENE FORMA DE **DÓNUT**!

FÓSILES **VIVOS**

Los nautilos se consideran fósiles vivientes porque las nueve especies (todas de mares tropicales) son casi idénticas a las de hace 500 millones de años. También son similares a los fósiles de amonites que vivieron hasta la era de los dinosaurios.

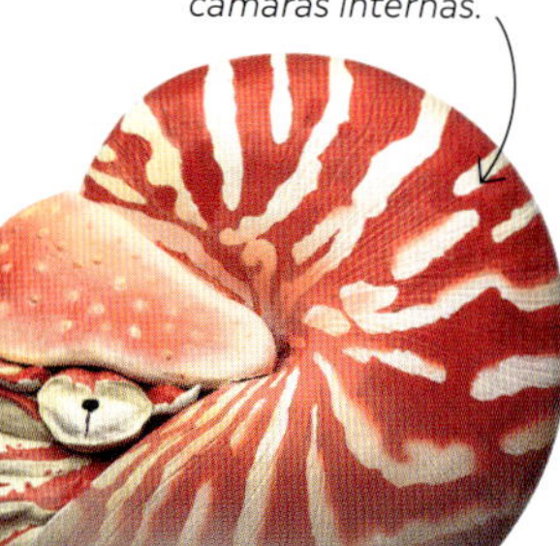

Concha nacarada espiral con muchas cámaras internas.

Hasta 90 tentáculos finos con surcos pegajosos, eficaces para atrapar presas.

Cefalópodos **listos**

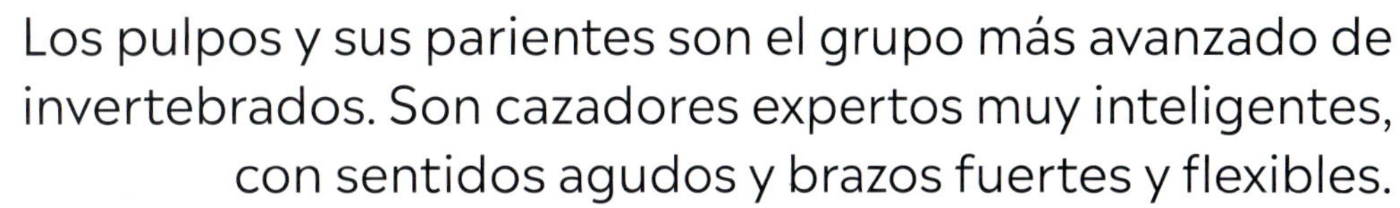

Los pulpos y sus parientes son el grupo más avanzado de invertebrados. Son cazadores expertos muy inteligentes, con sentidos agudos y brazos fuertes y flexibles.

Los brazos están llenos de ventosas, con las que agarran presas.

CALAMAR BRILLANTE

El calamar manopla se llama así por la gran aleta que se extiende a lo largo del cuerpo. Como en otros cefalópodos, la piel tiene cromatóforos, unas células pigmentarias, e iridóforos, células que le dan su aspecto metálico irisado.

¡MUCHOS CEFALÓPODOS ARROJAN AL AGUA **NUBES DE TINTA NEGRA** PARA ESCAPAR DE LOS **DEPREDADORES**!

DENTRO DE UNA **SEPIA**

Las sepias tienen ocho brazos recubiertos de ventosas y dos tentáculos con ventosas en la punta. Pueden llenar de gas la concha interna para flotar.

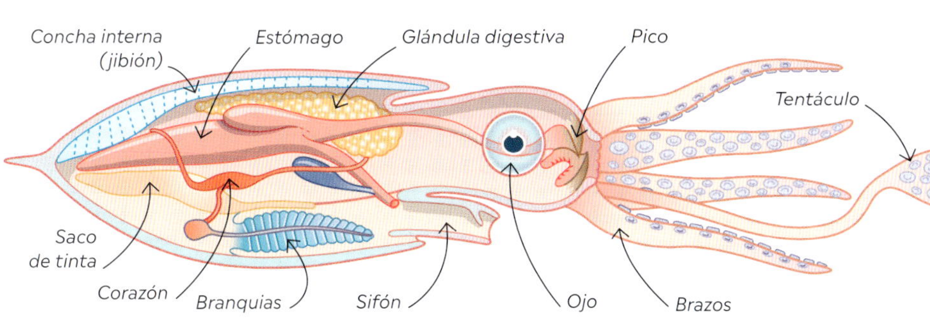

CRÍA **DE MANOPLA**

Como otros cefalópodos, el calamar manopla pone miles de huevos. Cada huevo da un embrión (arriba), que pasará a ser una cría de calamar. Esta, del tamaño de un grano de arroz, come pequeños animales a la deriva, como lo del zooplancton.

HUIDA **RÁPIDA**

El pulpo de anillos azules se desliza lento con los brazos extendidos. Como otros cefalópodos, cuando está en peligro, expulsa un chorro de agua para impulsarse hacia delante con los brazos arrastrando detrás.

Pulpos de anillos azules

Estos cefalópodos son tan pequeños que caben en la palma de la mano, pero son muy tóxicos. Su mordedura es tan letal que puede matar a un humano.

SEÑAL DE ADVERTENCIA

Cuando el diminuto pulpo se alarma, ofrece un impresionante espectáculo de luces con destellos azul iridiscente. Es una advertencia al depredador: o se aleja o se arriesga a una muerte casi segura.

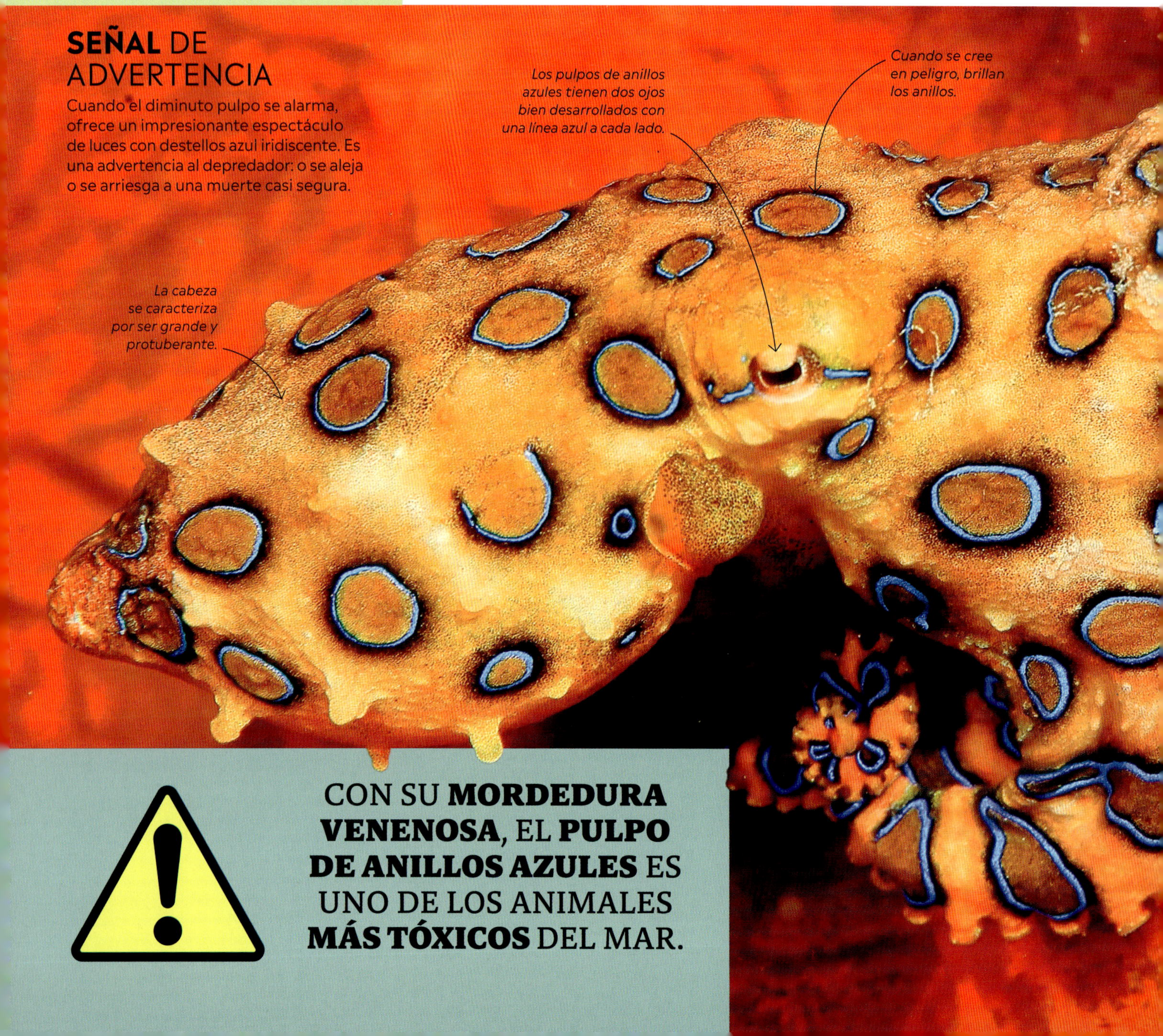

Los pulpos de anillos azules tienen dos ojos bien desarrollados con una línea azul a cada lado.

Cuando se cree en peligro, brillan los anillos.

La cabeza se caracteriza por ser grande y protuberante.

CON SU **MORDEDURA VENENOSA**, EL **PULPO DE ANILLOS AZULES** ES UNO DE LOS ANIMALES **MÁS TÓXICOS** DEL MAR.

PICO **VENENOSO**

Los brazos enrollados del pulpo ocultan un pico afilado, similar al del loro, con el que ahuyenta a los depredadores y desgarra presas. Al morder, empapa la herida con su saliva, que contiene una neurotoxina que paraliza y, a menudo, mata a la presa.

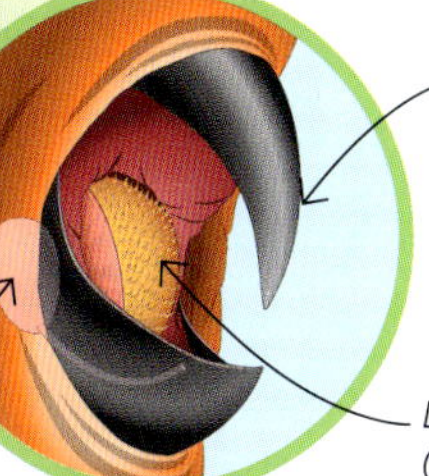

HECHO UN **OVILLO**

Como no tiene esqueleto duro, puede meterse en espacios minúsculos: se desliza por huequitos en los arrecifes de coral o se refugia en conchas vacías de almejas.

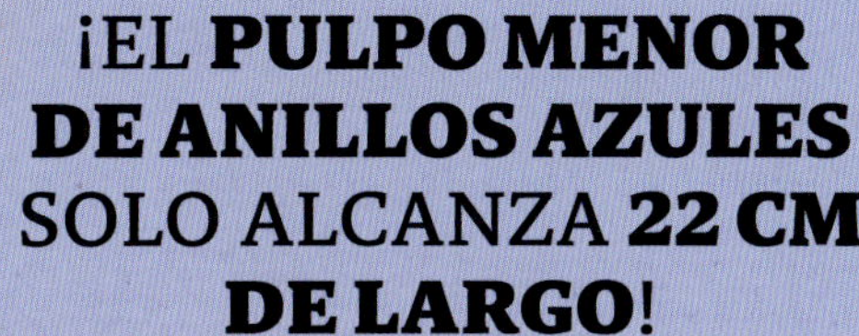

¡EL PULPO MENOR DE ANILLOS AZULES SOLO ALCANZA 22 CM DE LARGO!

Con los brazos cubiertos de ventosas atrapa presas.

Su piel rugosa se confunde con las rocas del entorno.

¿DÓNDE ESTÁ **EL PULPO?**

Cuando está en reposo, se camufla para esconderse de los depredadores. En cuanto encuentra la postura, las células pigmentarias de la piel cambian de color y así se adapta al entorno. Puede cambiar la textura de la piel para imitar objetos cercanos.

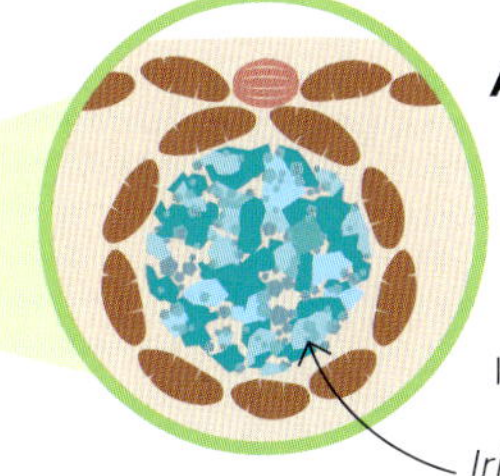

Anillos ocultos
Al contraerse las células musculares, las de pigmento oscuro cubren el iridóforo y ocultan la iridiscencia.

Iridóforo

Célula muscular

Anillos a la vista
Cuando la célula muscular se relaja, las células de pigmento oscuro se apartan y el iridóforo que hay debajo queda expuesto.

CAMBIO DE COLOR

El pulpo de anillos azules tiene iridóforos, células cutáneas reflectantes que dan un brillo azul a los anillos. Los músculos las dejan al descubierto o las cubren, es decir, se activa o desactiva el brillo.

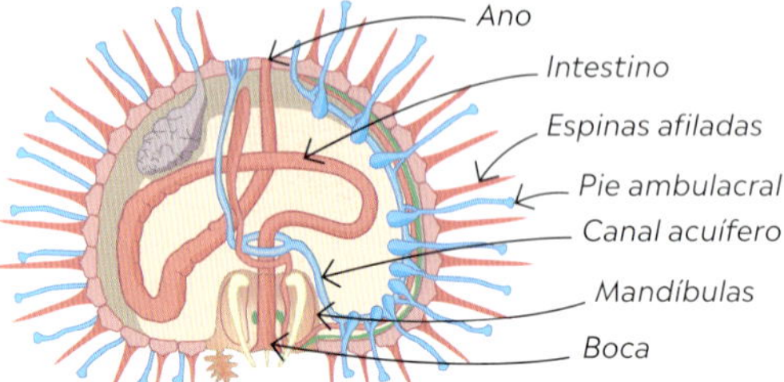

EL **ERIZO DE MAR**

El erizo tiene filas de pies ambulacrales (abajo) conectados a un canal de agua. Con los dientes que sobresalen de la boca, situada en el centro, mordisquea algas marinas.

MATA**CORALES**

La estrella tropical corona de espinas se alimenta de coral. Para ello, saca el estómago por la boca y recubre el coral con enzimas digestivas. En grandes grupos, puede destruir arrecifes enteros.

LLENOS **DE AGUA**

Todo equinodermo tiene un sistema de tubos con agua conectados a unos pies ambulacrales blandos, con los que se desplaza. La ilustración inferior muestra un corte transversal del brazo de una estrella de mar.

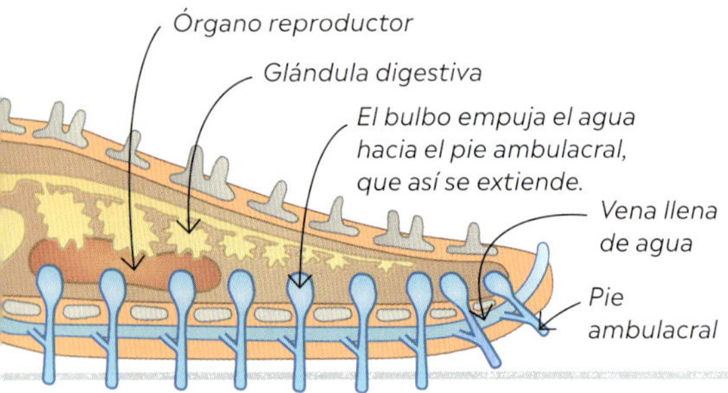

ENJAMBRE **DE PÚAS**

Donde abunda el alimento, el fondo marino se llena de equinodermos de todo tipo. Los erizos raspan las algas de las rocas, las ofiuras recogen residuos comestibles y la estrella común, que es un depredador, come almejas, coral e, incluso, otros equinodermos.

Las ofiuras se arrastran por el lecho marino con sus brazos flexibles.

La estrella común puede medir 34 cm de ancho.

El erizo de mar común tiene el caparazón rosa.

REGENERACIÓN **DE EXTREMIDADES**

La estrella de mar tiene duplicados de los órganos vitales en cada brazo. Por eso, si pierde un brazo, le crece otro para reemplazarlo. En algunos casos, se forma otra estrella entera a partir del brazo perdido.

1. *La estrella tiene cinco brazos unidos a un disco central.*

2. *Una estrella herida pierde un brazo.*

3. *El brazo perdido se reemplaza.*

4. *Del brazo amputado crece otra estrella.*

5. *El nuevo brazo crece hasta alcanzar su tamaño completo.*

Equinodermos extraordinarios

EL **ERIZO DE PÚAS LARGAS** SE LLAMA ASÍ POR ALGO: SUS **PÚAS** ALCANZAN LOS **30 CM.**

La estrella, el erizo y sus parientes son equinodermos, que significa 'piel con espinas'. Viven en el mar. Algunos son móviles y otros se pasan casi toda la vida pegados a las rocas.

TIPOS DE **EQUINODERMOS**

Todo equinodermo tiene un cuerpo en forma de estrella o simétrico. Eso salta a la vista en la estrella, pero en el erizo los brazos radiales forman una bola más parecida a los gajos de una naranja. El pepino de mar es similar, pero con el cuerpo alargado.

Estrella de mar
Casi todas las estrellas tienen cinco brazos cubiertos de pequeñas ventosas.

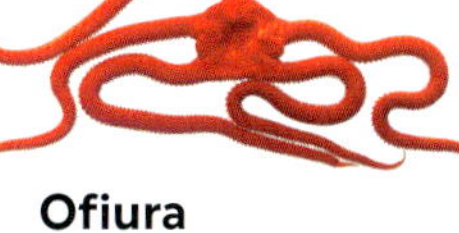

Ofiura
Este animal se arrastra más rápido que la estrella de mar enrollando sus brazos sin ventosas.

Estrella de plumas
Con sus brazos largos en forma de plumas se pega a las rocas como una anémona.

Lirio de mar
Se parece a la estrella de plumas, pero se fija al lecho marino con un tallo.

Erizo de mar
El erizo de mar común es redondo y está cubierto de largas púas afiladas.

Pepino de mar
Se arrastra por el fondo marino con su cuerpo largo y rugoso.

¡EL **PEPINO DE MAR** PUEDE **EXPULSAR SUS ÓRGANOS** PARA AHUYENTAR A LOS DEPREDADORES!

FILTRADOR **DE FONDO**

Los pepinos de mar tienen el cuerpo alargado. La boca está en un extremo, rodeada de tentáculos que atrapan la comida. Viven en el fondo marino, algunos a gran profundidad, donde filtran el agua o el lodo para nutrirse de partículas de restos comestibles. Casi todos comen también pequeñas partículas de algas y plancton.

Pregunta a una...
EXPERTA EN CORALES

La doctora Helen Fox es directora de Ciencias de la Conservación de la Alianza para los Arrecifes de Coral, donde se dedica a proteger los corales frente al cambio climático. Vive en Estados Unidos, lleva más de mil inmersiones y ha pasado nueve días bajo el agua en el hábitat Aquarius.

P ¿Qué te llevó a estudiar los arrecifes de coral?
R Pues tuve la suerte de que a mis padres les encantara la naturaleza y la exploración. Recuerdo la primera vez que hice esnórquel. Tenía 12 años y estaba en un arrecife de coral en Puerto Rico. Fue fascinante. Seis años después, trabajé en la isla Heron (Australia), donde ya hice submarinismo y me enamoré de estos ecosistemas increíbles.

P ¿Por qué los arrecifes son vitales para el mar?
R Son unos de los ecosistemas con mayor biodiversidad de la Tierra. Ocupan menos del 1 % del fondo oceánico, pero albergan el 25 % de las especies marinas.

LABORATORIO DEL ARRECIFE

El hábitat Aquarius, adornado con esponjas de colores, es un laboratorio submarino situado en la Reserva Marina Nacional de los Cayos de Florida (EE. UU.). Es casi tan grande como un autobús y está fijado al fondo del mar, a unos 19 m por debajo de la superficie. Caben seis personas y se diseñó para que los científicos buceen e investiguen a más profundidad y durante más tiempo de lo habitual.

P ¿Sufren nuevos peligros en la actualidad?

R Con el tiempo se han agravado los problemas. La superpoblación y la mala gestión del urbanismo litoral generan más sobrepesca y contaminación. El uso creciente de combustibles fósiles provoca el cambio climático, lo que aumenta la temperatura del mar. Cuando este está más caliente de lo normal, el coral se vuelve tan blanco que parece descolorido y es probable que muera.

P ¿Cómo fue vivir en el hábitat Aquarius?

R Ser «acuanauta» y vivir bajo el agua en Aquarius durante nueve días fue una de las experiencias más memorables de mi carrera. Fui allí para estudiar la gamba mantis en su hábitat natural. Mi colega de inmersión y yo dejamos el hábitat seco y lleno de aire para buscar una gamba mantis que vive a más de 30 m de la superficie. No había otra forma de llevar a cabo esa investigación.

P ¿Qué puedo hacer para contribuir a la causa?

R ¡Muchas cosas! Casi todas son las que ayudan a combatir el cambio climático y reducir las emisiones de carbono, como comer menos carne y no malgastar energía. Además, si viajas a un lugar con arrecifes, puedes colaborar en la limpieza de la playa para reducir la contaminación del mar; y, desde luego, no comprar objetos de coral, pues contribuyen a la destrucción del hábitat.

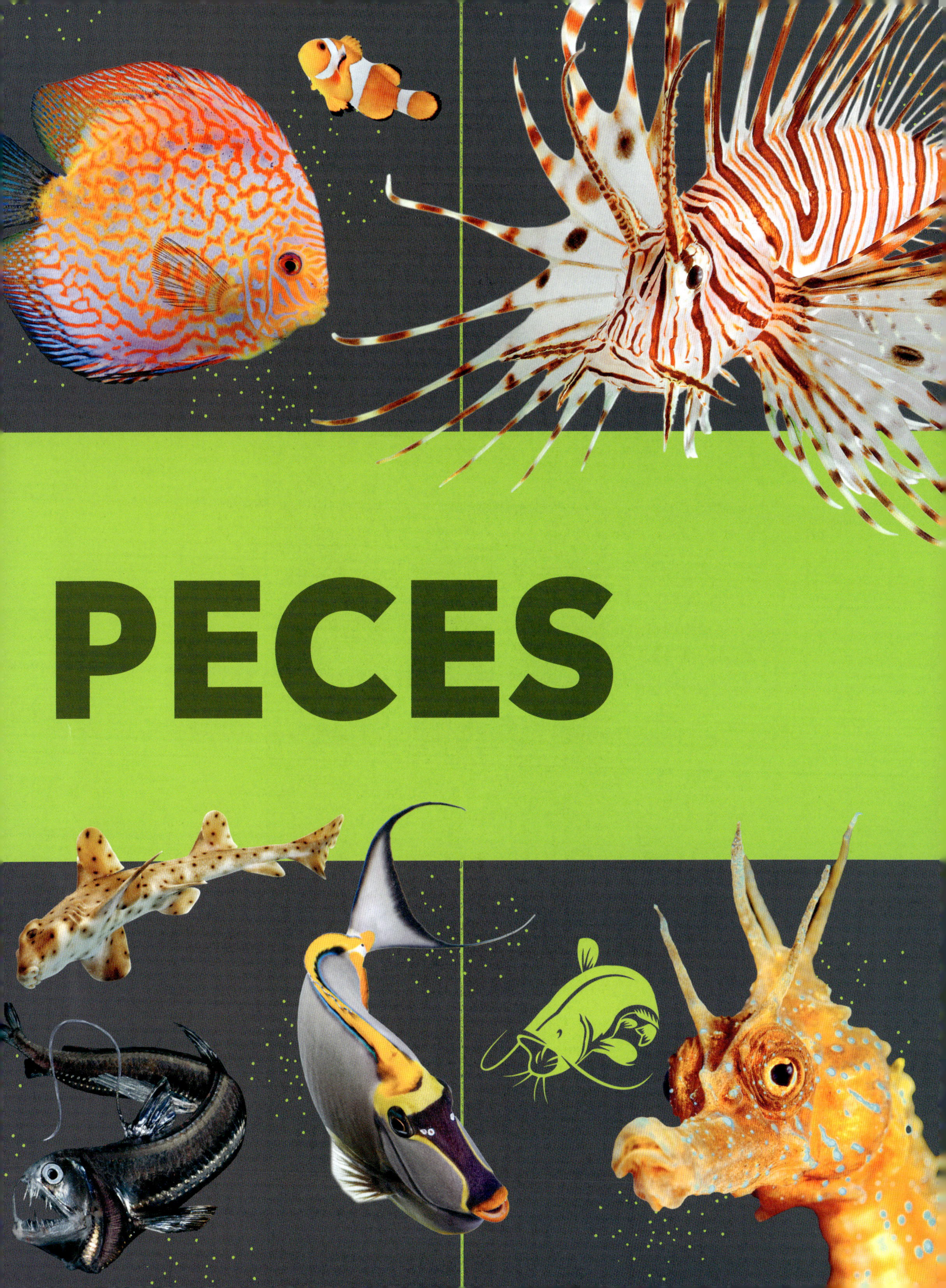

PECES

Peces

Los peces viven en el agua. Casi todas las especies obtienen oxígeno a través de las branquias. Hay muchos grupos y algunos son más cercanos a la fauna terrestre que entre sí.

PECES DE AGUA SALADA

Son los que viven en el mar. Beben mucha agua marina y extraen la sal sobrante mediante branquias especializadas (p. 84). Algunos se hacen enormes: esta mantarraya mide 8 m de ancho; y el tiburón ballena (pp. 70 y 71) es el pez más grande.

PECES SIN MANDÍBULA
Los primeros peces no tenían mandíbula. Sus descendientes, los peces bruja y las lampreas, tienen la boca redonda para morder y succionar la comida.

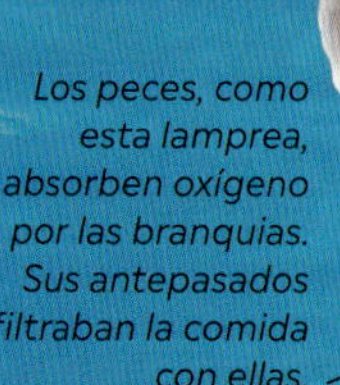

Los peces, como esta lamprea, absorben oxígeno por las branquias. Sus antepasados filtraban la comida con ellas.

PLACODERMOS
Son un grupo extinto de peces prehistóricos. Fueron de los primeros animales con mandíbulas y dientes.

El placodermo estaba protegido por placas óseas.

Vertebrados con mandíbula
La mandíbula evolucionó para poder morder a las presas.

Vertebrados
Los peces fueron los primeros animales con columna vertebral.

500 Ma (millones de años)

El tiburón nada con eficiencia gracias a su cola flexible de cartílago.

¡EL **PEZ COLMILLO** GOLPEA **ALMEJAS CONTRA LAS ROCAS** PARA **ABRIRLAS** Y **COMÉRSELAS**!

PECES DE AGUA DULCE

Los ríos, lagos y humedales suman solo el 2 % del agua de la Tierra, pero casi la mitad de las especies de peces viven, al menos en parte, en esos entornos con poca sal. Los más conocidos son las carpas, lubinas, tetras y pirañas. Algunos salmones, anguilas y truchas alternan entre el agua salada y la dulce según su etapa vital.

PECES DEL ABISMO

Viven muy por debajo de la superficie iluminada por el sol y aguantan con poco oxígeno, la presión del agua y temperatura cercana a la congelación. Este pez víbora de Sloane suspende un señuelo luminiscente sobre la boca para atraer presas.

¡LOS **PECES PUEDEN RECORDAR** COSAS DURANTE **12 DÍAS**!

HISTORIA ANCESTRAL

Los peces fueron los primeros vertebrados. Sus adaptaciones evolucionaron hacia rasgos de animales de tierra, mar y aire: una fuerte columna vertebral que sostiene el cuerpo, mandíbula mordedora, cuatro extremidades con las que nadar, caminar o volar, y branquias o pulmones con los que respirar.

430 Ma

420 Ma

410 Ma

Vertebrados óseos
Los primeros peces tenían huesos y cartílago. Hoy casi todos son óseos.

TETRÁPODOS
Los peces costeros se adaptaron a vivir en tierra y los lóbulos cambiaron a patas. Reptiles, anfibios, aves y mamíferos descienden de peces con aletas lobuladas.

El esqueleto óseo tiene más puntos de anclaje de los músculos que el cartilaginoso.

Tiburón, raya y mantarraya tienen esqueletos cartilaginosos.

PECES CARTILAGINOSOS
Estos peces tienen el esqueleto de cartílago, un material más ligero y flexible que el hueso... ¡el mismo que da forma a tus orejas!

PECES DE ALETAS RADIADAS
Suman más de la mitad de las especies de vertebrados. Sus aletas tienen delgadas espinas óseas conectadas por una fina capa de piel.

PECES DE ALETAS LOBULADAS
Nadan por el fondo del río o del mar, y hasta salen a tierra, impulsados por unas protuberancias (lóbulos) en las aletas. Algunos también respiran aire.

El pez mariposa de nariz alargada saca las presas de sus recovecos con su largo hocico.

ANATOMÍA **DEL PEZ**

Los peces viven en el agua y tienen espina dorsal. He aquí otras seis características comunes a casi todas las especies.

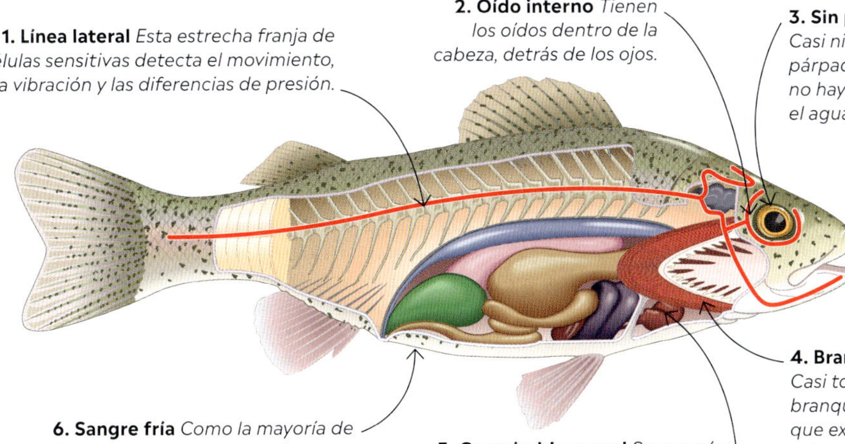

1. Línea lateral *Esta estrecha franja de células sensitivas detecta el movimiento, la vibración y las diferencias de presión.*

2. Oído interno *Tienen los oídos dentro de la cabeza, detrás de los ojos.*

3. Sin párpados *Casi ninguno tiene párpados, ya que no hay polvo bajo el agua.*

4. Branquias *Casi todos tienen branquias, con las que extraen el oxígeno del agua.*

5. Corazón bicameral *Su corazón tiene dos cavidades, mientras que el humano tiene cuatro.*

6. Sangre fría *Como la mayoría de los peces no generan mucho calor, su temperatura depende del agua.*

PECES DE ARRECIFE

Los colores vivos que tienen muchos peces de arrecife de coral sirven para comunicarse, camuflarse o atraer a una pareja. Como el agua es clara y está en calma, saltan a la vista, aunque el arrecife también ofrece muchos escondites.

Tiburones y rayas

A diferencia de la mayoría de los vertebrados, el esqueleto de los tiburones y las rayas es de cartílago elástico en vez de hueso. La piel, que suele estar cubierta por escamitas duras, parece papel de lija.

A FLOTE

Como el cartílago pesa menos que el hueso, los tiburones y las rayas no necesitan vejiga natatoria para flotar, a diferencia de casi todos los peces óseos. Su columna es tan flexible que pueden dar giros bruscos para cazar.

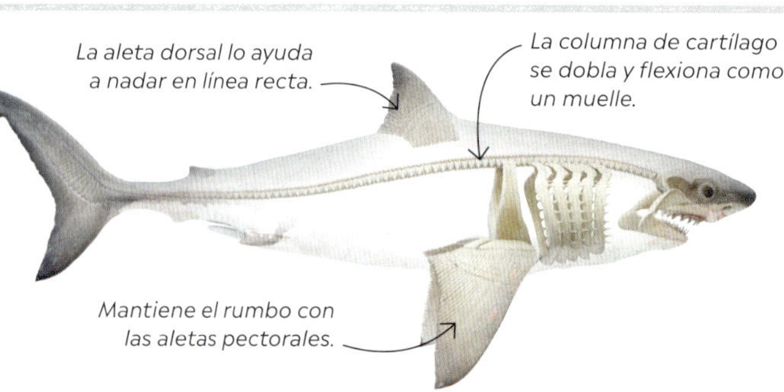

¡EL PEZ SIERRA (UNA RAYA) TIENE EL HOCICO LARGO Y PLANO CON DIENTES AFILADOS COMO UNA SIERRA!

SUPERDEPREDADOR

El tiburón blanco es el pez depredador más grande. Como tal, tiene muchas adaptaciones a la caza, como las ampollas de Lorenzini, unos órganos sensoriales con los que detecta el campo eléctrico de las presas.

¡EL TIBURÓN DE GROENLANDIA VIVE UNOS 400 AÑOS!

UN **TRAGÓN**

El tiburón ballena, que alcanza los 12 m de largo, es el pez más grande. Habita, sobre todo, en los mares tropicales y, durante ocho horas al día, se traga y filtra unos 45 000 l de agua de mar para engullir animalitos.

El patrón de manchas es único en cada tiburón, como las huellas dactilares en el ser humano.

Una de las dos aletas dorsales de la parte inferior de la espalda.

El tiburón y la raya tienen varias hendiduras branquiales a los lados del cuerpo.

CRÍA DE TIBURÓN

Casi todas las hembras de tiburón paren crías vivas, como este tiburón limón, que aún está unido a su cría por el cordón umbilical. Cuando se separen, la cría abandonará a la madre y se refugiará en los manglares.

MANTIENEN **A RAYA**

Las rayas tienen el cuerpo aplanado y grandes aletas pectorales en forma de alas. Algunas poseen un aguijón venenoso con púas en la cola. La raya de arrecife es venenosa y sus vivos colores se lo advierten a los depredadores.

EL TIBURÓN BALLENA MIDE **12 M** DE LARGO, MÁS O MENOS COMO... ¡UN **AUTOBÚS**!

Tiburones martillo

Hay 11 especies de tiburón martillo y todas viven en los mares tropicales. Se identifican por su cabeza ancha y aplanada, que mejora su capacidad de maniobra y de detectar presas, incluso si están enterradas en la arena.

¡EL **TIBURÓN MARTILLO** TIENE HASTA **17 FILAS DE DIENTES**, TANTO EN LA **MANDÍBULA SUPERIOR COMO EN LA INFERIOR**!

ALGUNA ESPECIE TIENE LA **CAPACIDAD DE BRONCEARSE**, POR LO QUE SU PIEL CAMBIA DE **GRIS CLARO A GRIS OSCURO.**

FÁBRICA DE DIENTES

Como todos los tiburones, el martillo tiene un suministro infinito de dientes: los pierde constantemente y los regenera. Los frontales, pequeños y afilados, parecen cuchillas; con los posteriores, más romos, come marisco.

Los ojos, muy separados, detectan presas con rapidez.

La cabeza en forma de martillo se llama cefalófilo ('cabeza-ala').

Con la cola asimétrica se propulsa hacia delante.

Los dientes nuevos se desplazan hacia arriba desde atrás, como una cinta transportadora.

Con las aletas pectorales mantiene el equilibrio.

En la mandíbula se forman dientes nuevos.

Diente viejo a punto de caerse.

VISIÓN **AMPLIA**

Los ojos del tiburón martillo están muy separados, por lo que cada uno tiene una visión ligeramente distinta, como en los humanos. En su caso, eso le da un campo de visión de 360 grados, lo que le permite ver todo a su alrededor en todo momento y calcular distancias.

OLFATO AGUDO

Debido a su forma peculiar, la cabeza puede alojar más órganos sensoriales (p. 70) que la de otros tiburones. Gracias a sus agudos sentidos, escanea el fondo marino y hasta detecta presas ocultas en la arena.

SOLO TIENE UN **PUNTO CIEGO**: LA ZONA POR ENCIMA Y POR DEBAJO DE LA **CABEZA**.

BRANQUIAS Y PULMONES

Es probable que los peces prehistóricos respiraran con pulmones y absorbieran oxígeno del agua por las branquias. Hoy algunos tienen las dos cosas, como los pulmonados, pero la mayoría solo tiene branquias. Casi todos los animales que descienden de los peces y respiran aire (pp. 68 y 69) tienen solo pulmones.

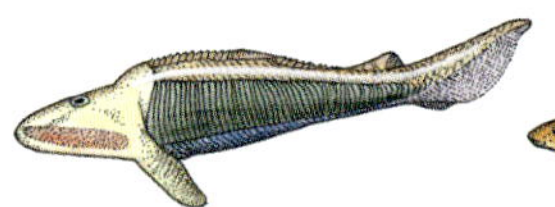

Pez óseo prehistórico
Puede que los peces que vivieron hace más de 400 millones de años tuvieran pulmones y branquias.

Pez pulmonado
Hoy hay peces que complementan las branquias con pulmones, sobre todo cuando se secan las charcas.

Pez de aletas radiadas
Casi todos los peces óseos de aletas radiadas flotan gracias a la vejiga natatoria; está llena de gas y evolucionó a partir del pulmón.

Respiran aire
Los vertebrados terrestres actuales y los mamíferos acuáticos, como las ballenas, respiran con pulmones.

Peces antiguos

Estos animales evolucionaron de forma distinta a otros peces hace cientos de millones de años y han seguido cambiando. Algunos están más emparentados con la fauna terrestre de cuatro patas que con otros peces y respiran con pulmones o tragando aire y agua.

CELACANTO **VIVO Y COLEANDO**

Este explorador del abismo marino tiene protuberancias musculares parecidas a patas en las aletas. Está más emparentado con los anfibios, las aves e incluso los mamíferos que con los peces de aletas radiadas. Se creía que este pez se había extinguido hace 66 millones de años, pero en 1938 se hallaron ejemplares en la costa de Sudáfrica.

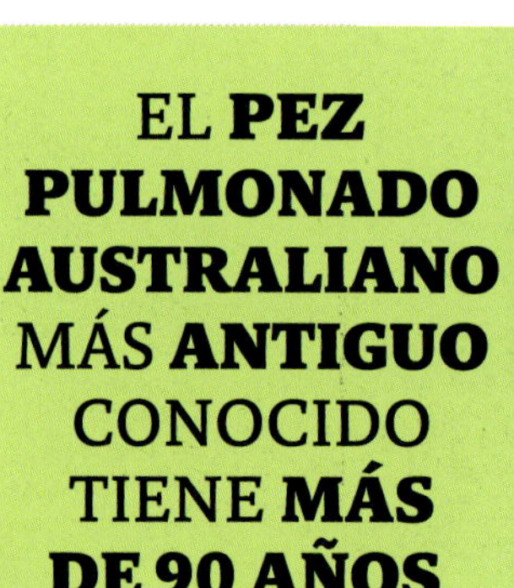

EL **PEZ PULMONADO AUSTRALIANO** MÁS **ANTIGUO** CONOCIDO TIENE **MÁS DE 90 AÑOS.**

AGUA Y **AIRE**

Las amias, autóctonas de América del Norte, aparecieron hace 250 millones de años. Viven en el fondo de mares y lagos, pero respiran tanto en el agua como en el aire, por lo que sobreviven a entornos secos donde otros peces morirían.

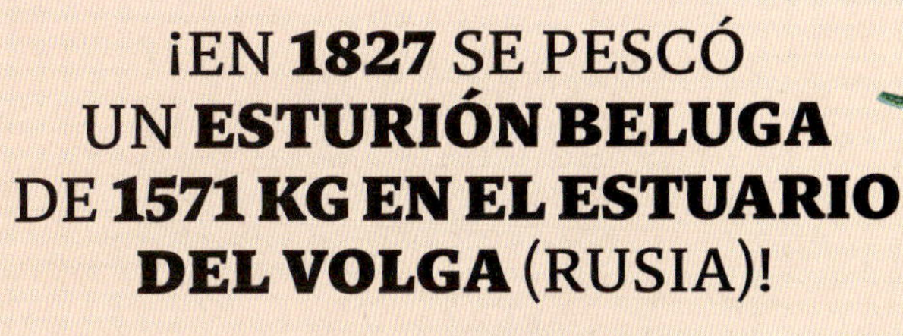

¡EN 1827 SE PESCÓ UN ESTURIÓN BELUGA DE 1571 KG EN EL ESTUARIO DEL VOLGA (RUSIA)!

Los sensibles barbillones (bigotes) lo guían por el fondo del lago o del río en busca de alimento.

La boca sin dientes succiona la comida como una aspiradora.

PEJELAGARTOS

Son depredadores letales con el cuerpo acorazado en forma de dardo y mandíbula puntiaguda. El pejelagarto narigudo (arriba) tiene un hocico muy largo con el que empuja pececitos que empala con sus dientes afilados. Como las amias, puede tragar aire si lo necesita.

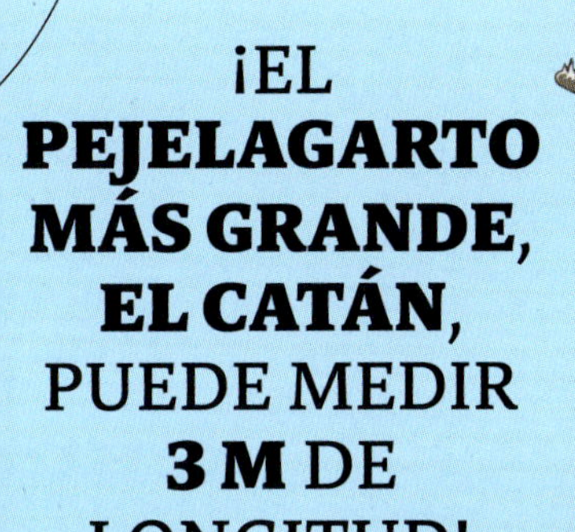

¡EL PEJELAGARTO MÁS GRANDE, EL CATÁN, PUEDE MEDIR 3 M DE LONGITUD!

ESTURIÓN ESPECTACULAR

Los esturiones llevan 200 millones de años nadando en lagos y ríos. Se consideran fósiles vivientes, ya que su esqueleto se compone principalmente de cartílago en lugar de hueso. Se alimentan de peces, crustáceos y otros animales que viven en el fondo.

RESPIRACIÓN CURIOSA

Otros peces tienen branquias y vejiga natatoria, pero los pulmonados tienen pulmones divididos en saquitos de aire, parecidos a los de los vertebrados terrestres. Si el agua escasea, se envuelven en una capa mucosa y permanecen mucho tiempo respirando por los pulmones.

Aleta dorsal

«Caminan» con las grandes y musculosas aletas pectorales.

PEZ ANDARÍN

El pez del fango ha evolucionado a caminar por tierra, ¡y alguno incluso trepa a los árboles! Se retuerce en el barro para mantener la piel húmeda, que necesita para respirar; además puede almacenar mucha agua en las branquias, que le suministran más reservas de oxígeno.

Anguilas **esquivas**

Las anguilas, parecidas a serpientes, se retuercen para impulsarse por el agua. Además de las verdaderas, o anguiliformes, hay anguilas falsas, unos peces que comparten rasgos similares.

¡LA SANGRE DE MUCHAS ESPECIES DE ANGUILA ES VENENOSA PARA LOS HUMANOS!

CICLO VITAL **LARGO**

Las anguilas desovan en el mar. Durante sus primeros tres años es una angula. Unas 20 especies recorren miles de kilómetros hasta lagos y ríos. Allí viven entre 5 y 20 años; entonces vuelven al lugar de origen, de agua salada, para reproducirse.

DUELO DE **PECES**

Dos peces de la especie *Lumpenella longirostris* luchan por un lugar donde reproducirse. Los peces zoarcoideos tienen el cuerpo alargado y la boca ancha. Casi todas las especies ponen huevos, pero algunos de ellos paren crías vivas.

NUNCA SE HA VISTO UNA ANGUILA APAREARSE EN ESTADO SILVESTRE.

NADADOR **NATO**

Unas glándulas bajo la piel segregan el moco que hace que la anguila y otros peces sean tan viscosos y buenos nadadores. Reduce la fricción superficial de la piel en más del 60 %.

Al carecer de escamas, el congrio es muy resbaladizo.

¿QUIÉN **QUIERE AGUA?**

En tierra, la anguila se mueve como una serpiente: retuerce el cuerpo musculoso para avanzar haciendo eses. Respira absorbiendo oxígeno por la piel, que para ello debe mantenerse húmeda.

CAMBIO **DE COLOR**

Las morenas cinta nacen como machos negros. A medida que maduran, se vuelven azules y, pasados unos 20 años, amarillas; entonces también cambian de macho a hembra, ponen huevos y mueren al cabo de un mes.

CAMU**FLAJE**

En aguas tropicales, las anguilas han evolucionado a ser coloridas; así se camuflan entre corales y plantas exóticas. La anguila jardinera excava agujeros en la arena, donde se oculta cuando acechan los depredadores.

HAY MÁS DE **1000 ESPECIES** DE ANGUILAS VERDADERAS, CUYO TAMAÑO VARÍA ENTRE **5 CM Y 3,9 M.**

UN PEZ CON **CHISPA**

A pesar de su nombre y de su aspecto, la anguila eléctrica está más emparentada con el bagre que con las anguilas verdaderas. Tiene unos 700 000 electrocitos, células que generan una carguita eléctrica de unos 600 voltios.

La anguila libera su carga eléctrica en el agua.

La piel conduce la electricidad, de modo que la anguila no se electrocuta.

Los músculos natatorios la impulsan por el agua.

La vejiga natatoria la mantiene a flote.

Los electrocitos se disponen en unas 70 filas a lo largo del cuerpo.

Las ondas eléctricas aturden a la presa.

Peces de agua dulce

Algunas especies de peces pasan toda la vida o parte de ella en ríos y lagos de agua dulce en vez de en el mar. Por su forma de absorber el agua, si vivieran en agua salada, morirían de una «sobredosis» de sal.

LUCIO PREHISTÓRICO

El lucio existe desde hace 60 millones de años y casi no ha cambiado desde entonces. Habita en América del Norte, Europa occidental y Siberia. Es carnívoro y come peces, sapos, ranas, topillos y pajaritos. Puede medir 1,83 m.

La mandíbula inferior tiene dientes más grandes que la superior. Con ellos desgarra las presas.

El gris verdoso es un camuflaje excelente en el lecho turbio del río.

BANDAS BRILLANTES

Los coloridos tetras son omnívoros y viven en ríos de África, Centroamérica y Sudamérica. Nadan en bancos y solo miden 9 cm de largo, por lo que son mucho más pequeños que las pirañas, que son sus parientes. A los tetras neón (izda.), con sus brillantes bandas rojas y verdes, se los ha visto haciendo cola educadamente para pasar por un espacio estrecho.

CAZADOR AL ACECHO

El bagre vive cerca del lecho fangoso de ríos y lagos. También se llama *pez gato* por sus característicos barbillones, unos sensores sobre la boca como bigotes con los que detecta presas en las aguas turbias donde nada.

EL PEZ DE ACUARIO MÁS CARO ES UN TIPO DE ARAWANA ASIÁTICA PLATINO. ¡CUESTA UNOS **340 000 EUROS** LA PIEZA!

EN 2005, UN **PEZ GATO DEL MEKONG** SE DECLARÓ EL PEZ DE AGUA DULCE **MÁS GRANDE** DEL MUNDO. PESABA **293 KG.**

PIRAÑA DE **DIENTES AFILADOS**

Vive en los ríos de Sudamérica y caza peces. Rara vez supera los 60 cm de largo, pero las especies que viven en bancos pueden atacar presas más grandes, sobre todo cuando tienen hambre. Otras pirañas viven solas y se especializan en mordisquear las escamas de sus presas.

MUCOSA PROTECTORA

La tenca rastrea el fondo de lagos y ríos, donde busca alimento —como plantas y caracoles— con los barbillones. La capa de mucosidad espesa que la cubre impide que los parásitos se adhieran a sus escamas.

SUPER**OÍDO**

Casi todos los peces de agua dulce tienen osículos, unos huesos que conectan el sistema auditivo con la vejiga natatoria (que controla la flotabilidad). Los sonidos que capta la vejiga llegan al oído a través de los osículos, lo que aumenta la capacidad para oír bajo el agua.

Las ondas sonoras viajan por el agua y llegan a la vejiga natatoria llena de gas a través de la pared corporal.

El gas de la vejiga es mejor conductor del sonido que el agua.

Los osículos transmiten el sonido de la vejiga a los oídos.

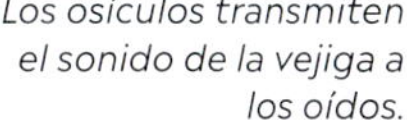

¡UN **PROBLEMILLA**!

El candirú es un bagre del Amazonas de 2,5 cm de largo. También se llama pez vampiro porque se introduce en las branquias de otros peces para alimentarse de su sangre. Además, siente atracción por la orina humana... ¡y puede alojarse en tu uretra si orinas en el agua!

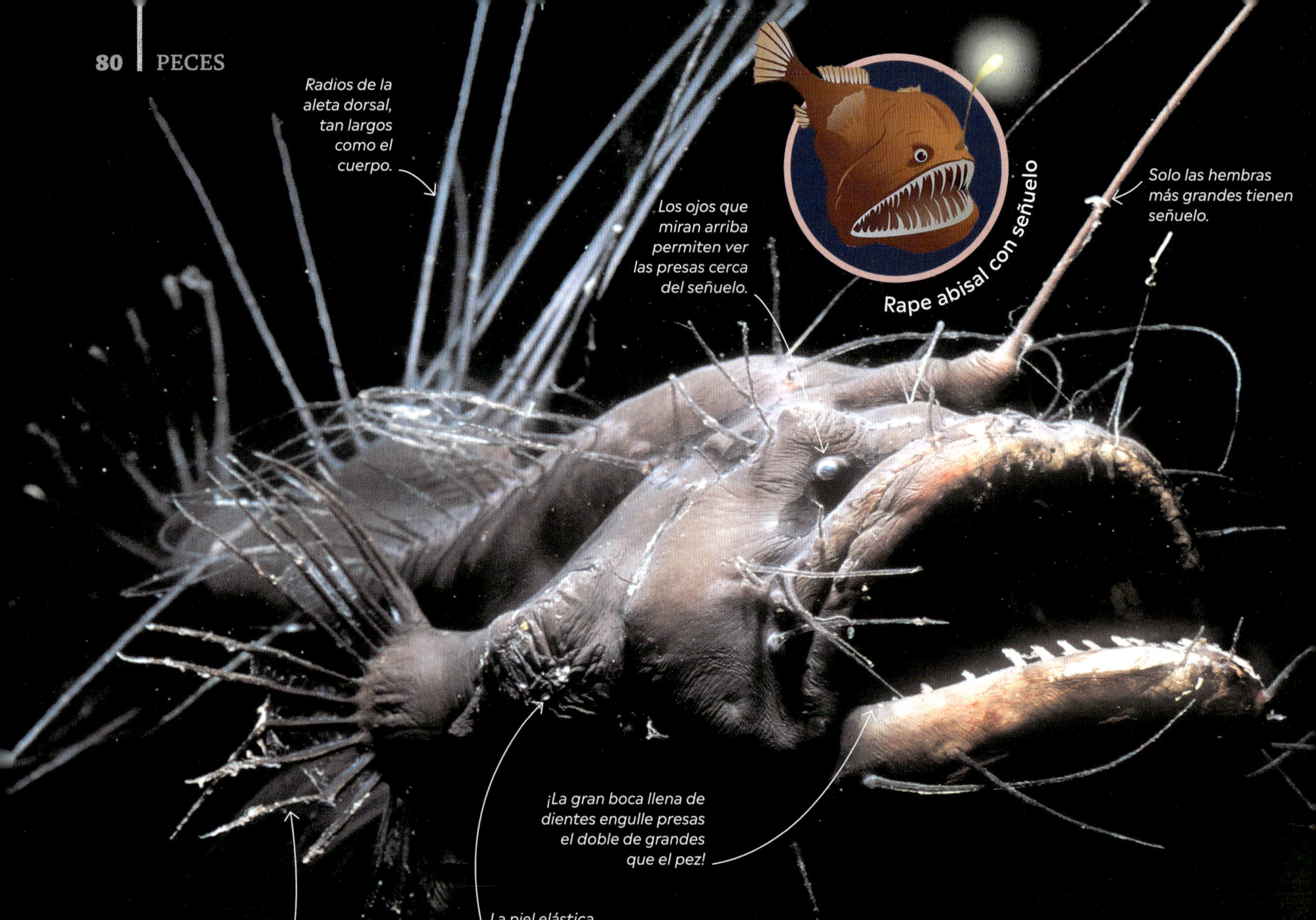

Radios de la aleta dorsal, tan largos como el cuerpo.

Los ojos que miran arriba permiten ver las presas cerca del señuelo.

Rape abisal con señuelo

Solo las hembras más grandes tienen señuelo.

¡La gran boca llena de dientes engulle presas el doble de grandes que el pez!

Las aletas tienen poca membrana; el rape apenas nada.

La piel elástica y el estómago expandible permiten albergar presas grandes.

A FLOTAR Y... **ESPERAR**

El rape abisal no es un gran nadador, por eso espera a que se le acerquen las presas. Las devora con su gran mandíbula. Las atrae con un señuelo en forma de caña de pescar que cuelga frente a la boca. Muchos señuelos tienen la punta brillante, que los hace más apetecibles.

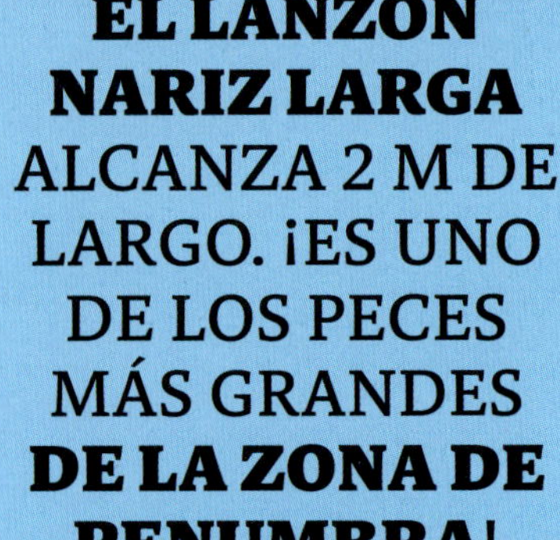

EL LANZÓN NARIZ LARGA ALCANZA 2 M DE LARGO. ¡ES UNO DE LOS PECES MÁS GRANDES **DE LA ZONA DE PENUMBRA**!

Peces abisales

Viven muy por debajo de la superficie marina iluminada por el sol, donde la temperatura está cerca de 0 °C, la presión es intensa y hay poco alimento y oxígeno. Su adaptación a sobrevivir en el abismo marino es asombrosa.

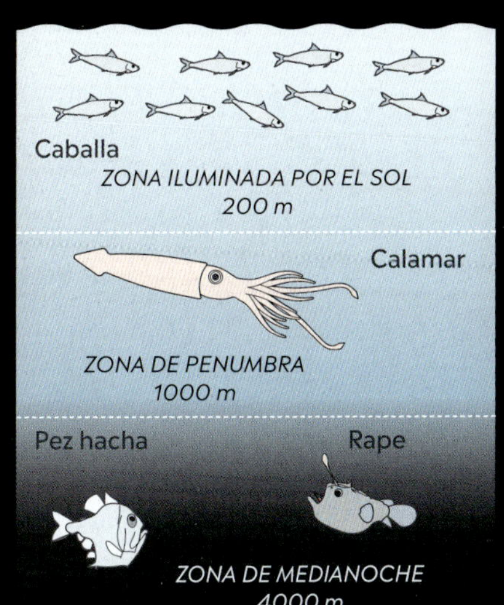

EN EL **ABISMO**

La zona fótica es la parte superior del mar, la iluminada por el sol, donde las algas fotosintetizan. Más abajo, en la zona de penumbra, la oscuridad es casi total. Sin luz, los nutrientes solo llegan si se hunden plantas o animales muertos y sus heces.

¡TE **PILLÉ**!

Este pez sable tiene ojos telescópicos y orientados hacia arriba. Le facilitan detectar presas recortadas contra la tenue luz que llega de la superficie. Cuando las atrapa, los dientes curvados hacia atrás impiden que huyan.

¡EL **PEZ RELOJ ANARANJADO** PUEDE VIVIR **149 AÑOS!**

CUELLO **ÁGIL**

Los peces dragón con barbillones solo miden 20 cm de largo, pero tienen una gran mandíbula llena de dientes acolmillados. Gracias a la articulación blanda que conecta la cabeza con la columna, abren la boca de par en par. ¡Así se tragan presas casi tan grandes como ellos!

OSCURIDAD **TOTAL**

El pez caracol de las Marianas es el que se ha encontrado a más profundidad. Vive a 8000 m bajo el nivel del mar. Tiene los ojos pequeños, la piel casi incolora y un esqueleto flexible, que soporta la enorme presión del agua.

ALGUNOS PECES ABISALES TIENEN LOS OJOS **CIEN VECES MÁS SENSIBLES** A LA LUZ QUE LOS **HUMANOS**.

UNA LUZ **QUE ESCAMA**

Algunos depredadores usan luz para atraer presas, pero los peces más pequeños la utilizan para comunicarse entre sí o confundir al enemigo. Los linterna hacen eso con los fotóforos, unos órganos parecidos a focos.

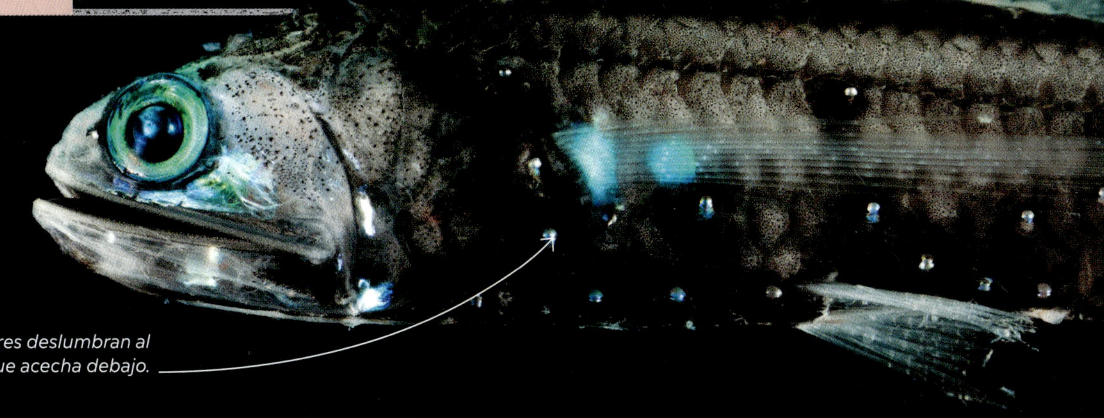

Los fotóforos inferiores deslumbran al depredador que acecha debajo.

LUCES DEL ABISMO

En la oscuridad del abismo marino, un camarón expulsa sustancias químicas bioluminiscentes para cegar temporalmente a un pez víbora, igual que un destello deslumbraría al ojo humano. Algunos camarones, calamares y peces producen luz para cazar o comunicarse, además de como medio de defensa.

Pregunta a una... EXPLORADORA MARINA

La doctora Edith Widder, directora de la Ocean Research and Conservation Association, es pionera en la investigación de la bioluminiscencia (luz producida por seres vivos). Inventó la cámara Eye-in-the-Sea para explorar el abismo marino. Con la ayuda de un señuelo electrónico en forma de medusa *(e-jelly)*, atrae a la fauna bioluminiscente y la fotografía.

P ¿Qué te llevó a interesarte por el abismo marino?
R Exploré mi primer arrecife de coral con 11 años. Cuando vi esos peces de colores tan vivos, quise ser bióloga marina. Al cabo de un tiempo, ya estaba investigando la bioluminiscencia y la fauna del abismo que produce luz. Quería ver cómo era el hábitat más grande y menos conocido de la Tierra, donde no hay luz solar, pero sí mucha otra generada por organismos vivos.

P ¿Cómo encuentras los peces en la oscuridad?
R Uso una cámara con un señuelo luminoso para atraer peces y calamares, que la toman por una presa, o bien calamares como cebo para atraerlos al campo de visión.

P ¿Qué es lo más emocionante que has descubierto?
R Estrené el sistema de observación submarina Eye-in-the-Sea en una expedición al Golfo de México en 2004. Allí grabamos a un calamar nunca visto de 1,8 m de largo. En 2012, tomamos las primeras imágenes de vídeo de un calamar gigante del tamaño de un edificio de dos plantas frente a la costa de Japón.

P ¿Qué se siente dentro de un sumergible?
R Empecé a bucear con un traje Wasp ('avispa'); se llamaba así porque era amarillo con una escafandra transparente y brazos con pinzas. Era frío e incómodo, pero me daba igual porque estaba extasiada con la bioluminiscencia. Parecía un espectáculo submarino de fuegos artificiales, solo que los destellos y resplandores eran azules. Ahora buceo en un submarino burbuja, sentada en una esfera transparente. Es como estar dentro de una pecera con los peces fuera.

P ¿Qué peligros acechan en las profundidades marinas?
R El mayor peligro es la presión. A 900 m, que es la profundidad máxima a la que he llegado, la presión en el exterior del sumergible supera los 9000 kPa. Es más o menos la fuerza que ejercería un elefante de pie sobre una pata en un área del tamaño de un sello. Suena aterrador, pero los sumergibles de investigación son muy seguros porque pasan controles muy rigurosos antes de cada inmersión.

P ¿Qué te gustaría descubrir ahora?
R En el abismo oceánico no hay luz solar, así que la principal fuente de alimento es la «nieve marina» (cúmulos de fitoplancton, zooplancton y heces) y en gran parte es bioluminiscente. Quiero saber si la bioluminiscencia ayuda a los animales a encontrar ese alimento.

PÉGATE **A MÍ**

La rémora tiene un disco de succión ovalado en la parte superior de la cabeza con el que se adhiere a animales marinos más grandes, como los tiburones. Mientras está pegada al huésped, se come sus parásitos y hasta sus excrementos.

Las estructuras en forma de láminas forman filas que generan succión.

Peces de agua salada

En los océanos viven más de 18 000 especies de peces. Casi todas habitan en aguas costeras, pero otras se han adaptado a nadar en mar abierto.

FAMILIAS **DE PECES**

Hay muchos tipos de peces de agua salada: unos son grandes y otros, pequeños; unos alternan entre el agua dulce y la salada, y otros... ¡planean!

Pez luna
Es uno de los peces óseos más grandes del mundo; los adultos pueden llegar a pesar 2300 kg.

Pez volador
Este pez puede saltar fuera del agua y planear 45 segundos sobre la superficie con sus largas aletas, parecidas a alas.

Salmón
El salmón nace en agua dulce y recorre largas distancias hasta el mar, pero luego vuelve a su lugar de nacimiento a reproducirse.

Arenque
Este pez, una de las especies más abundantes del mundo. Se desplaza en grandes bancos por las aguas costeras.

SOBREVIVIR **EN EL MAR**

El agua del mar es mucho más salada que el cuerpo del pez. Eso crea un desequilibrio: el agua tiende a salir del cuerpo, pero la sal tiende a entrar. El pez bebe mucha agua y excreta la sal sobrante por las branquias y la orina.

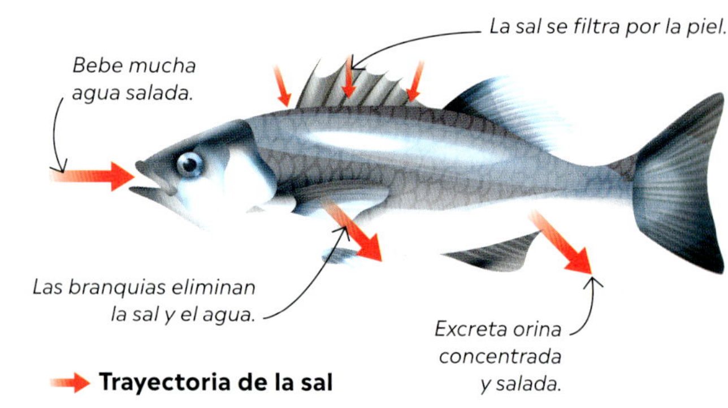

EL IMPONENTE **ATÚN**

Los atunes son fuertes y enormes. La especie más grande, el atún rojo, alcanza 69 km/h de velocidad. Gracias a su cuerpo en forma de torpedo, se sumerge hasta a 1000 m.

¡EL **ATÚN MÁS GRANDE** DOCUMENTADO FUE UN **ATÚN ROJO DEL ATLÁNTICO** QUE **PESABA 679 KG**!

DEPREDADOR **VELOZ**

La barracuda es un pez grande con dientes afilados. Es depredadora y carroñera: caza animales marinos más pequeños y sigue a los grandes para comerse los restos de sus presas. Es rapidísima: acelera de 0 a 58 km/h en cuestión de segundos.

UN BANCO **SEGURO**

Las caballas suelen nadar juntas en bancos, que son grupos grandes, así a los depredadores les resulta más difícil elegir una y atraparla. Un banco se puede dividir en dos y volver a juntarse cuando pasa un depredador.

COMIDA FILTRADA

Como la mayoría de los peces, la caballa india extrae el oxígeno del agua a través de las branquias. Además, abre la boca de par en par mientras nada y las usa también como una red para cazar zooplancton (animales marinos minúsculos).

¡EL PEZ VELA PUEDE SALTAR FUERA DEL AGUA!

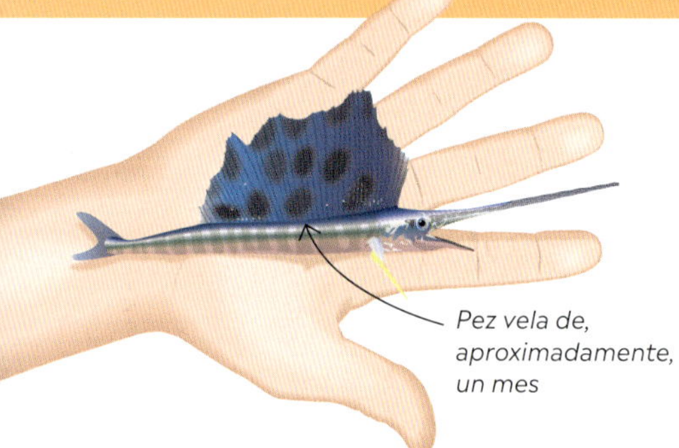
Pez vela de, aproximadamente, un mes

UNA VIDA **TREPIDANTE**

Un pez vela grande puede poner millones de huevos, que eclosionan en dos días. Las larvas miden unos 3 mm al nacer, pero en un año alcanzan 1,5 m. ¡Eso es 5000 veces su tamaño original! Con el tiempo, pueden medir 3 m y pesar cerca de 100 kg.

CAZA **EN GRUPO**

Los peces vela trabajan en equipo para cazar bancos de peces. Antes de embestir, los acorralan y acosan durante horas. Luego los atacan por turnos, indicando su intención con listas y puntos de colores en los costados a fin de no chocar y herirse entre ellos.

1. Acorralar
Al acorralar a los peces, el depredador los obliga a agruparse y subir hasta que quedan atrapados contra la superficie. La vela lo hace parecer más grande y las presas no intentan huir.

2. Cortar y golpear
El pez usa la vela como estabilizador para meter el pico en el banco sin que los peces se den cuenta. Luego golpea de lado, con el pico a modo de sable, para desequilibrarlos y sacarlos del banco.

MARLÍN **MÁGICO**

El marlín es uno de los peces óseos más grandes y rápidos del mar. Su cuerpo largo y musculoso lo dota de una potencia explosiva. Gracias a su largo pico, aletas retráctiles y rayas brillantes, es un cazador letal.

La parte superior, más oscura, se confunde con el abismo marino cuando se ve desde arriba.

Picudos y voraces

El marlín, el pez vela y el pez espada viven en alta mar. Allí cazan con su largo pico óseo, que les sirve para deshacer bancos de peces. Tienen dientes pequeños, si es que tienen, y se tragan las presas enteras, empezando por la cabeza.

¡EL PEZ VELA MÁS GRANDE JAMÁS VISTO MEDÍA 5,6 M DE LARGO Y PESABA **100,6 KG!**

La gran aleta dorsal estabiliza al marlín cuando caza.

La forma de acordeón le permite plegarse hacia atrás y nadar rápido.

Los leones marinos rondan cerca para atacar al mismo banco de peces.

Pico largo y óseo para golpear y cortar presas.

Ojos grandes para cazar en el abismo oscuro.

Las aletas inferiores son más claras; así es más difícil verlos a contraluz desde abajo.

Las listas brillan y cambian de color.

TIPOS DE **PICUDOS**

Los picudos son peces depredadores de agua salada y tienen un pico largo y puntiagudo. Hay dos familias: los marlines y los peces vela forman la más grande, la otra es la de los peces espada.

Marlín
El marlín tiene la aleta grande, pero la vela pequeña. El negro es el de mayor tamaño y puede pesar 680 kg. Le siguen el azul, el blanco y el rayado.

Pez vela
Más menudo y ágil que muchos picudos, solo levanta la vela para cazar. De lo contrario, la pliega hacia atrás y así reduce la resistencia.

Pez espada
Tiene el pico largo y plano, más parecido a una espada que el del marlín y el pez vela, que es como una lanza. Pesa casi lo mismo que el marlín negro.

¡EL **PICUDO** TIENE EN LA CABEZA **MÚSCULOS QUE GENERAN CALOR**. LE DAN MÁS **POTENCIA CEREBRAL**.

SUPER**ESPADAS**

El pez espada es el picudo con el pico más largo y grueso en relación con su tamaño. Con él se defiende y ataca. ¡Incluso mata tiburones! La espada llega a medir 1,5 m de largo y sana sola si se daña, aunque no puede regenerarse por completo.

El pico ocupa un tercio de la longitud del pez.

DENTADURA

El sargo chopa tiene dientes frontales planos y cuadrados... extrañamente parecidos a los humanos. En la parte posterior de la boca tiene molares planos para triturar conchas.

¡OJO AL DATO! PECES

Hay unas 37 000 especies de peces, tantas como los otros grupos de vertebrados juntos. Algunas se han adaptado a cazar, otras se camuflan para esconderse de los depredadores... ¡y unas pocas incluso caminan!

PESOS PESADOS

Algunas especies de peces son enormes. Los cartilaginosos, como los tiburones y las rayas, se llevan la palma. El tiburón ballena, que alcanza el tamaño de un autobús, es el más grande de todos.

TIBURÓN BALLENA
Pesa hasta 21,5 toneladas y mide 18 m de largo.

TIBURÓN PEREGRINO
Pesa hasta 5,2 toneladas y mide 14 m de largo.

TIBURÓN TIGRE
Pesa hasta 3,1 toneladas y mide 7,5 m de largo.

ESTURIÓN BELUGA
Pesa hasta 2 toneladas y mide 7,2 m de largo.

TIBURÓN BLANCO
Pesa hasta 3,3 toneladas y mide 7 m de largo.

MANTARRAYA
Pesa hasta 3 toneladas y mide 5 m de largo.

PEZ LUNA GIGANTE
Pesa hasta 2,7 toneladas y mide 3,3 m de largo.

HOMBRE ADULTO TÍPICO
Pesa alrededor de 90 kg y mide 1,7 m de altura.

PECECILLOS

Hay peces tan pequeños que casi no se ven. Ocupan poco más que la goma de un lápiz. He aquí algunos de los más chiquitines.

GOBIO ENANO 10 mm

GOBIO PIGMEO 9 mm

PAEDOCYPRIS PROGENETICA 7,9 mm

PEZ INFANTE Mide unos 7 mm

GOMA DE LÁPIZ 5 mm

LOS MÁS FEROCES

Algunos de los peces más fieros han desarrollado dientes afilados, supervelocidad u otras adaptaciones a la caza.

PIRAÑA
Famosa por sus puntiagudos dientes triangulares, tiene una fuerte mandíbula y una mordedura potente.

PEZ TIGRE
Este enorme pez de agua dulce con rayas tiene dientes afilados y se resiste mucho cuando lo pescan.

TIBURÓN BLANCO
El pez depredador más grande del mundo también es rápido: alcanza velocidades de 50 km/h.

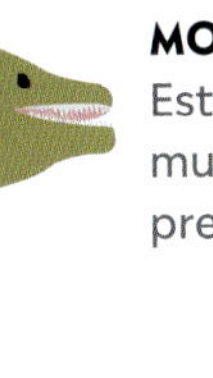

MORENA
Este pez con forma de serpiente es muy estrecho, pero atrapa grandes presas con la mandíbula.

EN PLENO VUELO

Con sus aletas pectorales alargadas, el pez volador alcanza 56 km/h bajo el agua. A máxima velocidad, puede atravesar la superficie y planear sobre las olas hasta 200 m.

RAROS Y SALVAJES

¡Listas psicodélicas, aletas en forma de patas, blindaje...! Hay peces que hay que ver para creer.

PEZ SAPO PSICODÉLICO
Tiene la cara plana y llamativos dibujos listados, tan únicos como las huellas dactilares humanas.

PEZ SAPO VERRUGOSO
Con sus aletas en forma de pata, «camina» por el lecho oceánico en vez de nadar.

ESPÁTULA Este habitante blindado del fondo marino detecta presas con sus barbillones (bigotes).

CAMUFLAJE INTELIGENTE

Muchos peces han desarrollado técnicas de camuflaje que evitan que se los coman. Aquí hay algunos de los más difíciles de detectar.

PEZ COCODRILO
Se camufla en el fondo arenoso del mar gracias a su textura rugosa.

PEZ RANA PINTADO
Adopta el color del entorno para atrapar presas.

LENGUADO LUNADO
Este pez que cambia de color tiene los ojos en un lado del cuerpo y reposa plano.

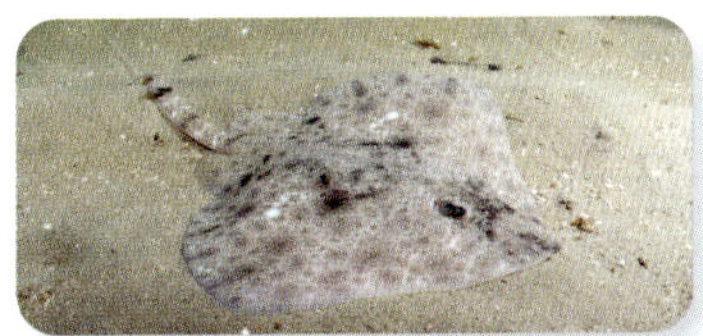

RAYA
Por su dibujo moteado y su forma plana, es difícil detectarla en el fondo marino.

RANISAPO
Este pez naranja con tentáculos se esconde muy bien en un arrecife de coral.

PEZ TROMPETA
Nada en posición vertical y parece un alga o una ramita flotando.

LABIOS Y PATAS

El pez murciélago, con sus carnosos labios rojos, «camina» por el fondo marino con las aletas a modo de patas. La protuberancia de la cabeza segrega sustancias químicas para atraer presas.

Caballitos **bailarines**

Los caballitos de mar reciben del griego su nombre científico, *Hippocampus* ('caballo' y 'monstruo marino'). Viven en aguas resguardadas y poco profundas, tienen armadura y no nadan muy bien.

EL **MINÚSCULO** HIPOCAMPO PIGMEO DE SATOMI **SOLO RECORRE ENTRE 15 Y 17 CM** AL DÍA.

Apéndices en forma de hoja

¿PLANTA O **PEZ?**

El dragón marino de hojas se llama así por sus protuberancias que parecen hojas. No le sirven para nadar, pero son un camuflaje excelente: le permiten mimetizarse con las algas.

1. *La pareja baila para reforzar la unión.*

2. *La hembra desova en la bolsa incubadora del macho.*

3. *Los huevos se desarrollan durante unos 30 días.*

4. *Las crías salen del macho.*

LA PAREJA **IDEAL**

Muchas especies de caballito de mar forman pareja estable. Algunas la mantienen durante varias épocas de reproducción y bailan a diario. El macho lleva los huevos y así la hembra puede producir otros rápidamente.

Cada cría emerge totalmente formada.

UN PADRE **ENTREGADO**

Los caballitos de mar son de los pocos animales en los que el macho lleva las crías en una bolsa de incubación. La hembra deposita en ella hasta 1500 huevos, que se desarrollan dentro hasta que eclosionan en el agua.

ENANO Y **ESCURRIDIZO**

El diminuto caballito de mar pigmeo (arriba) se descubrió en 1969 por pura casualidad, ya que se camufla muy bien entre los corales donde vive. Tiene un inconfundible patrón rosa y rojo, alcanza un tamaño máximo de 2,4 cm y solo habita en los corales.

¡UNA **CRÍA DE CABALLITO** PUEDE COMER **3000 CAMARONES** DIARIOS!

OJO AVIZOR

El caballito de mar tiene una vista excelente. A diferencia de la mayoría de los peces, puede girar los ojos en las cuencas. Además, cada uno se mueve por separado, es decir, que el caballito puede mirar a la vez adelante y atrás.

El hocico del caballito mediterráneo gira muy rápido y succiona presas con su diminuta boca.

BIEN **LIMPIOS**

Los peces grandes de mar abierto, como la mantarraya, visitan los arrecifes de coral, donde los peces limpiadores les quitan la piel muerta y los parásitos.

LOS ARRECIFES DE CORAL OCUPAN MENOS DEL 1 % DEL MAR, PERO ALBERGAN CASI EL 25 % DE LA VIDA MARINA.

CAMBIO DE **SEXO**

El pez ángel es una de las especies de peces que cambian de sexo. Vive en grupos de hasta cinco individuos, donde el más grande y colorido es el macho dominante. Si este muere, la hembra de mayor tamaño cambia a macho y se hace más grande y colorida.

PEZ PAYASO Y **COOPERATIVO**

Las anémonas de mar parecen plantas, pero son animales carnívoros. Algunas especies dejan que los peces payaso aniden entre sus tentáculos, a cambio de que las alimenten, las limpien y las fertilicen con sus heces.

Escudo protector

Los aguijones de la anémona protegen al pez payaso y sus huevos de los depredadores. La capa mucosa del pez lo mantiene a salvo de las picaduras.

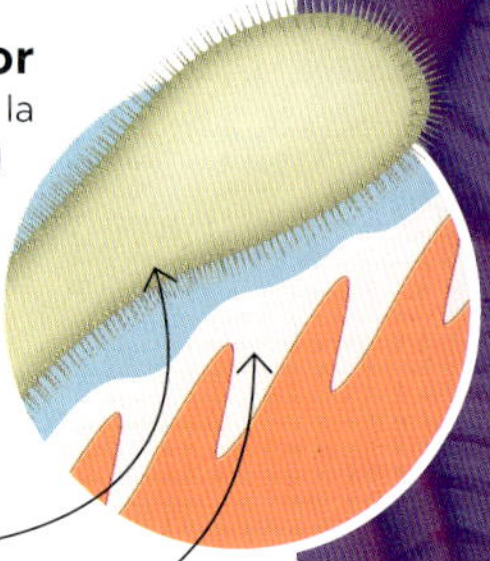

Aguijones de la anémona

Capa mucosa

Servir y proteger

El pez payaso ahuyenta a los depredadores de la anémona, entre ellos a los peces mariposa. Además, la alimenta al dejar caer comida sobre sus tentáculos.

Servicio de limpieza

El pez payaso elimina parásitos, desechos y tentáculos muertos de la anémona, y sus nutritivas heces la ayudan a crecer.

Hay más de 1000 especies de anémonas en el mundo, pero solo unas 10 albergan peces payaso.

¡EL **PEZ DE ARRECIFE MÁS VIEJO QUE SE CONOCE** FUE UN PARGO DE **81 AÑOS**!

¡CUIDADO CON **LOS DEDOS**!

El pez loro se llama así por sus colores y por su «pico», que en realidad son 1000 dientes dispuestos en 15 filas muy apretadas.

Los dientes son tan duros que trituran el coral.

Peces de arrecife tropical

En el rico hábitat de los arrecifes de coral tropicales y su entorno viven más de 8000 tipos de peces. Muchos tienen colores deslumbrantes para reconocerse entre sí.

REFUGIO **SUBMARINO**

El pez payaso vive en grupos controlados por la hembra más grande. Pone hasta 1000 huevos entre los tentáculos de las anémonas. Los machos cambian de sexo tras madurar y, cuando la hembra muere, uno la sustituye.

Cada tentáculo tiene miles de células urticantes microscópicas en la superficie.

SECRETO MUY HONDO

Gracias a unas células especializadas de la piel, el lenguado lunado puede adaptar su color al entorno para camuflarse entre la arena y las rocas del lecho marino.

Arena clara

La concentración de pigmentos vuelve más clara la piel en lugares claros.

Un camino pedregoso

Al detectar un cambio en el entorno, el pigmento se dispersa y la piel se oscurece.

EL **PEZ LORO** MANTIENE SANO EL ARRECIFE AL COMERSE EL **CORAL MUERTO** Y OTROS DESECHOS.

Peces **tóxicos**

Algunos peces han desarrollado sustancias venenosas o tóxicas que los protegen de sus depredadores; varios de ellos son letales para los humanos.

Se hincha como un globo y así parece más grande.

EL VENENO DEL **BLENIO DIENTES DE SABLE RAYADO** RELAJA LA MANDÍBULA DEL DEPREDADOR; POR ESO EL PEZ PUEDE HUIR.

UN PEZ **PECULIAR**

El pez globo se infla succionando agua para convertirse en una gran bola espinosa que ahuyenta a los depredadores. Lo hace como último recurso, ya que puede dañarse. Su hígado y sus órganos sexuales contienen tetrodotoxina, un veneno letal.

¿VENENOSOS **O TÓXICOS?**

Lo que hace a un pez venenoso o tóxico son las toxinas. Unos te envenenan si te los comes; otros solo las liberan por contacto. A estos te los puedes comer si no te pican antes

Venenosos
Los animales venenosos contienen toxinas que dañan a los depredadores (o a los humanos) si las ingieren.

Tóxicos
Estos peces tienen que morder o picar para transmitir sus toxinas.

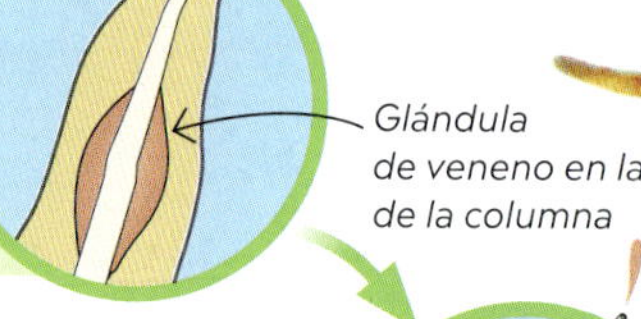

Glándula de veneno en la base de la columna

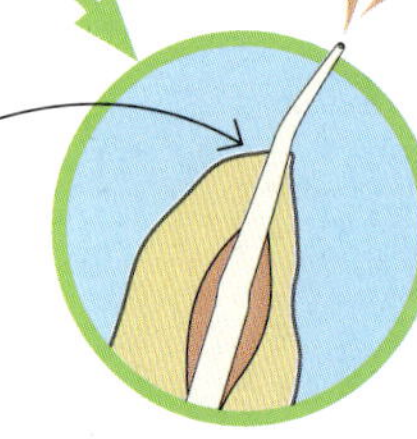

Al presionar la espina, la punta se rompe y libera el veneno.

DEJA **DE PIEDRA**

Es probable que el pez piedra tenga el veneno más mortífero de todos los peces. Si su picadura no se trata en menos de 15 minutos, podría ser mortal.

¡CUANDO EL PEZ GLOBO **SE INFLA,** CASI **TRIPLICA SU TAMAÑO HABITUAL** EN SOLO **15 SEGUNDOS**!

PEZ **ACORAZADO**

El chapín pintado, un pez cofre, tiene una cubierta protectora formada por escudos, unas escamas hexagonales. ¡Cuando lo tocan, la piel libera un veneno capaz de matar a un tiburón!

PEZ **PICAJOSO**

El pez león colorado tiene 18 espinas venenosas distribuidas en las aletas. Provocan mucho dolor y parálisis.

TIPOS **TÓXICOS**

En los mares y océanos hay hasta 3000 especies de peces tóxicos, pero casi ninguno es venenoso. Aquí tienes tres ejemplos.

Pez gato del coral
Tiene espinas venenosas y segrega veneno a través de la piel.

Pez rata
Ojos en la parte superior de la cabeza y una espina venenosa en cada aleta pectoral.

Pez sapo liso
La carne de esta especie de pez globo sin espinas es venenosa.

¡EL PEZ LEÓN PUEDE **EXPANDIR** EL ESTÓMAGO HASTA **30 VECES SU TAMAÑO!**

2
3
4
1
5
6
8
9
7
10
11
12
13
17
16
14
15
18
19
20
22
21

IDENTIFICA... PECES

¿Tienes más memoria que un pez? ¿Distingues un pez payaso de un pez cofre? o ¿una piraña de una perca? Esconde las respuestas y pon a prueba tus conocimientos. ¡A ver si eres capaz de decir quién es el intruso!

1 Pez volador
2 Pez trompeta
3 Pez disco
4 Lamprea
5 Perca amarilla
6 Pez globo espinoso
7 Pez cirujano naso
8 Cíclido enano cacatúa
9 Pez lofiforme
10 Caballito de mar
11 Pez mariposa de nariz alargada
12 Tiburón zorro
13 Serpiente de mar
14 Pez gato del coral
15 Pez sapo verrugoso
16 Pez payaso
17 Pez remo
18 Pez cofre cornudo
19 Anguila listón azul
20 Raya jaspeada
21 Arawana plateada
22 Betta
23 Pez cola de espada
24 Pez mandarín
25 Pez de San Pedro
26 Pez mariposa hocicona amarilla
27 Piscardo
28 Gurami leopardo
29 Barracuda
30 Pez halcón de nariz larga
31 Pez ballesta payaso
32 Aulonocara dragón sangre
33 Piraña
34 Pez dorado
35 Suño cornudo
36 Morena verde
37 Pez ángel

¿QUIÉN ES EL INTRUSO?

El intruso es la serpiente marina (13). ¡Esta esbelta nadadora es un reptil! Las serpientes marinas viven entre la tierra y el mar. Utilizan su cola en forma de remo para nadar.

ANFIBIOS Y REPTILES

Anfibios y reptiles

Los anfibios y los reptiles son vertebrados de sangre fría. Los reptiles, de piel escamosa, ponen huevos con cáscara dura o paren crías vivas. La mayoría de los anfibios, de piel lisa y húmeda, ponen huevos blandos y gelatinosos.

CASI EL **90%** DE LAS ESPECIES DE ANFIBIOS SON **RANAS Y SAPOS.**

TIPOS DE **ANFIBIOS**

Los anfibios se clasifican en tres grupos: ranas y sapos; salamandras y tritones; y cecilias. Se estima que hay casi 9000 especies vivas de anfibios.

RANAS Y SAPOS
Las ranas y los sapos son carnívoros de cuerpo corto y patas largas.

SALAMANDRAS Y TRITONES
Tienen cola de lagarto y la piel húmeda, como las ranas.

CECILIAS
Aunque parecen gusanos, son anfibios sin extremidades y con ojos diminutos.

Con la larga cola, el tritón se impulsa al agua.

HÁBITOS ACUÁTICOS

Los anfibios son semiacuáticos; pasan parte del tiempo en el agua. Los tritones viven en tierra la mayor parte del año, pero en primavera, cuando ponen los huevos, viven en charcas.

Natación rápida y eficiente gracias a las patas palmeadas.

LA MAYORÍA DE LAS RANAS CARECEN DE **DIENTES** INFERIORES Y **SE TRAGAN LA COMIDA ENTERA.**

Nacido con branquias
Como la mayoría de los anfibios, este ajolote nació en el agua con branquias, pero el adulto desarrolló pulmones en tierra firme.

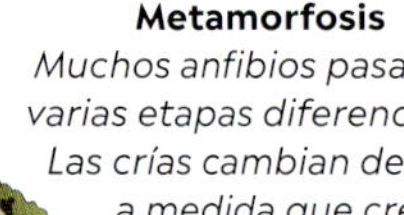

Metamorfosis
Muchos anfibios pasan por varias etapas diferenciadas. Las crías cambian de forma a medida que crecen.

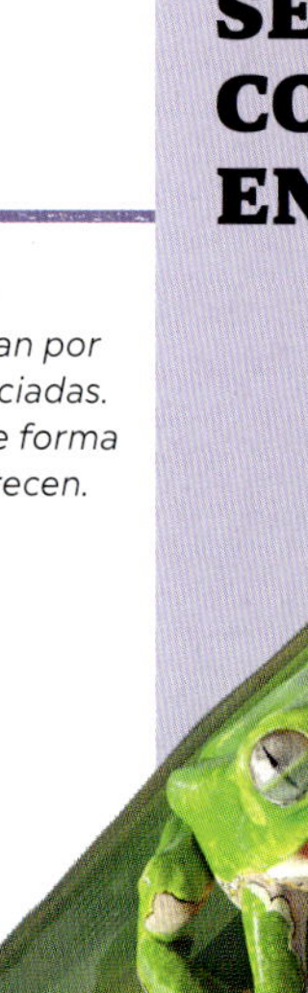

Piel fina y húmeda
La mucosidad que secreta la piel la mantiene húmeda y permite capturar oxígeno a través de ella.

ANFIBIOS: CARACTERÍSTICAS

Los anfibios habitan la Tierra desde hace unos 400 millones de años. Algunas de sus características son únicas y los diferencian de los reptiles.

REGULAR LA TEMPERATURA

Los reptiles y los anfibios tienen que regular su temperatura. Son ectotermos, es decir, no pueden controlar la temperatura corporal internamente y dependen de fuentes de calor externas, como el sol.

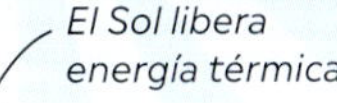

El Sol libera energía térmica.

La sombra del cactus es un lugar donde refrescarse cuando hace demasiado calor.

La serpiente absorbe el calor de la arena y así eleva la temperatura corporal.

La parte superior, más oscura, absorbe más calor que la inferior, más clara.

TODOS LOS HÁBITATS

Hay reptiles y anfibios en todos los continentes excepto en la Antártida. Ahora bien, solo los reptiles tienen especies marinas, como esta iguana marina, el único lagarto que vive en parte en el mar.

TIPOS DE **REPTILES**

Hay cuatro tipos de reptiles: tortugas; cocodrilios; lagartos y serpientes; y tuátaras. En total, hay más de 12 000 especies vivas de reptiles.

CROCODILIOS
Los cocodrilos, los caimanes y los gaviales son enormes depredadores.

LAGARTOS Y SERPIENTES
La piel de los lagartos y de las serpientes es escamosa y la mudan con regularidad.

TORTUGAS
Se caracterizan por su caparazón óseo, que está unido a las costillas y a la columna vertebral.

TUÁTARAS
Su nombre significa 'espalda espinosa' y recuerdan a los lagartos. Solo viven en Nueva Zelanda.

REPTILES: CARACTERÍSTICAS

Los reptiles se han adaptado a la vida en tierra firme. Los pulmones les permiten respirar aire y la piel dura y escamosa reduce la pérdida de agua y los protege de los depredadores.

Respirar aire
Todos los reptiles tienen al menos un pulmón al nacer.

Escamas
La piel de los reptiles es seca y escamosa.

Huevos
Algunos reptiles paren crías vivas, pero la mayoría pone huevos.

Sin metamorfosis
Los reptiles recién nacidos son una versión pequeñita de sus progenitores.

EL **RUGIDO DEL CAIMÁN** ALCANZA LOS **90 DB.** ¡COMO UNA **CORTADORA DE CÉSPED**!

Se agarra a las ramas con los dedos.

A CUATRO PATAS

Los reptiles son tetrápodos (tienen cuatro patas). Algunas especies de serpiente, como las pitón, tienen vestigios de extremidades traseras.

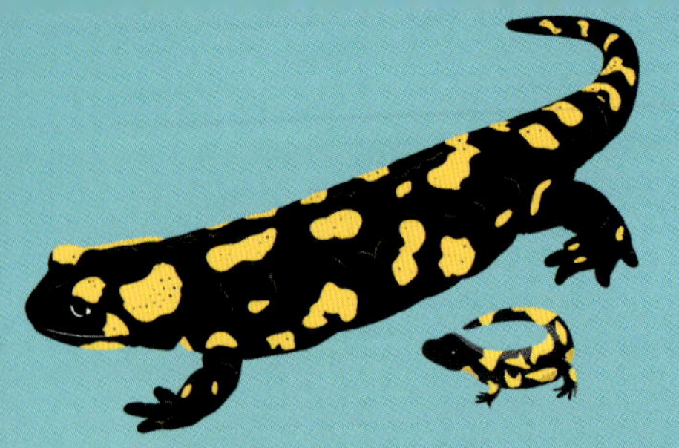

Salamandras espectaculares

LA MAYORÍA DE LAS SALAMANDRAS PONEN HUEVOS, PERO LA COMÚN Y LA ALPINA PAREN CRÍAS VIVAS.

Estos anfibios de cuerpo alargado tienen la piel húmeda y cambian de forma a medida que crecen, como las ranas, pero se parecen más a los lagartos, pues conservan la cola.

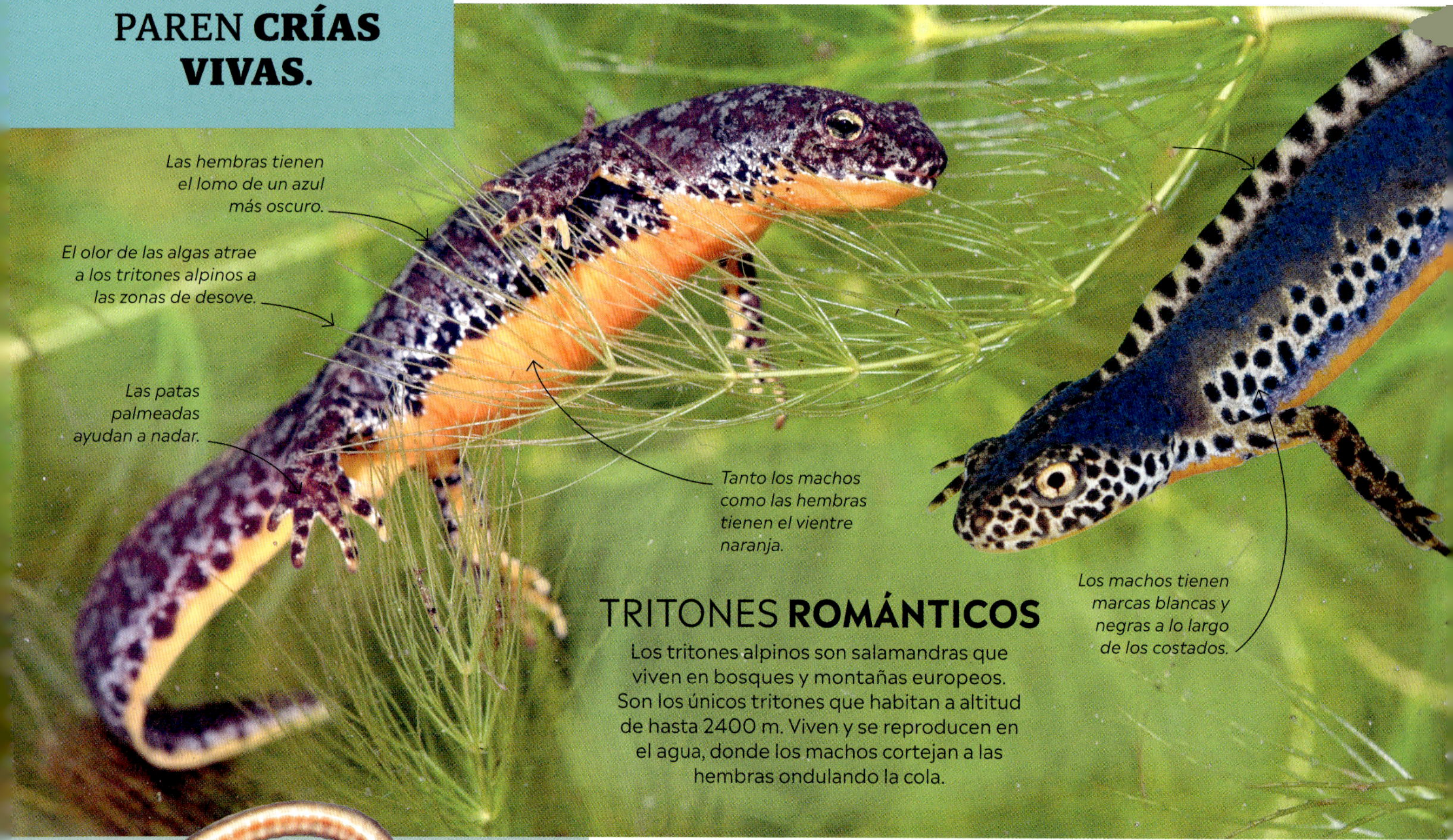
Las hembras tienen el lomo de un azul más oscuro.
El olor de las algas atrae a los tritones alpinos a las zonas de desove.
Las patas palmeadas ayudan a nadar.
Tanto los machos como las hembras tienen el vientre naranja.
Los machos tienen marcas blancas y negras a lo largo de los costados.

TRITONES **ROMÁNTICOS**

Los tritones alpinos son salamandras que viven en bosques y montañas europeos. Son los únicos tritones que habitan a altitud de hasta 2400 m. Viven y se reproducen en el agua, donde los machos cortejan a las hembras ondulando la cola.

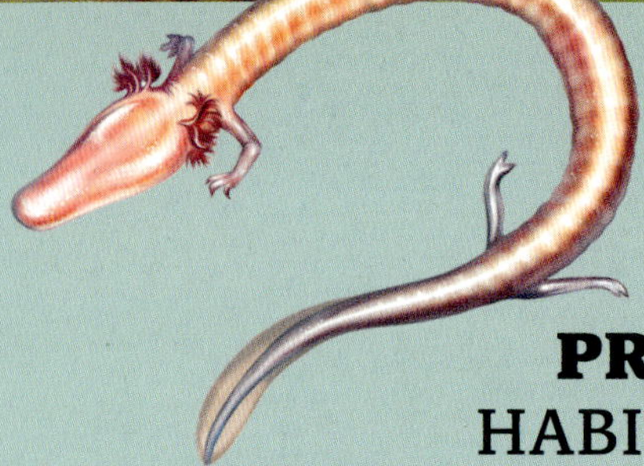

LOS PROTEOS HABITAN EN CUEVAS, SOBREVIVEN HASTA 10 AÑOS SIN COMER Y PUEDEN VIVIR MÁS DE 100 AÑOS.

¿**TRITÓN** O SALAMANDRA?

El tritón es un tipo de salamandra que pasa parte del año en tierra y parte del año en el agua, y tiene el cuerpo adaptado para ello: el tritón de la derecha está en la fase acuática, más adaptada al agua que la salamandra terrestre.

Dedos adaptados a excavar
Cola larga y redondeada
Piel brillante

Salamandra

Piel rugosa y con bultos
Cola gruesa con aleta

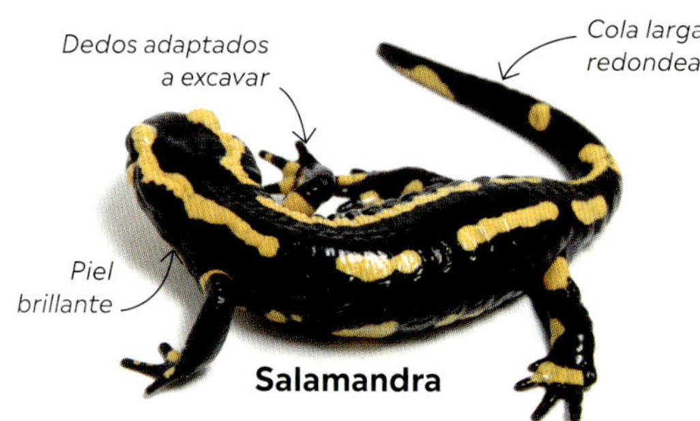

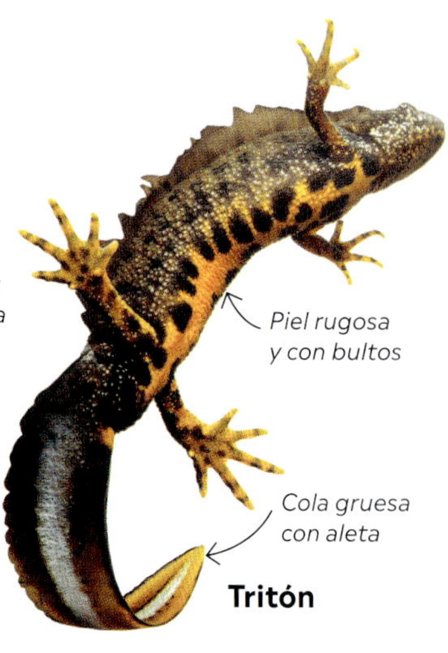

Tritón

VARIEDAD DE **SALAMANDRAS**

Hay unas 750 especies de salamandra. La mitad de ellas viven en América y el resto en Europa, Asia y el norte de África. Aquí va una selección resbaladiza.

Tritón jaspeado
Originario de Europa occidental, los adultos miden unos 15 cm.

Salamandra tigre
Vive en suelos arenosos de Canadá a México.

Salamandra de lomo rojo
Común en los bosques de América del Norte.

Necturo común
Salamandra acuática que habita en el este de América del Norte.

Salamandra gigante del Japón
Alcanza 1,5 m de longitud y vive en ríos de montaña.

CICLO VITAL DEL **TRITÓN**

Las larvas nacen con branquias y sin extremidades. En la fase juvenil terrestre, las branquias se absorben y las patas y los pulmones se desarrollan; así pueden pasar del agua a tierra firme. Los adultos alternan entre la tierra y el agua; antes de volver al agua, desarrollan la piel rugosa y una aleta caudal.

COSTILLAS **ESPINOSAS**

Cuando el gallipato se siente amenazado, extiende sus afiladas costillas, que le perforan la piel y lo convierten en un bocado muy espinoso. Unas glándulas venenosas lo protegen aún más. La piel cicatriza cuando las costillas se retraen.

RENOVARSE **O MORIR**

Aunque la mayoría de los vertebrados se limitan a cerrar las heridas con tejido cicatricial, muchas salamandras regeneran las extremidades perdidas. Su cuerpo activa células madre, que se pueden convertir en cualquier tejido (músculo, hueso, etc.), y las dirigen a ser el tipo que necesitan. ¡La nueva extremidad se forma en tan solo 30 días!

Tritón norteamericano oriental.

SUPER**SIRENAS**

La sirena menor es alargada y tiene dos pequeñas extremidades cerca de la cabeza. Es ruidosa: emite chasquidos cuando se encuentra con otras de su especie y chilla si la atacan. Debe su nombre a las míticas ninfas marinas cuyo canto llevaba a los marineros a la perdición.

ETERNAMENTE **JOVEN**

El ajolote es una salamandra poco común que llega a la edad adulta sin pasar por la metamorfosis. Los adultos conservan las branquias y siguen viviendo en el agua, donde navegan con ojos sin párpados y extremidades poco desarrolladas.

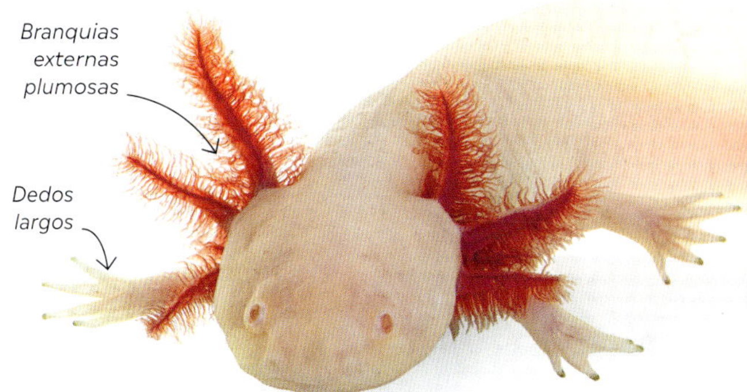

¿RANA O **SAPO?**

Las ranas y los sapos son anfibios: vertebrados de sangre fría, muchos de los cuales pasan parte de su vida en el agua. En realidad, los sapos (pp. 106–107) son como ranas con las patas cortas, la cabeza pequeña y la piel seca y con protuberancias.

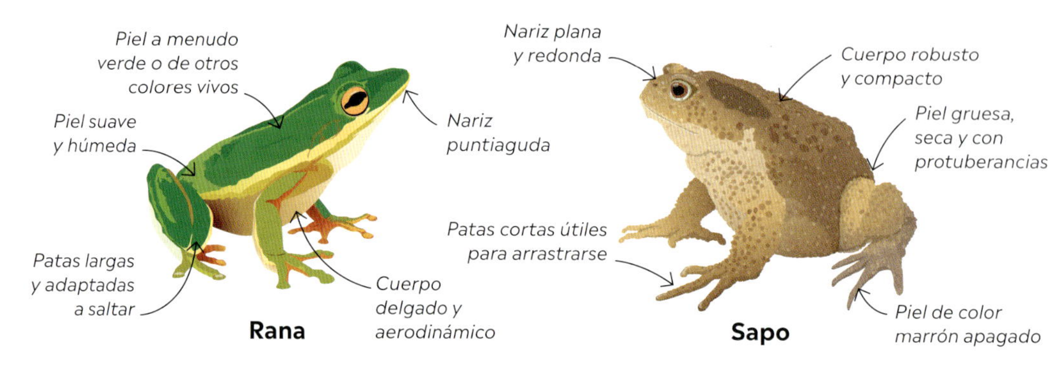

EL SALTO DE LA RANA

Las patas musculosas y fuertes y las articulaciones adaptadas permiten a algunas ranas saltar más de 20 veces la longitud de su cuerpo. Esta rana de charca salta fuera del agua para cazar insectos voladores.

Las patas palmeadas ayudan a nadar.

La piel de las ranas, como la de otros anfibios, es húmeda y absorbe el oxígeno del entorno.

La articulación del tobillo propulsa la rana al aire.

Las manchas oscuras camuflan la rana en aguas turbias.

¡ALERTA **ROJA!**

Hay ranas y sapos que tienen en la piel veneno con el que se protegen de los depredadores. Las ranas venenosas de América del Sur, como esta roja y azul, obtienen las toxinas de ácaros y hormigas que comen. Los colores vivos advierten que son venenosos.

SACO **DE HUEVOS**

Cuando una hembra de rana marsupial de montaña pone huevos, el macho los empuja hacia el saco de incubación que ella tiene en el dorso. Allí, los huevos se desarrollan y reciben oxígeno y nutrientes de la madre.

Los huevos eclosionan y salen los renacuajos.

PUESTA **DE HUEVOS**

Durante el apareamiento, el macho agarra a la hembra y fertiliza los huevos a medida que se liberan. Aunque casi todas las ranas ponen la masa gelatinosa de huevos en el agua, muchas especies tropicales los ponen en lugares húmedos en tierra firme.

LA **RANA COMÚN** PUEDE LLEGAR A PONER **2000 HUEVOS** DE UNA VEZ. ¡MENUDO **RACIMO**!

ALTOS **VUELOS**

En realidad, las ranas voladoras no vuelan, sino que planean. La rana voladora de Wallace vive, sobre todo, en los árboles de las selvas tropicales. La membrana de las extremidades anteriores y de los dedos palmeados le permiten descender 15 m o más entre las ramas.

Ojos a punto de cerrarse para tragar

La lengua suave y pegajosa comienza a extenderse, lista para dispararse y atrapar al insecto volador.

El saco vocal, situado debajo de la boca, amplifica los cantos de apareamiento.

MAESTRA DEL **CAMUFLAJE**

Cuando la rana de cristal duerme, la piel se vuelve transparente y deja ver el corazón y el sistema digestivo. Cuando se despierta, el sistema circulatorio se llena de glóbulos rojos que absorben la luz y hacen visible la piel.

¡LAS RANAS GOLIAT SON LAS **RANAS VIVAS MÁS GRANDES** Y ALCANZAN LOS **38 CM!**

PEQUEÑA PERO **MATONA**

No hay rana más letal que la diminuta rana dorada venenosa, cuyas glándulas cutáneas producen una toxina tan potente que cada rana contiene veneno suficiente para matar a 10 personas.

Ranas **fabulosas**

Hace más de 200 millones de años que las ranas y los sapos, los primeros animales terrestres con cuerdas vocales, habitan la Tierra. Hay más de 7700 especies, con el cuerpo compacto y sin cola, y largas patas traseras que muchas usan para saltar a gran distancia.

Fantásticos sapos

Son sapos muchas familias de anfibios que parecen ranas de piel con bultos. En muchas especies, esos bultos son glándulas que secretan toxinas.

UNA SORPRESA **PEGAJOSA**

Una saliva espesa y pegajosa recubre la larga y suave lengua del sapo. Cuando golpea a la presa a gran velocidad, la saliva se vuelve líquida, se introduce en los pliegues y poros de la superficie de la presa y la atrapa.

La pegajosa lengua atrapa a la presa.

Atrapar...
Los fuertes músculos de la mandíbula del sapo común propulsan la lengua hacia la presa.

... y tragar!
La lengua empuja la presa hacia la boca del sapo, que la engulle.

CADA NOCHE, LOS SAPOS COMEN ENTRE **50 Y 100** BABOSAS, GUSANOS Y OTROS INVERTEBRADOS.

Los ojos en la parte superior de la cabeza sobresalen del agua cuando el sapo se sumerge.

La coloración amarilla y negra camufla el sapo en el medio pantanoso.

Saco vocal hinchado

La piel del sapo está cubierta de bultitos.

SAPO PARTERO

Los machos de sapo partero se adhieren los huevos al dorso y los transportan durante unas seis semanas. Luego, los devuelven al agua para que eclosionen.

DE RENACUAJO A **SAPO**

Como las ranas, los sapos se metamorfosean a medida que crecen y pasan por etapas vitales distintas. La mayoría de ellos comienzan como huevo, eclosionan como renacuajo, se convierten en juvenil y, al fin, se transforman en un sapo adulto.

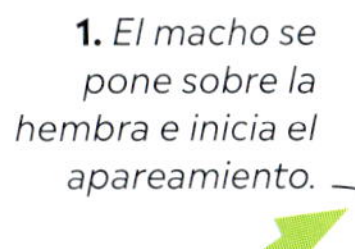

SAPO ENTRE LA HOJARASCA

Los sapos de la hojarasca adoptan el aspecto exacto de las hojas caídas en su medio: el bosque tropical. Eso les permite atrapar fácilmente su comida favorita: las hormigas que pasan entre las hojas.

QUIEN AVISA...

El sapo de vientre de fuego adopta una postura defensiva con la que ahuyenta a los depredadores. Arquea el cuerpo hacia arriba y expone sus colores vivos; así advierte que puede ser venenoso.

CANTO **SEDUCTOR**

El sapo norteamericano se aparea entre marzo y julio. Los machos se desplazan a charcas poco profundas, inflan su gran saco vocal y emiten agudos trinos que pueden durar hasta 30 segundos y atraen a las hembras de la zona.

EL **SAPO DE ROBLE** SOLO MIDE 33 MM DE LARGO. ¡POCO MÁS QUE LA **YEMA DE UN DEDO**!

El galardonado Jaime Culebras es fotógrafo del medio natural y conservacionista. Nació en España y vive en Ecuador, donde investiga reptiles y anfibios, además de guiar excursiones para observar la vida silvestre.

Pregunta a un...

FOTÓGRAFO DE RANAS

P ¿Cómo decidiste ser fotógrafo del medio natural?
R De niño, me iba al campo a ver animales y las serpientes y las ranas eran lo que más me llamaba la atención. Quería conservar el recuerdo de esas experiencias y se me ocurrió que la fotografía sería una profesión ideal porque me permitiría congelar aquellos momentos para siempre. Luego, mientras estudiaba conservación en Ecuador, me di cuenta de que las fotografías que hacía llamaban la atención de la gente y que con ellas podría ayudar a otros a enamorarse del mundo natural.

P ¿Cuáles son las dificultades de tu trabajo?
R Las condiciones ambientales suelen ser lo más complicado. Trabajar en un bosque tropical significa soportar lluvias torrenciales, vientos fuertes y zonas con calor o frío extremos.

P ¿Tienes alguna fotografía favorita entre las que has tomado?
R Tengo muchas. Una es la de una increíble rana rosa de Brasil, la rana arlequín de Hoogmoed. También le tengo mucho cariño a la de una rana de cristal hembra, en la que el corazón se ve perfectamente a través de la piel transparente. ¡Se ven incluso los huevos dentro del cuerpo!

P ¿Cuál es la rana más rara que has visto?
R Una rana que ayudé a descubrir es también una de las más esquivas. Se llama rana mutante porque puede cambiar de piel espinosa a lisa en solo un minuto. Otra rana muy rara es una que tiene cuernos y una gran boca con la que devora a otras criaturas, lo que le ha valido el nombre de rana Pacman.

P ¿Cómo se puede saber más sobre las ranas?
R Leer sobre diferentes especies es genial, pero a mí lo que más me ha servido ha sido salir al campo y observarlas. Busca ranas en las zonas acuáticas cercanas a tu casa, ¡a ver qué encuentras!

P ¿Cómo podemos ayudar a proteger a las ranas?
R Reducir el consumo, reutilizar y reciclar lo que usamos y restaurar la naturaleza son maneras de ayudar tanto al planeta como a las ranas. Aunque algunas están en peligro de extinción, también hay buenas noticias que nos animan. En 2022, encontramos una rana que se creía extinta desde hacía 100 años.

RANA **TRANSPARENTE**

Jaime hizo esta foto, en la que la piel translúcida de una rana de cristal hembra ofrece una vista increíble de los huevos y de los órganos internos, como el corazón. Las ranas de cristal, arborícolas en su mayoría, se valen de su piel transparente para esconderse entre las hojas verdes y engañar a los posibles depredadores haciéndoles creer que no están allí.

Fascinantes **tortugas**

Se conocen 365 especies de tortugas, de las que en torno a la mitad son principalmente acuáticas. La otra mitad vive en tierra firme. Todas tienen caparazón, un pico duro y piel escamosa.

¿TORTUGA MARINA O **TERRESTRE?**

Las tortugas terrestres tienen fuertes extremidades que soportan su peso. Las tortugas marinas son aerodinámicas y nadan ligeras en el agua.

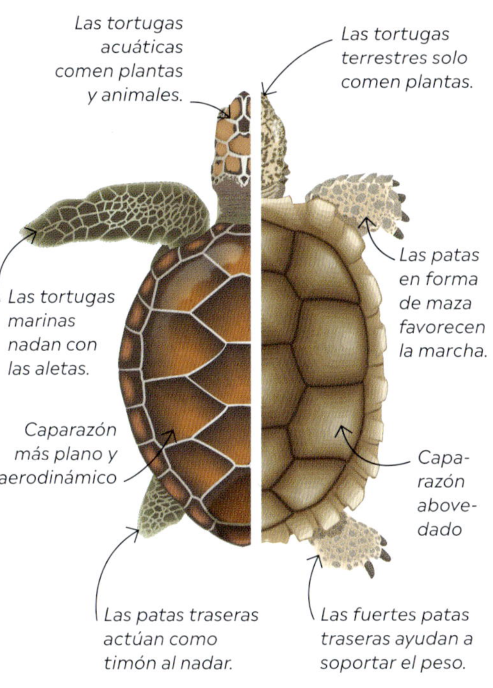

AMANTES **DEL SOL**

Las tortugas son animales de sangre fría, como todos los reptiles. Eso significa que no pueden regular su temperatura corporal y, cuando se quieren calentar, se ponen al sol para absorber el calor. Cuando necesitan refrescarse, buscan zonas de sombra.

REPTILES **ACORAZADOS**

El caparazón (placas óseas fusionadas con las costillas y la columna vertebral) forma parte del cuerpo de la tortuga, que no puede sobrevivir sin él.

REFUGIO **ACORAZADO**

La mayoría de las tortugas retraen la cabeza dentro del caparazón, sobre todo para protegerse. Casi todas lo hacen hacia atrás, pero unas 100 especies doblan la cabeza hacia los lados para que quepa en el caparazón.

MIGRACIÓN **ÉPICA**

La tortuga boba se alimenta y se reproduce en lados opuestos del mundo. Nace en Japón y nada 11 000 km en el Pacífico, hasta Baja California (México) para alimentarse y madurar. Luego nada de vuelta para aparearse y reproducirse.

GIGANTES **ISLEÑOS**

Las tortugas más grandes del mundo viven en las remotas islas Galápagos. Pueden llegar a pesar 250 kg y vivir hasta los 150 años (y menos mal, porque se mueven a solo 0,26 km/h.

ES POSIBLE **DETERMINAR LA EDAD DE UNA TORTUGA** CONTANDO LOS **ANILLOS** DEL **CAPARAZÓN**.

¡SIN **DIENTES**!

Las tortugas no tienen dientes, pero sí un pico fuerte con el que muerden y trituran los alimentos. Las tortugas macho muerden a las hembras en el cortejo anterior al apareamiento.

Tortuga **verde**

Es una de las especies de tortuga marina más grandes. Vive en las regiones tropicales de los océanos Atlántico, Pacífico e Índico. Las aletas en forma de remo y el caparazón en forma de lágrima que corta el agua la hacen una gran nadadora.

LAS TORTUGAS MARINAS USAN LOS **CAMPOS MAGNÉTICOS** DE LA TIERRA PARA **ORIENTARSE EN EL OCÉANO.**

DESOVAR EN **LA PLAYA**

Cada hembra cava en la playa un hoyo, donde pone hasta 200 huevos, a menudo a la luz de la luna. Cubre los huevos con arena y regresa al mar. ¡Los huevos y las crías se quedan solos!

Excava el nido con las aletas.

Las aletas delanteras giran y se mueven hacia abajo y hacia atrás, como remos, e impulsan al animal por el agua.

El caparazón se curva hacia atrás para reducir la resistencia.

Las aletas traseras actúan como timones y ayudan a la tortuga a maniobrar.

Es probable que la tortuga verde deba su color a su alimentación, que consiste en plantas.

Las potentes aletas sirven para nadar y excavar.

La parte inferior del caparazón es el plastrón.

CARRERA PELIGROSA

Las tortugas suelen nacer de noche y se enfrentan al peligroso viaje desde el nido hasta el mar. Mientras se arrastran por la playa, deben evitar a los depredadores: aves, cangrejos e, incluso, perros.

CICLO **VITAL**

Las hembras de tortuga verde alcanzan la edad reproductiva a los 25-35 años. Para reproducirse, cada 2-5 años emprenden una migración de 2000 km o más de vuelta a la playa donde nacieron para poner allí los huevos.

Los huevos tienen, aproximadamente, el tamaño y la forma de pelotas de pimpón.

Los huevos **eclosionan entre 45 y 70 días** después de la puesta.

Las crías miden unos 5 cm de largo.

Las crías excavan hasta la superficie y **corren** hacia el mar.

Las tortugas adultas llegan a medir casi 1 m de longitud.

SOLO **1 DE CADA 1000** CRÍAS DE **TORTUGA VERDE** LLEGA A **LA EDAD REPRODUCTIVA.**

ATLETAS **IMPRESIONANTES**

El aerodinámico caparazón ayuda a las tortugas verdes a deslizarse por el agua durante horas a unos 3,6 km/h, o mucho más lento, que es lo habitual. En caso de necesidad, pueden alcanzar 35 km/h, aunque solo durante unos minutos.

Las grandes aletas delanteras proporcionan la mayor parte de la fuerza impulsora.

El pico tiene los bordes dentados, como una sierra.

LÁGRIMAS **SALADAS**

Como reptiles que viven sobre todo en el océano, las tortugas marinas beben y absorben mucha sal. Los riñones expulsan una parte, pero no toda. Tienen unos conductos lagrimales en la comisura de los ojos, por los que «lloran» lágrimas saladas.

PASTAR BAJO EL MAR

Las tortugas verdes son herbívoras y se alimentan de organismos como algas o fanerógamas marinas. Para ello, raspan las rocas con su pico en forma de sierra. Sin embargo, las tortugas jóvenes comen algo de carne: buscan pequeños animales, como crustáceos y moluscos, y aprovechan restos de peces que dejan otros depredadores.

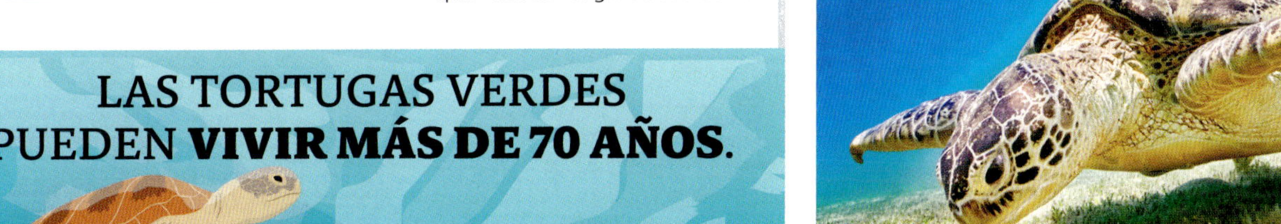

LAS TORTUGAS VERDES PUEDEN **VIVIR MÁS DE 70 AÑOS.**

¿COCODRILO **O NO?**

Hay 28 especies vivas de crocodilios, la mayoría de las cuales son cocodrilos o caimanes. Los caimanes suelen ser más oscuros y de hocico redondeado, mientras que los cocodrilos son de un verde grisáceo y tienen el hocico triangular. La mayoría de los caimanes y cocodrilos viven en agua dulce aunque los cocodrilos también pueden vivir en agua salada.

Hocico en forma de V

Con la boca cerrada, se ven todos los dientes.

El cuarto diente encaja en una muesca en el maxilar superior.

Cocodrilo

Hocico en forma de U

Con la boca cerrada, solo se ven los dientes superiores.

Caimán

Cuando agita el agua al nadar, el caimán del Misisipi levanta presas pequeñas para la garza que lleva a cuestas.

LAZOS FAMILIARES

Los cocodrilos están más próximos a las aves que a otros reptiles, como los lagartos y las tortugas. Las aves y los cocodrilos pertenecen a un grupo más amplio, los arcosaurios, y si tienen un aspecto tan diferente es porque las aves han desarrollado adaptaciones especiales, como las plumas, que las ayudan a volar.

LA HEMBRA DE **CAIMÁN** PONE HASTA **30 HUEVOS DE CÁSCARA DURA** POR TEMPORADA.

Dientes puntiagudos para atrapar y sujetar a las presas.

La mandíbula es más sensible al tacto que las yemas de los dedos humanos.

MORDEDURA **POTENTE**

La segunda articulación que los cocodrilos tienen en la mandíbula evita que esta se tuerza o se deslice y otorga mucha potencia de mordida. La del cocodrilo del Nilo es una de las más fuertes del reino animal cuando cierra la boca y aplasta a su presa.

LA **MORDEDURA DE COCODRILO** ES MÁS DE **TREINTA VECES** MÁS POTENTE QUE LA **HUMANA.**

NARIZ **PROTUBERANTE**

El hocico largo y estrecho y los numerosos dientes entrelazados son característicos de los gaviales. Los machos tienen una protuberancia hueca y carnosa en la punta del hocico: la gara, que en hindi es un recipiente de barro de forma similar. Sirve para vocalizar y soplar burbujas con las que los machos atraen a las hembras.

POR **DEBAJO**

Los cocodrilos pueden aguantar la respiración y permanecer bajo el agua hasta una hora, en parte porque reducen el ritmo cardíaco a solo 7–10 latidos por minuto. Recurren a esta habilidad para matar a sus presas, que retienen bajo el agua hasta que se ahogan.

EL **COCODRILO DEL NILO** PUEDE **COMER LA MITAD DE SU PESO CORPORAL** DE UNA SENTADA.

Cocodrilios **feroces**

Los cocodrilios (cocodrilos, caimanes y gaviales) son los reptiles más grandes. La piel de estos depredadores semiacuáticos es como una armadura y el hocico es largo y repleto de dientes.

CRIANZA **AFECTUOSA**

Aunque son conocidos por su poderosa mordida, los cocodrilos hacen rodar cuidadosamente los huevos en la boca para ayudarlos a eclosionar. También llevan a sus crías en la boca, tanto para protegerlas como para acercarlas al agua.

IRSE POR LAS **RAMAS**

La boa esmeralda vive en las selvas tropicales de América del Sur y mide unos 1,8 m de largo. El intenso color verde la camufla entre las hojas, desde las que acecha a las presas con la cola enroscada en una rama a la que se sujeta. Se alimenta de pequeños mamíferos o aves, a los que muerde con sus dientes largos y afilados, pero no venenosos; luego los estrangula hasta matarlos.

Su flexible columna vertebral le permite a la boa enrollarse en las ramas.

Las bandas en zigzag le proporcionan camuflaje adicional.

COPIA **A COLOR**

La falsa coral, que no es venenosa, imita los colores de la serpiente coral, que sí lo es, para hacer creer a sus depredadores que es peligrosa. Otras serpientes no venenosas usan este mismo truco.

Falsa coral

Serpiente coral

CASI EL 20 % DE LAS MÁS DE **4000** ESPECIES DE SERPIENTES CONOCIDAS SON **VENENOSAS.**

LADRONA DE **VENENO**

La serpiente yamakagashi tiene dos hileras de glándulas nucales, en las que almacena el veneno que obtiene al comer sapos tóxicos. Las glándulas se hinchan cuando la serpiente es atacada y, si un depredador la muerde, recibe un doloroso chorro de veneno. Las hembras impregnan los huevos con la toxina para proteger a sus crías.

Serpientes escurridizas

Las serpientes son extremadamente flexibles porque tienen más vértebras que la mayoría de los animales. Como carecen de extremidades, deben usar la boca y el flexible cuerpo para manipular y matar a sus presas. Gracias a su flexibilidad, se arrastran, trepan y nadan.

¿HUEVOS **O NO?**

Las serpientes son u ovíparas (ponen huevos) o vivíparas (paren crías vivas). La boa esmeralda es un poco de ambas: los huevos permanecen en el cuerpo de la madre hasta que las crías están listas para salir.

Los picos y las hendiduras aumentan la superficie y así se refleja menos luz.

CIENCIA **VIPERINA**

Las escamas negras mate de la víbora del Gabón reflejan tan poca luz solar que los científicos estudian su estructura para ver si pueden usar lo que averigüen para mejorar la eficiencia de los paneles solares.

TODAS LAS CULEBRILLAS DE LAS MACETAS SON HEMBRAS Y SE REPRODUCEN SIN APAREARSE.

SE DEJAN **LA PIEL**

A medida que crecen, las serpientes se deshacen de la piel vieja y desarrollan una nueva.

1. Preparación
Las serpientes no cambian de piel gradualmente, como muchos otros animales, sino que la nueva piel crece debajo de la vieja.

2. Muda
La piel nueva se separa de la vieja cuando está lista. La serpiente se frota contra una superficie rugosa para desprenderse de la piel vieja.

3. Descarte
Tras el primer desgarro en la piel vieja, la serpiente se retuerce y la elimina entera. Las adultas mudan la piel entre 2 y 4 veces al año; las jóvenes, 1 vez al mes.

EL VENENO DE LA SERPIENTE DE CASCABEL DESTRUYE LAS CÉLULAS SANGUÍNEAS Y PROVOCA HEMORRAGIA INTERNA.

GRAN **OLFATO**

Además de boca y nariz, las serpientes tienen el órgano de Jacobson, un sensor en el paladar. Con la lengua, lanzan partículas de humedad del aire hacia ese órgano, que saborea y huele las señales químicas que transportan.

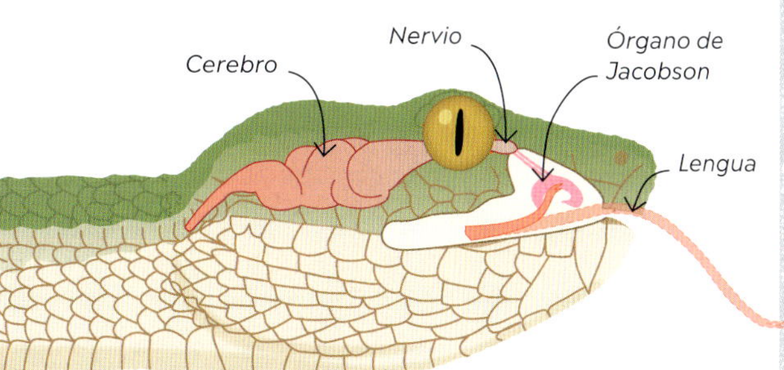

LAGARTOS TERRORÍFICOS

Hay lagartos agresivos y peligrosos que pueden causar daños graves. Estos son algunos de los más temibles.

Monstruo de Gila
Después de morder, inyecta veneno en las heridas, que se inflaman y duelen como una quemadura.

Varano de Papúa
Este agresivo lagarto tiene una mordida muy fuerte y usa su larga cola a modo de látigo para defenderse.

Dragón de Komodo
Este gran lagarto corre más rápido que un humano. Al morder, libera una toxina que impide que la sangre de la víctima se coagule.

UNA PAPADA DESLUMBRANTE

Los lagartos anolis tienen debajo de la mandíbula una membrana de piel de colores vivos: el saco, cuyo color suele contrastar con el entorno del lagarto. Este lo mueve como reclamo en el cortejo.

¡OJO AL DATO! LAGARTOS

Los lagartos viven en hábitats muy diversos, como desiertos, lagos y ríos, a los que se han adaptado con diferentes formas, tamaños y colores. La mayoría son depredadores que cazan pequeños invertebrados. La mordedura de algunos es venenosa.

LOS LAGARTOS MÁS GRANDES

Hay lagartos de todos los pesos y tamaños: la longitud del más grande, el dragón de Komodo, supera la estatura promedio de un hombre. Esta es una lista de algunos de los más grandes.

EL HOMBRE PROMEDIO
pesa unos 90 kg y mide 1,70 m.

1 EL DRAGÓN DE KOMODO
pesa 135 kg y mide 3 m de largo.

Los dragones de Komodo pueden comer el 80 % **de su peso corporal** de una sentada.

4 EL VARANO GIGANTE AUSTRALIANO
pesa hasta 20 kg y mide 2,4 m de largo.

2 EL VARANO ACUÁTICO
llega a 25 kg de peso y 2,7 m de longitud.

3 EL VARANO DE PAPÚA
pesa hasta 20 kg y supera los 2,4 m de longitud.

5 EL VARANO DEL NILO
pesa hasta 8 kg y puede alcanzar 1,9 m de longitud.

¿DÓNDE **ESTÁ**?

Muchos lagartos son expertos en camuflaje y se mimetizan con fondos muy diversos, desde troncos hasta hojarasca.

LAGARTO CORNUDO DEL DESIERTO
Este lagarto tiene el cuerpo rugoso y espinoso, que se camufla en el suelo rocoso de su hábitat desértico.

GECO COLA DE HOJA SATÁNICO
El cuerpo plano y el patrón moteado de este geco emulan una hoja en descomposición.

UROPLATO
La piel moteada permite a este geco de cola de hoja común camuflarse cuando se aferra a un árbol.

LAGARTO CANGURO MOTEADO
Se esconde entre la hojarasca y su color pardo hace que sea difícil de detectar.

OJO MÓVIL

Los camaleones pueden mover cada uno de sus saltones ojos de forma independiente y procesar las Imágenes de ambos por separado. Eso les permite mirar en dos direcciones diferentes a la vez.

DEFENSA **SANGRIENTA**

La defensa del lagarto cornudo es inusualmente sangrienta. Contrae los músculos de los ojos y corta el flujo sanguíneo al corazón; entonces lanza sangre por los ojos y llega a 0,9 m de distancia; así confunde a sus depredadores.

DIABLO ESPINOSO

Habita en el desierto y se hidrata con el agua de lluvia y el rocío que los surcos en su piel dirigen por el cuerpo hasta la boca.

LOS LAGARGOS MÁS PEQUEÑOS

Algunos lagartos son tan pequeños que caben sobre la yema del dedo. El cuerpo del más pequeño, el nanocamaleón, es del tamaño de dos pipas de girasol.

2 MICROCAMALEÓN
28 mm

3 CAMALEÓN ENANO
28 mm

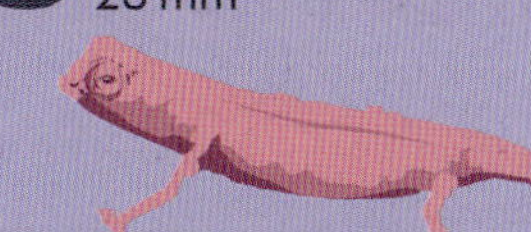

1 NANOCAMALEÓN
22 mm

4 GECO ENANO DE LAS ISLAS VÍRGENES
33 mm

5 GECO ENANO DE JARAGUA
33 mm

REPRODUCCIÓN

Los lagartos se reproducen de distintas formas: ponen huevos, paren crías vivas e, incluso, se reproduce un individuo solo.

OVÍPAROS
La mayoría de los lagartos son ovíparos: ponen huevos, que eclosionan fuera del cuerpo.

VIVÍPAROS
Algunos lagartos, como el lagarto común, son vivíparos: la hembra pare crías vivas.

OVOVIVÍPAROS
El lución común (p. 121) es ovovivíparo. Los huevos se incuban y eclosionan dentro del cuerpo.

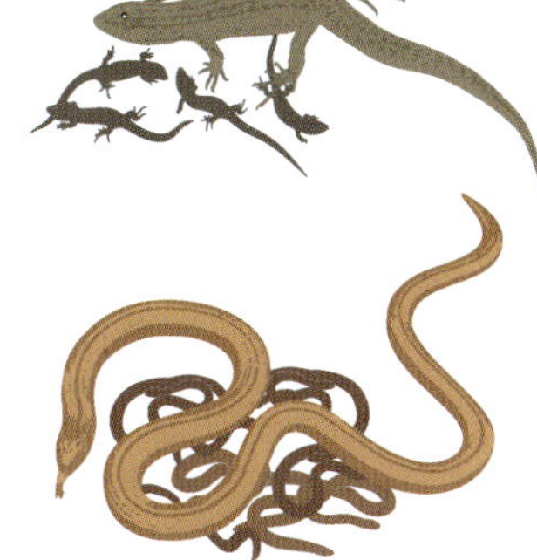

PARTENOGENÉTICOS
Algunas hembras de lagarto producen crías a partir de huevos no fecundados, sin necesidad de un macho.

DESFILE DE LAGARTOS

Los lagartos, con más de 7400 especies, habitan en todos los continentes menos en la Antártida. El cuerpo de los más pequeños es del tamaño de dos pipas de girasol (13,5 mm); los más grandes pueden superar los 3 m de longitud. Aquí tienes cuatro tipos de lagarto.

Camaleones
Tienen las patas y la cola prensiles. Algunos pueden cambiar de color.

Varanos
Tienen el cuerpo pesado, el cuello largo y la cola y las garras muy fuertes.

Eslizones
Viven sobre todo entre la hojarasca o bajo piedras. O no tienen patas o son muy cortas.

Gecos
Emiten chirridos u otros sonidos y la mayoría de ellos carecen de párpados.

Lagartos escamosos

Los lagartos son reptiles de cuerpo largo y cubierto de escamas córneas. La mayoría tienen orificios auditivos, párpados móviles y cuatro patas para arrastrarse o correr.

Los saltones ojos se mueven por separado.

La pegajosa lengua se dispara para atrapar a las presas.

La punta de la lengua atrapa los insectos por succión.

EL VENENO DEL MONSTRUO DE GILA ES CASI TAN TÓXICO COMO EL DE LA SERPIENTE DE CASCABEL.

CAMBIO DE COLOR

Además de para camuflarse, los camaleones también usan su capacidad de cambiar de color para comunicarse. Cuando están relajados, suelen ser verdes, pero cuando se excitan, es probable que se vuelvan de color amarillo, naranja o rojo.

Relajado

Los diminutos cristales de la piel del lagarto se comprimen y reflejan longitudes de onda cortas de la luz, como el verde.

El camaleón macho se vuelve rojo cuando se exhibe ante una hembra.

Estresado

Los diminutos cristales se separan y reflejan longitudes de onda más largas, como el rojo.

CAMINAR SOBRE EL AGUA

El basilisco común corre por la superficie del agua. Tiene unos flecos escamosos en los pies que se quedan pegados a los dedos en tierra, pero se abren en el agua, lo que aumenta la superficie de contacto del pie.

TERCER OJO

Aunque en la edad adulta las escamas tapan los ojos, la luz lo alcanza.

Las tuátaras se parecen a los lagartos. Solo viven en Nueva Zelanda y tienen un órgano sensible a la luz en la frente. Apodado «el tercer ojo», ayuda a la tuátara a responder al ciclo solar.

La larga cola le permite al camaleón agarrarse a las ramas.

La piel escamosa se muda cada cierto tiempo, como la de todos los reptiles.

Cada pata tiene tres dedos delanteros y dos traseros. Ayudan a agarrarse a las ramas.

LENGUA LARGA

El camaleón puede disparar la lengua a gran velocidad. Es dos veces más larga que el cuerpo y está recubierta de un moco 400 veces más espeso que la saliva humana.

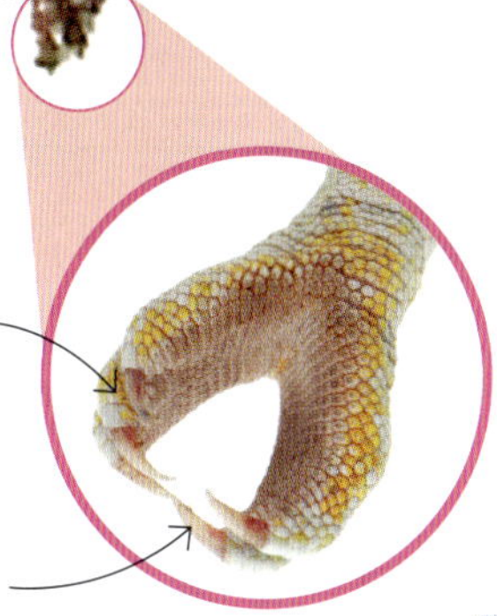

Los dedos con garras ayudan a agarrarse y trepar.

Garras largas, afiladas y curvas.

LAGARTO SIN PIERNAS

Los luciones carecen de extremidades, como otros lagartos. A diferencia de las serpientes, tienen párpados y la lengua hendida, y se desprenden de la cola para huir de los depredadores.

Escamas lisas y brillantes.

HUIDA **RÁPIDA**

El dragón de Komodo es el lagarto más grande del mundo. Llega a pesar 166 kg: ¡más que un oso panda! Puede comer el 80 % de su peso corporal de una sola sentada, pero, si se siente amenazado, vomita la comida para reducir su peso. ¡Así puede huir más rápido!

EL **ESLIZÓN DE LENGUA AZUL** SACA LA **LLAMATIVA LENGUA** PARA AHUYENTAR A LOS **DEPREDADORES.**

Geniales **gecos**

Los gecos son trepadores de lo más acrobático en el mundo de los lagartos. Muchos son capaces de subir por superficies verticales gracias a sus dedos prensiles.

¡La cola desprendida se sigue moviendo!

COLAS **CON TRUCO**

Como otros muchos lagartos, la mayoría de los gecos se deshacen de la cola si se encuentran con un depredador. Así, lo distraen y pueden escapar. La mayoría de las especies generan una cola nueva en, aproximadamente, un mes usando células madre.

MUDAR **DE PIEL**

Los gecos mudan la piel a medida que crecen, como todos los reptiles. La muda elimina la piel vieja y dañada y protege de infecciones y ácaros. Los gecos se suelen comer la piel mudada para recuperar los nutrientes y evitar que los depredadores la detecten.

La piel desprendida es incolora y se desprende a trozos.

COMIDA **RÁPIDA**

La mayoría de los gecos son insectívoros y se alimentan de grillos, lombrices, moscas, polillas y saltamontes, pero los más grandes pueden comer crías de ratón enteras. Tienen muchos dientes, pero no mastican la comida; ¡se la tragan entera!

HUEVOS **ESCONDIDOS**

Todos los gecos, excepto algunas especies de Nueva Zelanda y Nueva Caledonia, ponen huevos. Los depositan debajo de piedras, corteza de árbol o, gracias a su capacidad para escalar paredes verticales, incluso detrás de contraventanas.

La tierra se adhiere al huevo blanco y blando, y le da un aspecto moteado.

Un geco leopardo recién nacido sale del huevo.

Un saltamontes cae víctima de un geco de cola de nabo.

GECOS **GLOBALES**

Los gecos viven en todo el mundo, excepto en la Antártida. Se han adaptado a hábitats muy variados, desde frías laderas de montaña hasta selvas húmedas o desiertos áridos. Aquí hay cuatro de lugares distintos.

Geco de ceniza
De colores vivos, se encuentra en Cuba y en algunos estados de América del Norte.

Geco volador de Kuhl
Estos gecos del sudeste asiático planean gracias a sus repliegues cutáneos.

RELAMERSE **LOS PÁRPADOS**

La mayoría de los gecos no pueden parpadear. En vez de párpado, tienen una membrana transparente que protege los ojos y se desprende cuando mudan la piel. Se las lamen con la lengua para evitar que se vuelva opaca y se ensucie.

Poder de adherencia

Los gecos tienen sedas (pelillos diminutos) en los pies. Son lo bastante adhesivas como para mantener el geco en su lugar, pero no tanto como para impedir que se mueva.

Geco de cola de hoja

Solo se encuentra en Madagascar y su forma es un camuflaje fantástico.

Geco de dedos en hoja

A menudo se ven en el Mediterráneo; ¡a veces escondidos en grietas!

1
2
3
4
5
6
7
8
9
10
11
12
13
14
15
16
17
18
19
20

IDENTIFICA... REPTILES

¿Eres un mago con los lagartos y un demonio con los detalles? ¿Distingues una serpiente de un eslizón o un cocodrilo de una lagartija? Echa un vistazo a esta dispersión escamosa y nombra todos los que puedas.

1 Serpiente de cascabel
2 Geco forestal grande
3 Bocaracá
4 Eslizón de lengua azul
5 Diablo espinoso
6 Eslizón pez arena
7 Boa esmeralda
8 Dragón de agua chino
9 Falsa coral de Sinaloa
10 Lución
11 Abaniquillo verde
12 Dragón con volantes
13 Geco leopardo
14 Cobra real
15 Anaconda
16 Monstruo de Gila
17 Varano esmeralda
18 Dragón barbudo
19 Basilisco verde
20 Serpiente de hocico de cerdo oriental
21 Geco volador de Kuhl
22 Lagarto armadillo
23 Geco crestado
24 Camaleón pantera
25 Caimán
26 Geco de William
27 Eslizón de fuego
28 Tortuga de vientre rojo del norte
29 Escuerzo común
30 Lagarto cocodrilo
31 Camaleón pigmeo de cola corta
32 Geco tokay
33 Tortuga caimán
34 Geco de cola de hoja
35 Culebra de la vid

¿QUIÉN ES EL INTRUSO?

El intruso es el escuerzo común (29). Las ranas y los sapos son anfibios: tienen la piel suave y húmeda. Los reptiles tienen la piel seca y escamosa.

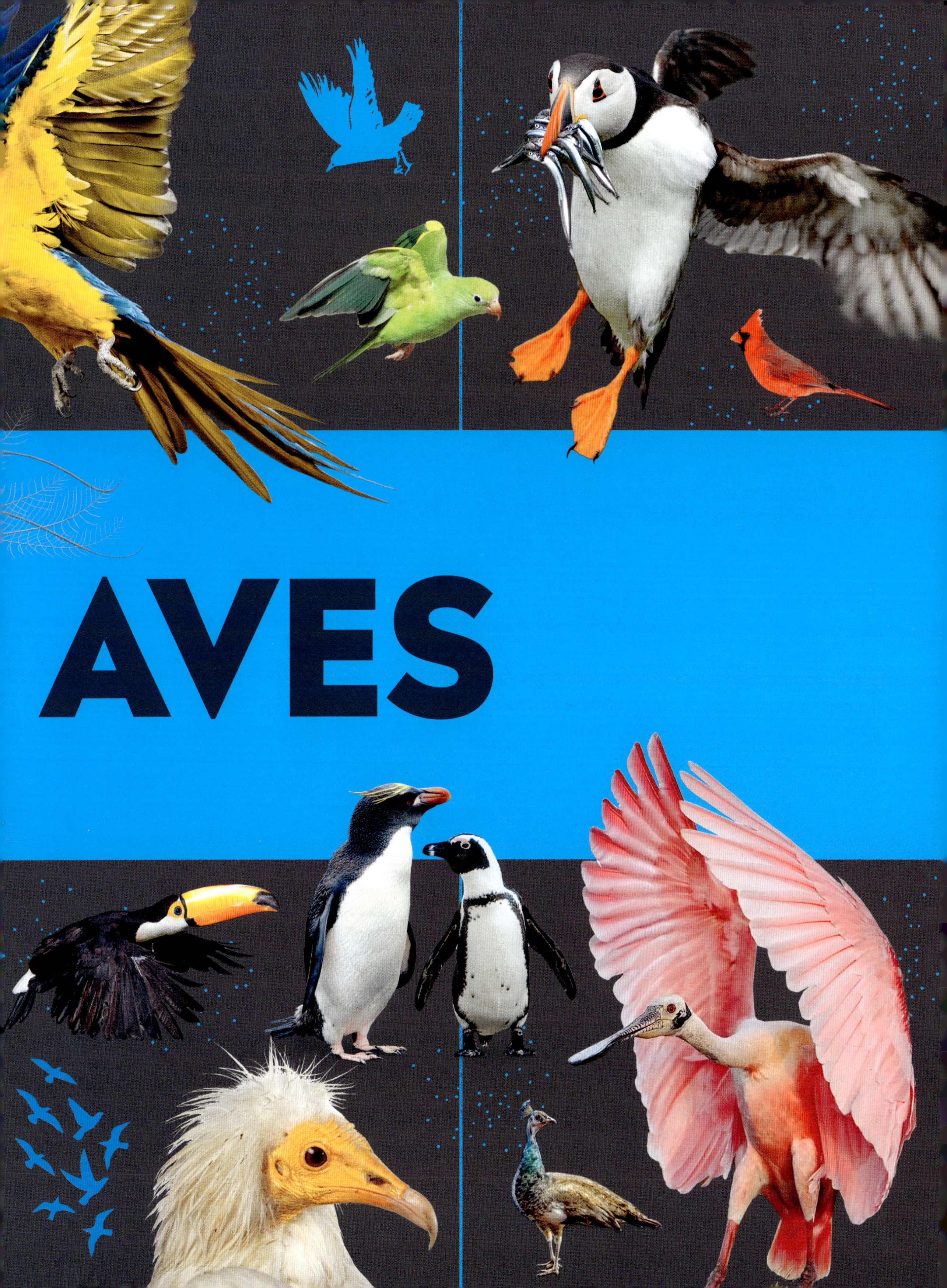

AVES

Aves

Los primeros voladores emplumados evolucionaron a partir de los dinosaurios hace unos 160 millones de años. Ahora, son los únicos vertebrados que vuelan, corren o nadan en todos los continentes.

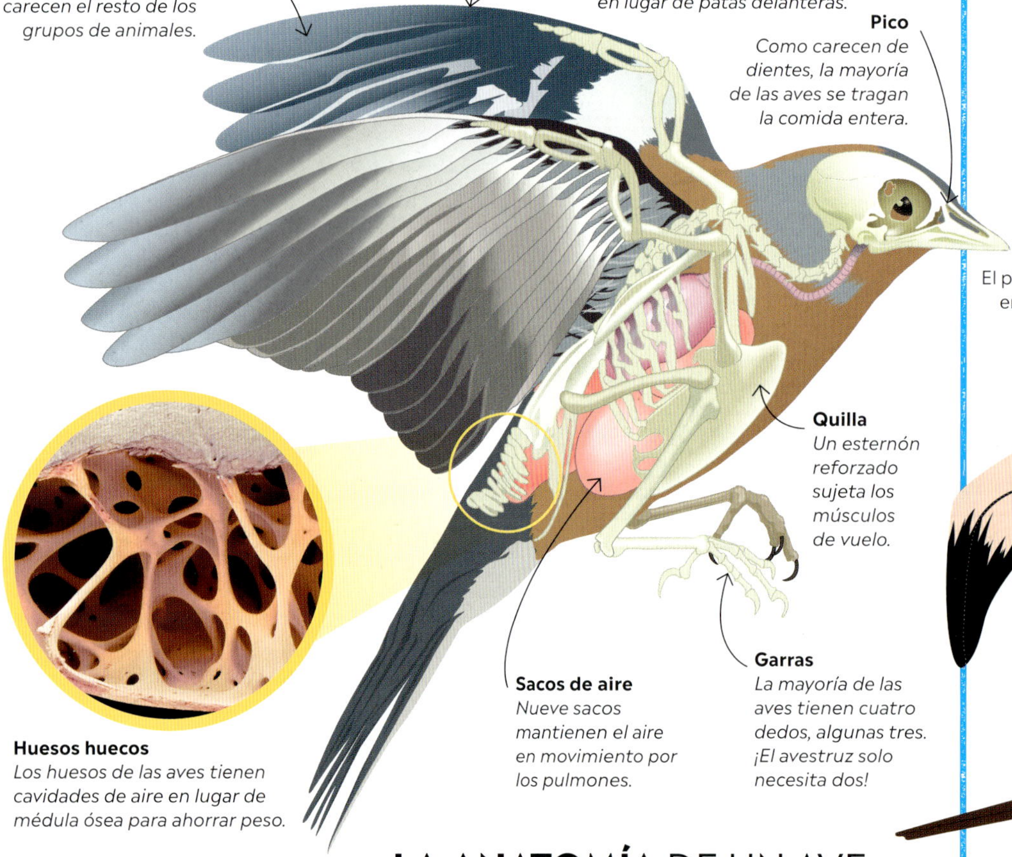

Plumas
Todas las aves tienen plumas, de las que carecen el resto de los grupos de animales.

Alas
Aunque algunas aves no vuelan, todas tienen alas en lugar de patas delanteras.

Pico
Como carecen de dientes, la mayoría de las aves se tragan la comida entera.

Quilla
Un esternón reforzado sujeta los músculos de vuelo.

Huesos huecos
Los huesos de las aves tienen cavidades de aire en lugar de médula ósea para ahorrar peso.

Sacos de aire
Nueve sacos mantienen el aire en movimiento por los pulmones.

Garras
La mayoría de las aves tienen cuatro dedos, algunas tres. ¡El avestruz solo necesita dos!

LA ANATOMÍA DE UN AVE

Las aves son vertebrados de sangre caliente que ponen huevos de cáscara dura y tienen cuatro extremidades, plumas, picos sin dientes y huesos huecos. Su corazón y sus pulmones ultraeficientes suministran el oxígeno necesario para volar.

LAS **AVES** EVOLUCIONARON A PARTIR DE **DINOSAURIOS CON PLUMAS**. PUEDE QUE ESTAS LOS **ABRIGARAN** O LOS AYUDARAN A **ENCONTRAR PAREJA**.

PICOS ESPECIALIZADOS

Cada especie de ave tiene el pico adaptado a lo que come. Los picos son de queratina, una proteína que también forma plumas, uñas, pelo y pelaje.

GRANÍVOROS

Los piquituertos tienen el pico afilado y curvado, con las puntas superpuestas. Está adaptado a extraer las semillas de las piñas de las coníferas.

NECTARÍVOROS

El pico largo, a menudo curvado, se introduce en las flores para llegar al néctar. El de los colibríes es el pico más especializado.

FILTRADORES

El pico curvado del flamenco se sumerge en el agua y filtra algas y pequeños camarones.

SONDEADORES DE BARRO

Las aves costeras hurgan en el barro con su pico largo y sensible en busca de moluscos y crustáceos.

CARNÍVOROS

Las rapaces tienen el pico afilado y ganchudo. Con él matan a sus presas o desgarran la carne de peces, aves y mamíferos grandes.

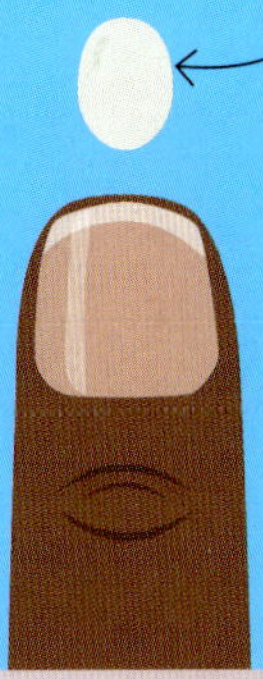

Huevo de colibrí zunzuncito, tamaño real

EL HUEVO DEL COLIBRÍ **MÁS PEQUEÑO** ES DEL **TAMAÑO** DE UN **GUISANTE.**

Buitre
Ningún vertebrado vuela más alto que el buitre moteado, al que se ha visto planeando junto a aviones a 11 300 m sobre el nivel del mar. ¡Intenta divisar su almuerzo desde ahí la próxima vez que vueles!

Aire
Las alas grandes y los huesos ligeros son adaptaciones típicas de las aves.

Vencejo
El vencejo común pasa casi todo el año en el aire: caza, come, bebe y se baña en pleno vuelo, sin tocar nunca el suelo.

Avestruz
Estas grandes aves se han convertido en máquinas de correr. Tienen los muslos musculosos y las alas pequeñas. Son altas y muy rápidas, adaptadas a vivir en llanuras abiertas.

Tierra
Las aves que corren en vez de volar y acuáticas pesadas viven en el suelo.

AVES ADAPTABLES

Las aves se han adaptado a hábitats en tierra, agua y aire. Las primeras aves volaban todas, pero hoy algunas prefieren nadar, correr o trepar. Cada especie ha evolucionado y está adaptada a encontrar alimento, evitar la competencia y escapar de depredadores.

Ganga del desierto
En el desierto hay pocos depredadores, pero también poca agua. Las gangas vuelan 60 km de ida y vuelta para empapar unas plumas especiales del pecho y que sus polluelos puedan beber.

Agua
Muchas aves han aprendido a «volar» bajo el agua para perseguir a los peces.

Pingüino
Demasiado pesados para volar y torpes en tierra, los pingüinos son excelentes nadadores, gracias a sus aletas fuertes y delgadas y su cuerpo aerodinámico. Algunos cazan bajo el agua durante 20 minutos o más.

EL **PITOHUÍ** COME **ESCARABAJOS TÓXICOS Y ASÍ SE** VUELVE VENENOSO.

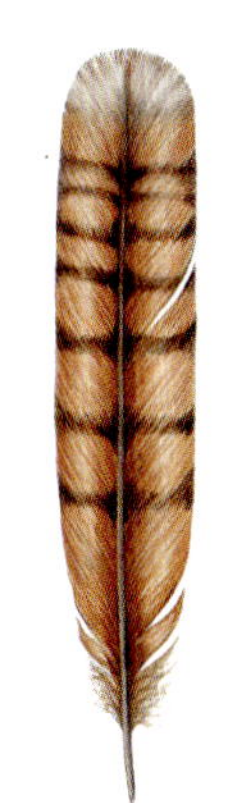

Cola

Ala

Contorno

Plumón

LAS **PLUMAS**

Cerca del cuerpo están el cálido plumón y las plumas de contorno, con la mitad inferior plumosa y la superior protectora. Las plumas de vuelo de las alas y la cola son grandes y fuertes. Atrapan el aire al ganar altura y dirigen el vuelo al cambiar de dirección.

Garra interior

LA **AFILADÍSIMA** GARRA INTERIOR DEL CASUARIO ALCANZA LOS **12,5 CM DE LONGITUD**.

HABLEMOS DE **HUEVOS**

Las ratites ponen huevos de varios colores y mucho más grandes que los de otros animales. El avestruz pone unos 60 huevos al año y produce los más grandes, de unos 15 cm de largo. En cada puesta, un kiwi pone un solo huevo; el 60 % es yema, la mayor proporción de todas las aves.

Emú

Avestruz

Casuario

Ñandú

Kiwi

Gallina

CASUARIO **MULTICOLOR**

Las hembras pesan cerca del 30 % más que los machos. Ambos tienen plumas de color negro azabache, pero las de la cabeza y el cuello de las hembras son mucho más llamativas que las de los machos. Para escapar del peligro, los casuarios pueden saltar casi 2 m en el aire y correr a 50 km/h.

Las plumas no se entrelazan, lo que les da un aspecto similar al pelo.

La gran cresta se denomina casco.

LA LLAMADA **GRAVE Y RESONANTE** QUE EMITE EL CAUSARIO ES UNA DE LAS **MÁS FUERTES** DE TODAS LAS AVES.

Corredoras veloces

Las ratites son aves no voladoras. Se encuentran sobre todo en el hemisferio sur. Las hay altas y larguiruchas que corren en terreno abierto, como el avestruz y el emú, mientras que otras son pequeñas y viven en bosques densos, como el kiwi.

Una sola zancada de avestruz puede alcanzar los 4,88 m de largo.

RAUDAS Y **VELOCES**

Las largas patas y los fuertes músculos del muslo le permiten al avestruz alcanzar 64 km/h, velocidad suficiente para escapar de una hiena o de un león. El kiwi, la ratite más pequeña, corre más que un humano medio.

CON LA BARRIGA LLENA

Los huevos de kiwi son los más grandes en proporción a su tamaño. Al llevar un huevo casi tan grande como el del ñandú o el emú, el vientre se hincha tanto que toca el suelo. Durante la formación del huevo, la hembra come tres veces más de lo habitual.

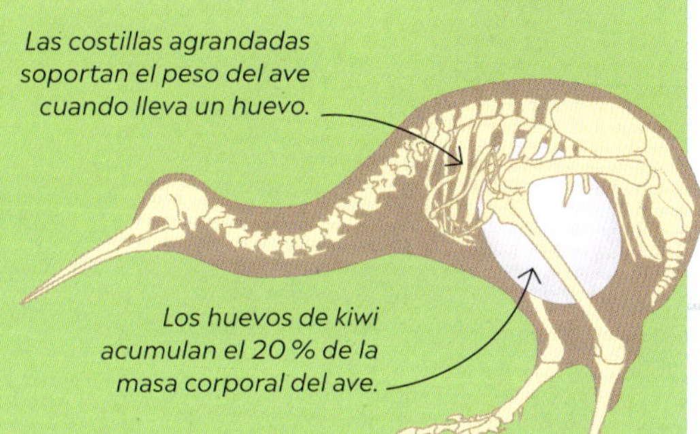

Las costillas agrandadas soportan el peso del ave cuando lleva un huevo.

Los huevos de kiwi acumulan el 20 % de la masa corporal del ave.

CON LOS **PIES EN EL SUELO**

El ñandú, como otras ratites, tiene alas pero no vuela. El cuerpo pesa demasiado, las alas no pueden proporcionar la elevación adecuada y los músculos pectorales no las pueden batir. Sin embargo, lo ayudan a mantener el equilibrio cuando corre a gran velocidad.

Las ratites también usan las alas para proteger a los polluelos del frío, el calor o la lluvia.

TODOS LOS HUEVOS EN UNA SOLA CESTA

Los ñandúes, los avestruces y, en ocasiones, los emúes viven en grupos. Los dos primeros usan nidos comunitarios, con hasta 50 huevos, puestos por varias hembras; cada una pone entre 7 y 10.

CUESTIÓN DE **ALTURA**

Esta alineación de ratites muestra que el ave más grande de todas, el avestruz, es más alta que una persona. El kiwi es la ratite más pequeña, lo que ayuda a su forma preferida de cazar: desenterrar invertebrados con el largo pico.

Avestruz 2,8 m

Emú 1,8 m

Casuario del sur 1,6 m

Ñandú 1,6 m

Kiwi 0,6 m

Humano 1,8 m

VUELOS **A** **LARGA DISTANCIA**

Las águilas pescadoras, que se reproducen en el hemisferio norte y en invierno vuelan al sur, recorren distancias de hasta 6000 km. Las de América del Norte migran a América del Sur, las de Europa a África occidental y las de Asia central a Asia meridional.

A VISTA DE ÁGUILA

Las águilas ven el mundo con mayor nitidez que casi cualquier otro animal. Sus enormes globos oculares ocupan hasta la mitad del espacio del cráneo y contienen un millón de células receptoras de luz por mm^2, cinco veces más que el ojo humano.

La lente enfoca la luz hacia la retina.

La córnea ayuda a enfocar la luz.

Luz

El globo ocular, acampanado, se adapta a la gran retina.

La retina, la superficie posterior del globo ocular, detecta la luz.

Águilas rapaces

Estas aves son de los depredadores más rápidos, fuertes y eficaces del reino animal. Las águilas se pueden abalanzar sobre pequeños o grandes mamíferos, y las águilas pescadoras atrapan peces con gran habilidad.

Las plumas de vuelo primarias facilitan la elevación y mantienen al águila en el aire.

Las plumas primarias aportan la mayor parte de la potencia durante el vuelo.

La cresta se levanta cuando el águila arpía se sobresalta o se inquieta.

UN PÁJARO MUY GRANDE

Con una longitud de 107 cm desde el pico hasta la cola, el águila arpía de América del Sur es la más grande y fuerte del mundo. Sus aterradoras garras miden hasta 12,7 cm de largo y pueden atrapar animales grandes, como perezosos, zarigüeyas y monos.

LAS **GARRAS** DEL ÁGUILA ARPÍA PUEDEN SER **MÁS GRANDES** QUE LA **MANO DE UN HUMANO ADULTO.**

Los pigmentos oscuros refuerzan las plumas del ala.

GRANDES **CAZADORAS**

El águila calva se abalanza sobre sus presas a velocidades de hasta 160 km/h. Se alimenta exclusivamente de peces, y tiene unas garras grandes y con un agarre potentísimo que le permiten atenazar a su presa y volver a elevarse.

Las plumas blancas indican que se trata de un ave adulta de cinco años o más.

LAS ÁGUILAS PUEDEN VER LA LUZ UV, POR LO QUE PUEDEN VER LA **ORINA «BRILLANTE»** DE SUS PRESAS.

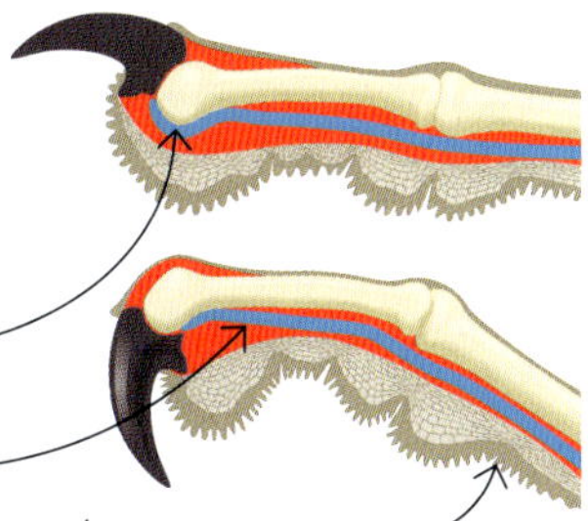

Las musculosas patas cónicas reducen la resistencia al aire cuando se zambulle.

PIES **FLEXIBLES**

El tendón (azul) está dentro de una vaina estriada (roja).

La vaina y el tendón se traban cuando el dedo se cierra.

Plantas espinosas para agarrar.

Las águilas pescadoras pueden cargar hasta un 25 % de su peso corporal. Como muchas aves, bloquean los dedos al posarse, y usan este mismo mecanismo para sujetar presas. Los músculos del muslo tiran de tendones que alcanzan las garras y se traban en vainas con superficies estriadas.

RAMIFICARSE

Las águilas y las águilas pescadoras anidan en lugares elevados. Hechos de cientos de ramas, los nidos pueden alcanzar 2,4 m de ancho y 1 m de profundidad. Los más pesados pesan 2 toneladas. Las parejas regresan al mismo nido cada año.

Nido de águila pescadora, normalmente revestido con vegetación suave como musgo, hierba y algas.

La despeinada melena de plumas facilita identificar al ave.

AMENAZADAS

Con una envergadura de hasta 2,13 m, el águila de Filipinas es una de las más grandes y raras. Debido a la deforestación y a la caza, ahora sobreviven menos de 500 ejemplares. También conocida como águila monera, se alimenta de macacos, serpientes, roedores e incluso cervatos.

¿GAVILÁN O **HALCÓN**?

Los gavilanes son de la misma familia que las águilas. Los halcones son más próximos a los loros. Ambos han desarrollado destrezas similares, pero de forma independiente.

Halcón peregrino

Gavilán común

Busardo ratonero

Halcón
Las alas puntiagudas le dan rapidez y agilidad en el aire, lo que le permite atrapar otras aves en pleno vuelo.

Gavilán
Las alas anchas y la cola larga le permiten girar con rapidez cuando caza en el bosque. Se alimenta de aves pequeñas.

Busardo
Ya sea volando con sus alas redondeadas o posada en ramas altas, esta rapaz escudriña el suelo en busca de pequeños mamíferos.

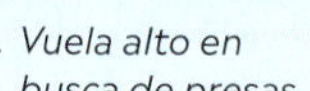

Vuela alto en busca de presas.

Orienta la cabeza hacia abajo y pliega la punta de las alas para lanzarse en picado.

Alas recogidas casi del todo para ganar velocidad.

PICADO **DEVASTADOR**

Un halcón que se lanza en picado es como una bala. Recoge las alas en tres fases y en cada una sacrifica algo de control para reducir la resistencia mientras se acerca a su presa. En el último momento, gira con las patas por delante para atacar.

La punta de las alas se abre en abanico para frenar y aterrizar.

COMIDA **CONGELADA**

Cuando los polluelos de halcón gerifalte son demasiado pequeños para comer presas enteras, la madre las esconde y se las lleva a trocitos. Se ha visto a un halcón gerifalte picoteando trozos de una presa congelada, ¡como salida de la nevera!

AL MENOS EL 80 % DE LA ALIMENTACIÓN DEL HALCÓN PEREGRINO SON OTRAS AVES.

BUSARDOS **CAZADORES**

El busardo colirrojo se posa en árboles o vuela en círculos mientras busca presas en el suelo. Cuando divisa un conejo o un ratón a 30 m de altura, se lanza en picado y atrapa al desdichado mamífero con las garras.

Las plumas de las patas solo llegan hasta el tobillo.

NIDO EN LA **PRADERA**

El busardo herrumbroso es la especie de busardo más grande. Anida en acantilados, tocones o en el suelo de la pradera, donde levanta grandes montones de palos recubiertos de estiércol. Los polluelos son blancos y los adultos rojo óxido.

Halcones y afines

Estas rapaces son más pequeñas, pero no menos letales que las águilas. Los gavilanes acechan de cerca y dominan a sus presas con las garras, mientras que los halcones descienden en picado a tal velocidad que matan a otras aves por impacto.

EL MÁS **RÁPIDO**

No hay animal más rápido que el halcón peregrino. No bate las alas, sino que se entrega a la gravedad y cae como una piedra, con las delgadas y afiladas alas y la pequeña cabeza cortando el aire. Sus particulares adaptaciones lo ayudan a alcanzar una velocidad impresionante.

PICO **LETAL**

Muchas rapaces aplastan las presas con las patas, pero el halcón las mata con el pico. Tras aturdir a otro pájaro en vuelo y llevarlo al suelo, el halcón apunta a la nuca. Una afilada protuberancia de queratina (diente tomial) corta la columna vertebral de la presa de un golpe.

EL HALCÓN PEREGRINO GOLPEA A SUS PRESAS **A TAL VELOCIDAD** QUE LAS **MATA AL INSTANTE.**

Rapaces nocturnas

Alas grandes respecto al tamaño del cuerpo

La cola grande proporciona control al caer sobre la presa.

Con plumas supersuaves y sentidos finísimos, estos sigilosos depredadores están bien equipados para cazar de noche. Pueden encontrar y atrapar un ratón en completa oscuridad.

El disco facial canaliza el ruido hacia los oídos, situados a ambos lados de la cabeza.

RAPACES **POR EL MUNDO**

Hay unas 260 especies, que viven en casi todo el mundo excepto en la Antártida. Algunas miden 15 cm de largo y otras alcanzan 1,8 m de envergadura. Aquí tienes algunas de las más llamativas.

Lechuza común
Esta familia de lechuzas pálidas y esbeltas vive en todas partes, excepto en los desiertos y los polos.

Búho real
Son los búhos más grandes. Se alimentan de roedores, conejos, aves y peces.

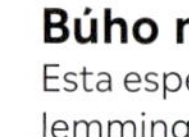

Búho nival
Esta especie caza lemmings en el gélido Ártico. Las patas emplumadas lo abrigan en invierno.

Búho chico
Vive en los densos bosques del hemisferio norte. Los penachos son plumas, no orejas.

Mochuelo de los saguaros
Originaria de México, es la rapaz más pequeña: del tamaño de un gorrión.

Las plumas del borde delantero son rígidas, por lo que no se retuercen.

Los ojos miran hacia delante; así consiguen mejor percepción de la profundidad.

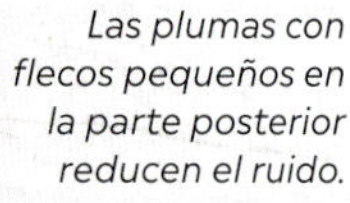

Las plumas con flecos pequeños en la parte posterior reducen el ruido.

El dedo exterior gira hacia atrás y ayuda a atrapar presas.

EL MOCHUELO DE MADRIGUERA HACE SALIR A SUS PRESAS **IMITANDO** EL SONIDO DE UNA **SERPIENTE DE CASCABEL.**

BOLITAS **DE BÚHO**

Las rapaces no tienen dientes y se tragan enteras las presas más pequeñas, con huesos, pelo y todo. Cada día expulsan una egagrópila, que es una bola de partes indigestas.

LAS PLUMAS DE BÚHO NO SON IMPERMEABLES, DE MODO QUE NO SALEN A CAZAR SI LLUEVE.

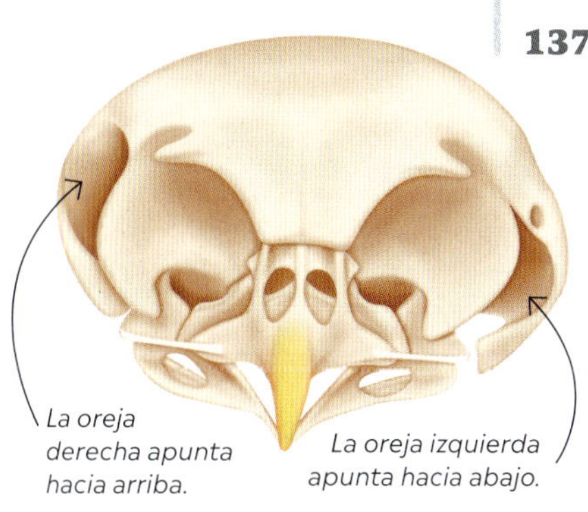

OREJAS DE **BÚHO**

Las rapaces nocturnas tienen una adaptación clave para localizar presas: que un orificio auditivo esté más alto que el otro les permite determinar de dónde proviene el sonido.

Las plumas suaves reducen el ruido de la punta de las alas.

Las plumas de vuelo primarias son largas y fuertes.

DIENTE **CASCAHUEVOS**

Los búhos adultos no tienen dientes, pero, como la mayoría de las aves, nacen con un dientecito en el extremo del pico. Lo usan para romper el cascarón y se cae a los pocos días. Los reptiles, los monotremas (y las arañas) tienen uno similar.

LOS BÚHOS PUEDEN GIRAR LA CABEZA MÁS DE 180° PARA VER QUÉ HAY DETRÁS.

Los bordes de las plumas, suaves como el terciopelo, se deslizan entre sí sin hacer ruido.

MODO **SILENCIOSO**

Las rapaces nocturnas cuentan con ojos y oídos agudos, que las guían hasta la presa, y vuelan en casi completo silencio gracias a sus suavísimas plumas. Las presas no las oyen llegar y, clavándoles las garras, acaban con ellas de un picotazo en la columna vertebral. Este cárabo lapón es un experto cazador de ratones de campo.

CAZAR **DE OÍDO**

Los oídos del búho son tan sensibles que detectan el latido del corazón de un ratón a 8 m de distancia. Eso le permite identificar diferentes animales por el sonido, localizar y rastrear presas bajo 60 cm de nieve y hacer ajustes en fracciones de segundo mientras se abalanza sobre ellas.

Presa moviéndose bajo la nieve.

El sonido llega a un oído justo antes que al otro.

1
2
3
4
5
6
7
8
9
10
11
12
13
14
15
16
17
18
19
20

IDENTIFICA... AVES RAPACES

¿Tienes la vista de un águila y la sabiduría de un búho? ¿Se te dan bien las garras? Lánzate en picado y ponles nombre a estas fantásticas rapaces. ¿Dónde está el intruso?

1 Busardo colirrojo
2 Águila cafre
3 Águila real
4 Lechuza
5 Águila rapaz
6 Pigargo americano
7 Cárabo lapón
8 Azor
9 Aura gallipavo
10 Águila pescadora
11 Carancho
12 Mochuelo de madriguera
13 Cárabo gavilán
14 Falconete filipino
15 Búho nival
16 Secretario
17 Cárabo común
18 Alimoche
19 Buitre negro americano
20 Búho americano
21 Pigargo oriental
22 Cóndor de California
23 Cernícalo
24 Zopilote rey
25 Halcón peregrino
26 Búho pescador africano
27 Milano real
28 Pigargo europeo
29 Aguilucho pálido
30 Mariposa búho
31 Búho real
32 Mochuelo común
33 Buitre moteado

¿QUIÉN ES EL INTRUSO?

La intrusa es la mariposa búho (30). ¡Es una mariposa, no un búho! Los grandes círculos oscuros de las alas parecen los ojos de un búho.

Aves **carroñeras**

Las aves carroñeras son oportunistas: buscan carroña (carne de animales muertos) y solo cazan y matan para comer en raras ocasiones. Limpian los huesos una vez que el depredador ya se ha ido o encuentran animales que han muerto por otras causas.

LIMPIADORES

Las aves carroñeras son basureros de la naturaleza. El ácido de su estómago disuelve huesos y, al devorar la carne muerta, evitan que se pudra y propague enfermedades peligrosas. Sin embargo, eso las hace vulnerables a las toxinas si el animal ha muerto envenenado.

¿CÓMO **DICES?**

El buitre leonado usa, al menos, 12 llamadas distintas para «hablar» de comida, apareamiento, peligros y otros temas. Se cree que su repertorio de llamadas supera al de los loros.

El buitre dorsiblanco es común en África.

Pliegan las alas mientras comen y así las mantienen limpias.

Los buitres tienen las garras más débiles que las de los cazadores, pero los largos dedos les permiten caminar.

LA **LENGUA DE LOS BUITRES**, MUY **RASPOSA**, AYUDA A ARRANCAR LA **CARNE DE LOS HUESOS.**

HERRAMIENTAS DEL **OFICIO**

Los buitres no están adaptados a correr, sino a comer. Con el pico desgarran animales. El cuerpo, grande y pesado, ha de contener mucha comida de una vez, ya que pueden pasar días antes de que encuentre otro cadáver.

MAQUILLAJE

El alimoche se baña en barro y tiñe las plumas blancas de un marrón anaranjado. Esa coloración cosmética impresiona a las posibles parejas y refuerza el vínculo de sus integrantes.

UN CÓNDOR PUEDE **INGERIR UNA SEXTA PARTE DE SU PESO CORPORAL** Y, AUN ASÍ, **LEVANTAR EL VUELO.**

El pico de un marabú puede medir 35 cm de largo.

COMER **SIN ENSUCIARSE**

Como muchos buitres, el marabú tiene la cabeza y el cuello desnudos, lo que facilita el aseo después de hurgar en un cadáver. Esta enorme ave mide hasta 1,5 m de altura, puede tragar 1 kg de carne de un solo bocado y come de todo, ¡hasta excrementos!

CARROÑERO **DE PRIMERA**

El gigantesco cóndor siempre es el primero en comer. Incluso los pumas se apartan para dejarles paso, aunque no por miedo. Cuando el cóndor desgarra cadáveres, arranca carne y rompe huesos con su pico afilado y fuerte, ayuda a otros animales a conseguir su alimento más deprisa.

Los agudos ojos detectan la comida a kilómetros de distancia.

Pico ganchudo con el que desgarran la carne.

Las largas alas los ayudan a elevarse en el cielo y ver más lejos.

VISTA Y OLFATO

Los buitres localizan la comida gracias a sus agudos sentidos. Aunque el buitre leonado (izq.) detecta cadáveres a 6,4 km de distancia, es posible que el aura gallipavo tenga el mejor olfato de todas las aves. Es capaz de oler un ratón en descomposición a 1,6 km de distancia.

ALTOS **VUELOS**

El cóndor andino usa las corrientes ascendentes de aire, o térmicas, para elevarse a 6500 m. Las térmicas se forman cuando el sol calienta el suelo, que a su vez calienta el aire sobre él. A medida que se calienta, el aire asciende. Los cóndores y otras aves se dejan llevar por la corriente y ahorran así una energía muy valiosa.

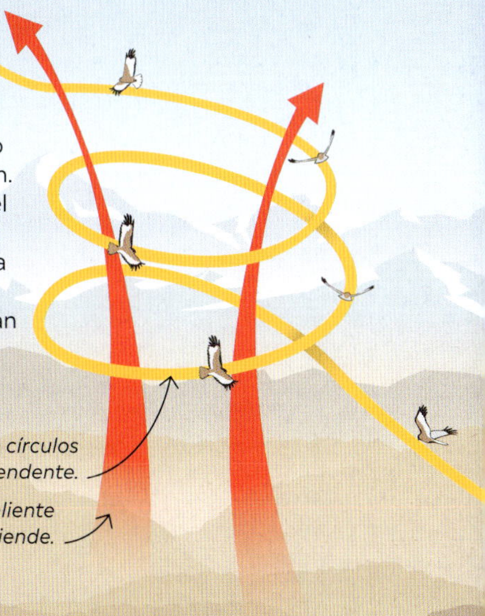

El ave planea en círculos gracias al aire ascendente.

El aire caliente asciende.

CARECER DE PLUMAS EN LA **CABEZA Y EL CUELLO** AYUDA AL BUITRE A **MANTENERSE FRESCO** AL SOL.

El ornitólogo Hamza Yassin es también camarógrafo de vida salvaje, fotógrafo, presentador de TV y escritor. Es conocido por su pasión por las aves y por haber ganado el programa *Strictly Come Dancing* de RU en 2022.

Pregunta a un...

ORNITÓLOGO

P ¿Cuándo decidiste ser camarógrafo?
R Veía los programas de sir David Attenborough y Steve Irwin y me parecía que tenían un trabajo muy interesante. Nunca soñé con ser presentador, pero pensé que, si me hacía cámara, estaría cerca de los animales.

P ¿Qué es lo que más te gusta de tu trabajo?
R Me encanta estar al aire libre y aprender. En realidad, no dejo de aprender de la madre naturaleza y eso es lo bonito: que siempre hay algo nuevo. Me encanta ser una de las pocas personas que están cerca de los animales silvestres, filmándolos, sin que ellos sepan que estoy allí.

P ¿Qué es lo más difícil que has hecho para acercarte a un pájaro?
R Creo que lo máximo que he tenido que esperar para capturar algo en vídeo fue un año. Lo máximo que he estado escondido sin moverme fue tres días. ¡Paso mucho tiempo sentado y esperando!

P ¿Qué es lo que más le sorprende a la gente de las aves rapaces?
R El tamaño. Son enormes: ¡las garras de un águila arpía son tan grandes como las de un oso!

P ¿Se pueden ver aves silvestres interesantes si se vive en una ciudad?
R ¡Sí! En el entorno urbano se pueden ver muchas aves preciosas: cotorras de Kramer, chovas, cuervos, halcones peregrinos, estorninos, torcecuellos y ampelis. En Berlín se han visto azores cazando garzas en medio de la ciudad, ¡y se oyen ruiseñores cantando!

P ¿Qué puedo hacer para ayudar a las aves de mi zona?
R Pon agua fresca y comida, sobre todo en los meses fríos. Cuando el comedero esté vacío, desinféctalo antes de llenarlo otra vez para evitar la propagación de enfermedades.

P ¿Cómo pueden los niños tomar buenas fotos de la fauna silvestre?
R ¡Con paciencia y práctica! No importa si usas un teléfono o una cámara. Levántate antes del amanecer, sal, ve con un adulto y mira qué puedes encontrar.

P ¿Qué pájaro ganaría un concurso de baile?
R ¡Qué difícil! Muchas aves bailan para presumir y atraer a una pareja. Los cisnes y los flamencos tienen danzas elaboradas y los éideres echan la cabeza hacia atrás, hinchan las plumas y emiten un sonido similar al de una persona sorprendida con un extraño «¡awah!».

NIDO **URBANO**

El halcón peregrino es el animal más rápido del mundo y vive tanto en entornos urbanos como en el campo. Esta hembra, captada por la cámara del fotógrafo Luke Massey, regresa con sus polluelos, que aguardan en un refugio improvisado en el balcón de un rascacielos de Chicago (EE. UU.).

Aves marinas

Plumas no impermeables en el buceo.

Muchas aves marinas pasan la mayor parte de su vida en mar abierto. Planean, majestuosas, gracias a las corrientes de aire y algunas solo regresan a tierra para reproducirse y cuidar de las crías.

Los machos hinchan el saco rojo de la garganta para exhibirse y atraer a las hembras.

FRAGATA VOLADORA

Las fragatas son aves muy eficientes en el vuelo y en la búsqueda de alimento. No nadan ni bucean ni aterrizan para cazar: se lanzan en picado y atrapan peces y calamares en la superficie del agua sin detenerse.

Una glándula cerca de la nariz excreta el exceso de sal.

Pico afilado y ganchudo con el que atrapa peces y calamares.

Alas largas y estrechas con las que planea con eficiencia.

VIENTO Y **OLAS**

Los albatros vuelan en círculos amplios y usan el vuelo dinámico para aprovechar la energía del viento. Eso les permite recorrer grandes distancias con las largas y delgadas alas extendidas, lo que requiere mucha menos energía que el vuelo batido.

1. *El albatros vuela contra el viento y así se eleva sobre el aire que se aproxima.*

2. *Una vez en lo alto y en aire más rápido, gira para planear con el viento.*

3. *El albatros planea hacia abajo y a favor del viento. Alcanza hasta 120 km/h de velocidad.*

4. *A nivel del mar, gira de nuevo hacia el viento; así se mantiene y puede hacer otro bucle.*

PETRELES **CORREDORES**

Los petreles gigantes amerizan para atiborrarse de peces y calamares, pero despegar con el estómago lleno es muy difícil para un ave tan pesada. Aunque suelen lograrlo tras correr sobre las olas, a veces tienen que vomitar parte de la comida para levantar el vuelo.

LAS PARDELAS VUELAN **HACIA EL OJO** DE LA **TORMENTA** Y ASÍ EVITAN QUE LAS **ARRASTRE** A TIERRA.

PIRATAS **DEL AIRE**

Las fragatas persiguen a otras aves, como los piqueros, les agarran las plumas de la cola y las sacuden para que regurgiten su presa. A continuación, se zambullen para devorar la comida antes de que caiga al mar. ¡Las fragatas jóvenes practican lanzándose palos entre ellas!

La cola larga y bifurcada extendida ayuda a maniobrar; estrechada, reduce la resistencia.

VIAJEROS **DIMINUTOS**

El paíño es el ave oceánica más pequeña. Apenas mayor que una golondrina, pasa la vida en el mar y solo aterriza para reproducirse en islas remotas. Tiene la capacidad única de mantenerse en el aire a ras de agua y volando contra el viento a baja velocidad, listo para atrapar presas pequeñas.

ESPECTÁCULO **DINÁMICO**

En su intrincado ritual de apareamiento, los albatros asienten, giran la cabeza y chasquean el pico rápidamente. Aunque el vínculo que forman dura toda la vida, las parejas solo se aparean una vez cada dos años.

El macho muestra su enorme envergadura para atraer a una hembra. También emite un chillido sorprendente: ¡«Muu»!

Aves **buceadoras**

Estas aves marinas no se limitan a pescar peces en la superficie del agua, sino que se zambullen y bucean para perseguir presas.

Al aplanarse las alas, logran la máxima hidrodinámica.

Al retraer las patas, se reduce la resistencia en el agua.

ALCATRACES **GLOTONES**

Los alcatraces se lanzan en picado como un misil y adoptan la forma más aerodinámica posible antes de perforar el agua: ¡un movimiento en falso sería fatal! La velocidad los lleva directamente a su presa en una competencia frenética para atraparla y engullirla bajo el agua antes de que nadie se la arrebate.

El pico afilado y pesado ayuda a capturar peces grandes dado su tamaño.

Los ojos se adaptan instantáneamente para ver bajo el agua.

Las patas palmeadas lo impulsan hacia los peces.

CADA UNA A **SU MANERA**

Las aves que cazan en picado entran en el agua a gran velocidad; las perseguidoras amerizan primero y luego bucean usando las patas o las alas; y las que pescan a ras atrapan las presas en la superficie. El pingüino es el buceador que baja a más profundidad, pero el arao tiene el récord entre las aves voladoras, con 210 m de profundidad.

CARGA **PESADA**

Cuando tienen polluelos hambrientos que alimentar, los frailecillos pescan tantos peces como pueden. Sujetan la presa contra el paladar con las púas de la lengua para seguir pescando con el pico abierto.

CUANTO **MÁS SANO** ESTÉ EL **PIQUERO PATAS AZULES**, MÁS AZULES SERÁN SUS **PATAS.**

ANIDAR EN EL **ACANTILADO**

Los araos, como muchas aves buceadoras, anidan en acantilados. El precario nido protege los huevos de depredadores, pero irse de casa es un gran paso: a las tres semanas, los polluelos saltan de la cornisa, baten con fuerza sus alas incipientes y caen al mar.

UN **POLLUELO** DE **FRAILECILLO** SE LLAMA **NOVICIO.**

MOJADO Y **SECO**

El cormorán se engrasa las plumas menos que otras buceadoras, por lo que no atrapa aire para mantenerse seco bajo el agua. Al contrario, el agua expulsa el aire, el ave pesa más y le es más fácil bucear. Al salir, la estructura de las plumas expulsa el agua.

UN **ALCATRAZ EN PICADO** GOLPEA EL AGUA A **80 KM/H.**

ALIMENTAR A LAS **CRÍAS**

Los pelícanos solo usan la bolsa para pescar, no para llevar comida: engullen las presas en el acto. Al igual que muchas aves, regurgitan alimento parcialmente digerido para alimentar a sus crías, que han de meter la cabeza en el saco de sus padres para comer.

BUCEADOR **LETAL**

El pelícano pardo es el único que se zambulle. Detecta la presa desde el aire, la sigue y se lanza en picado sobre ella. Las bolsas de aire del pecho amortiguan el impacto del agua y, cuando abre el pico bajo el agua para atrapar el pez, la bolsa actúa como un paracaídas y lo frena.

¡A LA **SACA!**

El pelícano ceñudo es más grande, con una longitud de hasta 1,8 m. Come unos 1,2 kg de peces diarios. Nada sigilosamente y sumerge de repente el pico en el agua para atrapar peces desprevenidos.

Cada ala puede medir 1,5 m de largo.

El gancho amarillo en la punta del pico superior lo ayuda a atrapar peces resbaladizos.

A **BOLSAZOS**

Cuando el pelícano se abalanza sobre un pez, la presión del agua abre los laterales de la mandíbula inferior y expande la bolsa que hay entre ellos. La bolsa llena puede triplicar el tamaño del estómago del ave, que ha de vaciar el agua antes de tragar.

1. Zambullirse y atrapar
El pelícano se lanza con el pico abierto, recoge peces y agua, y luego cierra y levanta el pico.

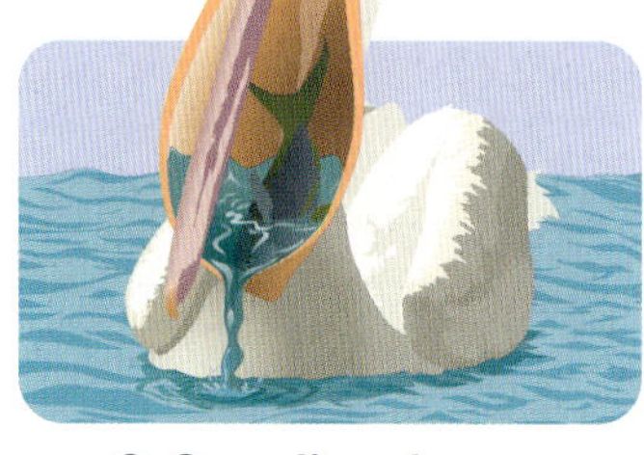

2. Sacudir y drenar
El ave acerca el pico al cuerpo para comprimir la bolsa. Para expulsar el agua, lo inclina o lo sacude.

3. ¡Un trago gigante!
Echa la cabeza hacia atrás, endereza el cuello y se traga el pez empezando por la cabeza.

Pelícanos poderosos

Estos grandes pescadores son muy sociables, vuelan como águilas y nadan a gran velocidad. Ya cacen en grupo, con sigilo o cayendo en picado desde el cielo, siempre atrapan las presas en su bolsa elástica.

EL **PELÍCANO NORTEAMERICANO** PUEDE CONTENER **MÁS DE 14 LITROS** DE AGUA EN LA **BOLSA.**

Un párpado adicional transparente protege los ojos del agua.

Las fosas nasales se cierran para que no entre agua.

Un hueso delgado a cada lado de la bolsa la mantiene en su sitio.

Los grandes pies palmeados favorecen el aterrizaje y la natación.

FIESTA DE **PESCADORES**

Algunas especies de pelícano cazan en grupo. Forman un semicírculo, nadan en fila hacia la orilla y golpean el agua con las patas y las alas para empujar a los peces hacia aguas poco profundas. Una vez allí, son presa fácil para el grupo.

LA **ENVERGADURA** DE LOS **PELÍCANOS** PUEDE **SUPERAR LOS 3 M.**

GRANDES MIGRACIONES

Las aves migran por muchas razones: van en busca de alimento, calor, frescor o lugares nuevos donde anidar. Aquí tienes algunos récords.

LA MIGRACIÓN SIN ESCALAS MÁS LARGA
Aguja colipinta, 11 000 km de Alaska a Nueva Zelanda.

MIGRACIÓN A MAYOR ALTITUD
Ánsar indio, 7000 m de altitud en el Himalaya.

LA MIGRACIÓN MÁS LARGA DE CUALQUIER ANIMAL
Charrán ártico, 90 000 km anuales.

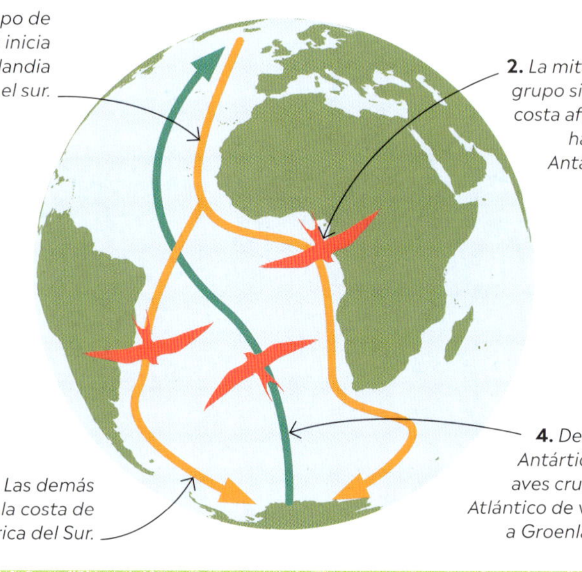

EL PÁJARO MÁS PEQUEÑO

Con solo 5,5 cm, el colibrí zunzunito es el ave más pequeña del mundo. Estas diminutas criaturas viven en Cuba y pesan lo mismo que un anacardo.

¡OJO AL DATO! ALZAR EL VUELO

Las aves emprenden el vuelo para atrapar presas o para escapar de sus depredadores. Algunas migran por todo el mundo en viajes largos y épicos, otras sobrevuelan montañas y unas pocas son muy rápidas.

LAS AVES MÁS RÁPIDAS

Algunas aves son conocidas por su impresionante velocidad. El halcón peregrino, de alas largas y puntiagudas y grandes músculos pectorales, es el animal más rápido del mundo.

EL PICADO MÁS RÁPIDO
El halcón peregrino alcanza 320 km/h cuando se lanza en picado sobre sus presas.

EL VUELO HORIZONTAL MÁS RÁPIDO
El albatros de cabeza gris puede volar a 127 km/h.

EL ALETEO MÁS RÁPIDO
El colibrí gorgirrubí bate las alas 200 veces por segundo durante el picado.

EL VUELO A LARGA DISTANCIA MÁS RÁPIDO
La agachadiza real recorre 6800 km a 97 km/h.

EN EL AIRE

La envergadura alcanza los 48 cm.

El vencejo es el ave que tiene el récord de más tiempo en el aire sin aterrizar. Durante 10 meses come, bebe, duerme y se aparea en el aire, mientras viaja de Europa al África subsahariana y viceversa.

DE ALTOS VUELOS

Algunas especies de ave vuelan a una altitud asombrosa. Esta tabla compara las cinco aves de más altos vuelos.

QUEBRANTAHUESOS 7300 m

CHOVA PIQUIGUALDA 8000 m

CISNE CANTOR 10 000 m

GRULLA 10 000 m

BUITRE MOTEADO 11 300 m

BOEING 737 12 496 m

ENVERGADURAS ASOMBROSAS

La envergadura mide la distancia entre las puntas de las alas. La mayor registrada es la de un fósil de *Pelagornis sandersi*, un ave extinta que habitó la Tierra hace 25 millones de años.

EL AVE CON LA MAYOR ENVERGADURA REGISTRADA *Pelagornis sandersi*: 7,4 m

EL AVE ACTUAL CON LA ENVERGADURA MAYOR Albatros viajero: 3,63 m

EL AVE EN AGUA DULCE CON LA ENVERGADURA MAYOR Pelícano: 3,6 m

EL AVE TERRESTRE CON LA ENVERGADURA MAYOR Cóndor andino: 3,2 m

ENVERGADURA DEL BRAZO HUMANO 1,73 m

VOLADORES PESADOS

¡Algunas aves voladoras pesan más de lo que parece! La más pesada es la avutarda kori, que pesa más que tres bolas de bolos.

AVUTARDA KORI 19 kg

AVUTARDA COMÚN 18 kg

CISNE 15 kg

PELÍCANO COMÚN 15 kg

CÓNDOR ANDINO 15 kg

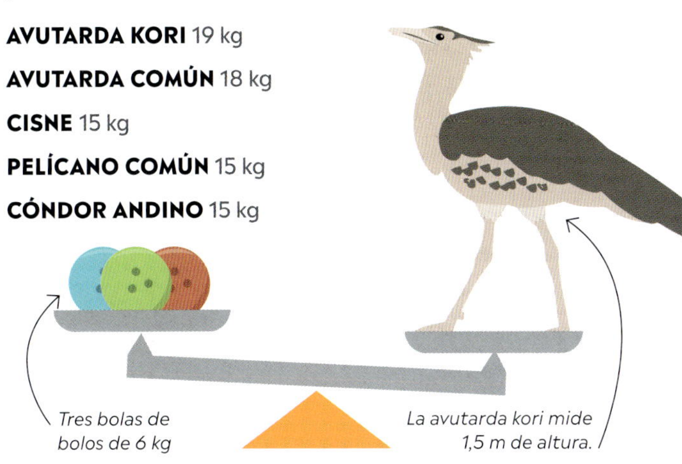

Tres bolas de bolos de 6 kg

La avutarda kori mide 1,5 m de altura.

DIBUJAR EN EL CIELO

Volar en V ahorra energía. Las alas de los gansos que van delante crean una corriente ascendente que aprovechan los que van detrás.

SIESTAS RÁPIDAS

Mientras sobrevuela el agua durante semanas, la fragata común duerme unos 45 minutos al día en rápidos intervalos de 10 segundos. Lo hace apagando la mitad del cerebro y manteniendo despierta la otra mitad para evitar estrellarse.

Desfile de pingüinos

Estas aves no vuelan y son torpes en tierra a causa de las alas en forma de remo y los pies palmeados. Por el contrario, son nadadoras muy hábiles: los densos huesos las ayudan a bucear y las pequeñas y rígidas plumas les dan una forma hidrodinámica.

EL PINGÜINO EMPERADOR ES LA **ÚNICA AVE** QUE ALIMENTA A SUS CRÍAS **REGURGITANDO UNA CUAJADA LECHOSA** DESDE EL **ESÓFAGO.**

TOTALMENTE **TROPICAL**

El pingüino de las Galápagos es la única especie de pingüino que vive al norte del ecuador. En 1982, por unas condiciones meteorológicas extremas, murieron los peces de las islas y el 77 % de los pingüinos murieron de hambre. La población se está recuperando y hoy hay casi 2000 ejemplares.

EL PINGÜINO EMPERADOR SE PUEDE **SUMERGIR HASTA 500 M** Y CONTENER LA RESPIRACIÓN DURANTE **27 MINUTOS.**

¡EN **FILA**!

Hay 18 especies de pingüinos, 11 de ellas en peligro de extinción. Proceden del hemisferio sur y la mayoría vive en climas fríos, en la Antártida y cerca. No vuelan y comen peces, calamares y kril. A continuación se muestran seis especies.

1,25 m

1,0 m

0,75 m

0,5 m

0,25 m

0

Las pupilas se vuelven cuadradas para limitar la exposición a la luz.

En los pies hay una bolsa para transportar los huevos.

Pingüino emperador
Con una altura de hasta 1,2 m, es el pingüino más grande y puede pesar 40 kg, más que la mayoría de las aves.

Pingüino rey
Con una altura de hasta 90 cm, ¡estas aves pueden comer entre 400 y 2000 peces al día!

Huevo de pingüino juanito

DEPREDADORES **DE PINGÜINOS**

En el agua, los pingüinos son veloces y ágiles y pueden escapar de depredadores como la foca leopardo y la orca. En tierra, los polluelos y los huevos son presa fácil para aves como el petrel gigante o este págalo, así como para ratas, zorros y serpientes.

DESLIZARSE Y BUCEAR

Como el cuerpo alargado, las patas cortas y los pies atrasados hacen que los pingüinos se bamboleen al caminar, se deslizan sobre el hielo en lugar de malgastar energía caminando así. Cuando se zambullen en el agua, se sumergen rápida y profundamente gracias a su forma hidrodinámica.

COLONIAS **SUPERPOBLADAS**

Los pingüinos se reproducen en colonias de gran tamaño. Una colonia de pingüinos antárticos (como los de la imagen) en las islas Sandwich del Sur, en el océano Atlántico, alberga unos dos millones de aves. Las parejas de pingüinos y sus polluelos tienen llamadas individuales, lo que les permite encontrarse incluso entre el ruido, el caos y el movimiento.

EL **PINGÜINO DE ADELIA** COME TANTO **KRILL** (UN CRUSTÁCEO ROJIZO) QUE SU **CACA** ES DE COLOR **ROSA**.

La cresta de plumas anaranjadas ayuda a este pingüino a atraer a una pareja.

Patrón de manchas negras único en cada animal.

El pingüino con la cresta más larga.

Las plumas azules son exclusivas de esta especie.

Pingüino macaroni
Los adultos de esta especie tienen los ojos rojos. Los machos a veces luchan a picotazos. Las hembras suelen poner dos huevos y descartan el más pequeño.

Pingüino de El Cabo
La piel desnuda sobre los ojos mantiene fresca a esta ave en el sur de África. Construye nidos revestidos con guano.

Pingüino saltarrocas
Como su nombre indica, este pingüino salta con facilidad sobre superficies rocosas.

Pingüino enano
Con 33 cm de altura, es el pingüino más pequeño del mundo. Solo vive en Australia y Nueva Zelanda.

Dyan deNapoli, o «la dama de los pingüinos», ayudó a salvar a 40 000 pingüinos de un vertido de petróleo en Sudáfrica en el año 2000. Su buena relación con ellos es evidente: ¡este valiente pingüino rey se acercó a su cámara!

Pregunta a una... PINGÜINÓLOGA

P ¿Cómo te hiciste pingüinóloga?
R ¡De rebote! Siempre había querido trabajar con delfines, pero me enamoré de los pingüinos durante unas prácticas universitarias en el Acuario de Nueva Inglaterra (EE. UU.). Luego me contrataron como acuarista de pingüinos. He aprendido en el trabajo todo lo que sé sobre pingüinos.

P ¿Con qué te encontraste cuando llegaste al vertido de petróleo?
R Me quedé impactada al verlos a todos cubiertos de petróleo. Ayudarlos fue una experiencia dura, pero también gratificante.

P ¿Cómo se limpia un pingüino cubierto de petróleo?
R Se rocía con desengrasante y una persona lo sujeta dentro de agua caliente con jabón, mientras otra lo frota pluma a pluma. Se puede tardar una hora en eliminar todo el petróleo. Luego, el jabón se aclara con una manguera para que las plumas vuelvan a ser impermeables.

P ¿Qué pasó con los pingüinos rescatados?
R Volvieron a la naturaleza. Vivieron tanto como los que no se habían manchado de petróleo y se reprodujeron con éxito.

P ¿Qué medidas se han tomado para garantizar la supervivencia de los pingüinos?
R ¡Muchas! Desde criar polluelos abandonados hasta construir nidos artificiales. Puedes ayudar a controlar las poblaciones de pingüinos contándolos en línea en penguinwatch.org.

P ¿Afecta el cambio climático a los pingüinos?
R Sí. Entre otras muchas cosas, les cuesta más encontrar comida porque el calentamiento global desplaza las corrientes de agua fría que transportan las que pueden ser sus presas.

P ¿Tienes algún pingüino favorito?
R Sí, ¡Sanccob! Fue el primer polluelo que crie en el acuario y establecimos un vínculo muy fuerte. Me llamaba cada vez que me veía.

PINGÜINOS DECIDIDOS

El pingüino rey vive y se reproduce en grandes colonias en islas subantárticas, sobre todo en el océano Antártico. Al inicio de la temporada de apareamiento, el macho corteja a la hembra con un ritual en el que se inclina, se endereza y eleva el pico al aire. A veces incluso abofetea a otros machos con las alas. Se cree que este comportamiento decidido ahuyenta a los competidores.

LAS CIGÜEÑAS **SE HACEN CACA** EN LAS **PATAS** PARA **REFRESCARLAS**: EL COLOR **BLANCO** REFLEJA EL **CALOR**.

EN **EQUIPO**

El tántalo americano y otras especies vuelan en V para aprovechar la corriente ascendente que generan las alas. Las aves que van detrás gastan menos energía para mantenerse en el aire. Se turnan para volar en el pico de la V y, así, se benefician todas.

ESPÁTULAS **SENSIBLES**

Las espátulas deben su nombre a la forma del pico, que mueven, entreabierto y de lado a lado, en el agua fangosa. Cuando las papilas, unos sensores especializados, detectan pequeños peces o crustáceos, el pico se cierra de golpe y atrapa la presa.

Sistema sensorial
El pico tiene fosetas llenas de terminaciones nerviosas que detectan cambios sutiles en la presión cuando las presas lo rozan.

LA CIGÜEÑUELA COMÚN TIENE LAS **PATAS MÁS LARGAS EN RELACIÓN CON EL CUERPO** DE TODAS LAS AVES.

Aves acuáticas de patas largas

Muchas aves acuáticas se alzan sobre patas largas como zancos, que mantienen el cuerpo por encima del agua mientras pescan en lagos, pantanos y marismas.

¡GLUP!

Las aves acuáticas no pueden partir a sus presas. La garza engulle al pez de cabeza y maniobra estirando el cuello. Así, puede tragar presas sorprendentemente grandes, ¡aunque a veces son demasiado incluso para ella!

PIES **ASOMBROSOS**

Todas las limícolas tienen dedos largos que distribuyen el peso y evitan que el ave se hunda en el barro, pero las jacanas van más allá. Son tan ligeras que caminan sobre los nenúfares en busca de presas debajo de las hojas.

El flamenco rojo es una de las aves acuáticas más grandes, con 1,5 m de altura.

GARZA **ATRACTIVA**

Los machos de la garceta grande lucen plumas elegantes en la época de cría. Escogen un nido, ahuyentan a los rivales y estiran el cuello para atraer a su pareja. Al terminar la temporada, las plumas se caen.

MONTAÑA DE **HUEVOS**

Los flamencos ponen un solo huevo cada vez. Para protegerlo de inundaciones y del calor, construyen un nido junto al agua con barro, paja, guijarros y plumas. El montículo, de hasta 30 cm, absorbe agua del suelo; así es como el huevo se mantiene fresco en los días calurosos.

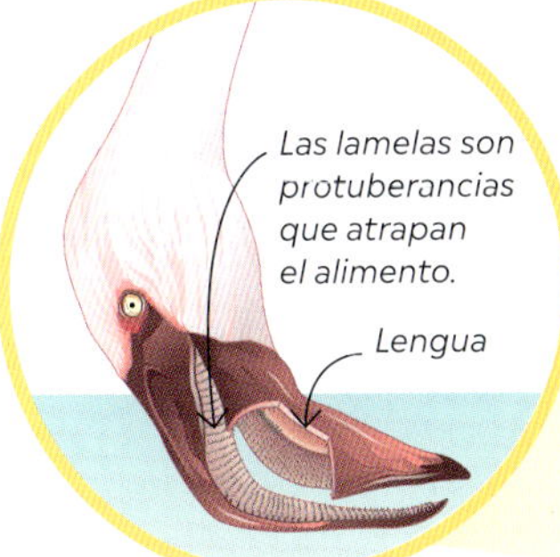

De cabeza
Los flamencos solo comen boca abajo. La lengua actúa como una bomba: succiona agua y la expulsa por un filtro de la boca para atrapar algas, crustáceos y semillas.

El pico inferior, más profundo, contiene la lengua en un surco en V.

Huevo protegido en una cavidad poco profunda

LOS FLAMENCOS DEBEN SU COLOR ROSA A LAS ALGAS Y LOS CRUSTÁCEOS QUE COMEN.

DURANTE LA MIGRACIÓN, LA BARNACLA CANADIENSE PUEDE VOLAR HASTA 2400 KM EN 24 HORAS.

MARAVILLAS **ALADAS**

Las anseriformes, como los gansos, los cisnes y los patos, viven en el agua o cerca de ella. Casi todas tienen patas cortas, dedos largos con membrana entre los dedos (para nadar) y pico ancho, con el que filtran el alimento o agarran plantas. Las plumas de contorno entrelazadas las mantienen secas.

Pato mandarín

PAVONEARSE

En la época de celo, el faisán dorado macho compite por las hembras sacudiendo la cabeza e hinchando el pecho para impresionar a sus rivales con su tamaño y color. Si eso no funciona, ataca con los afilados espolones de la parte posterior de las patas.

Aves fabulosas

Las anseriformes (patos, gansos y cisnes) habitan en el agua, mientras que las galliformes (faisanes y pavos reales) viven en tierra. Suman casi 500 especies, de cuerpo pesado y patas musculosas, adaptadas a nadar o caminar. Los machos lucen plumas vistosas que atraen a las hembras.

¡AGOTADOR!

Las hembras de pato joyuyo necesitan comer 75 g de invertebrados, como insectos y gusanos, para producir un huevo de 43 g. Eso supone unas 2400 presas en total o una cada 12 segundos durante ocho horas.

Los huevos de pato joyuyo miden unos 6 cm de largo.

SALTO DE FE

Muchas aves anidan en el suelo o en huecos de árboles, y los polluelos quedan expuestos. A cambio, al poco de nacer ya corren, nadan o se esconden. Estos patos joyuyos de un día de edad saltan del nido para unirse a sus padres en el agua, aunque aún no pueden volar.

Los polluelos pueden saltar desde 20 m y aterrizar sanos y salvos.

CISNE DE PICOTEO

El largo cuello permite al cisne llegar a 1 m de profundidad en busca de alimento en el fondo de ríos y lagos, donde encuentra plantas y pequeños peces. Bate las patas, para desprender plantas e invertebrados, como caracoles y moluscos.

Los cisnes no tienen dientes, pero el borde dentado del pico los ayuda a sujetar la comida.

Los machos introducen el pico en el montículo para comprobar la temperatura.

Los huevos se mantienen a 33 °C.

Los montículos miden unos 4 m de ancho y 1 m de profundidad.

TEMPERATURA CONTROLADA

El talégalo leipoa macho, del tamaño de una gallina, construye los montículos donde la hembra pondrá los huevos. Él los cubre con hojas que se descomponen y generan calor que contribuye a incubarlos y añade o quita hojas para modular la temperatura.

LLAMAR LA ATENCIÓN

Cuando un pavo real quiere atraer a una hembra, abre el abanico de plumas y las sacude hacia ella. Las plumas pueden ser azules, verdes, doradas o marrones, y tienen un «ojo» en la punta. Se caen después de la época de apareamiento y luego vuelven a crecer.

El color apagado camufla a la hembra cuando incuba los huevos.

El abanico, o cola, llega a tener 200 plumas.

HAY MÁS DE **24 000 MILLONES** DE **GALLINAS** EN TODO EL MUNDO.

Colibríes y vencejos

Estas aves son ases del aire. Los vencejos se lanzan en picado y planean en el cielo durante meses sin aterrizar. Y ningún pájaro bate las alas más rápido que el colibrí suspendido en el aire.

ALETEOS DE RÉCORD

Los colibríes baten las alas a una velocidad increíble, que varía según la especie; entre 12 y 80 veces por segundo cuando están en vuelo estacionario.

COMER VOLANDO

Los colibríes revolotean en cualquier lugar y llegan al interior de las flores con su larga lengua. Este ágil vuelo suspendido requiere mucha energía, por lo que han de visitar cientos de flores y comer hasta tres veces su peso corporal en néctar floral cada día.

El ojo detecta el movimiento dos veces más rápido que el ojo humano.

La lengua se extiende y se retrae 13 veces por segundo.

La punta bifurcada atrapa el néctar, no lo succiona.

La estructura de las plumas refleja la luz y produce brillantes colores iridiscentes.

Las patas pequeñas y ligeras ahorran peso, pero son demasiado débiles para caminar.

Tener menos plumas en la cola ahorra peso.

Las plumas exteriores vibran durante el vuelo; en algunas especies, silban en los picados.

LOS POLLUELOS DE VENCEJO HACEN **FLEXIONES EN EL NIDO** PARA PREPARAR SUS **ALAS PARA VOLAR.**

VUELO **ESTACIONARIO**

El colibrí tiene adaptaciones al vuelo estacionario: músculos enormes, articulaciones hipermóviles en los hombros y huesos rígidos en las alas.

LOS COLIBRÍES SON LAS ÚNICAS AVES QUE VUELAN HACIA ATRÁS.

EN **EL AIRE**

A los vencejos, las patas no les permiten caminar ni posarse. Solo pueden agarrarse a superficies verticales. Construyen el nido con restos de plantas y plumas o rompen ramitas con las patas mientras vuelan. Luego las pegan a una pared con saliva.

AGUA **PARA LLEVAR**

Los vencejos no pueden despegar del suelo ni del agua, por lo que capturan insectos en vuelo, se lavan cuando llueve y apenas rozan la superficie de los lagos para beber. Un movimiento en falso y se podrían convertir en comida para peces.

Mandíbula inferior extendida con la que recoge agua.

LARGO **RECORRIDO**

Con una de las migraciones más largas de cualquier ave, el vencejo común recorre 22 000 km al año a través de más de 25 países. Duerme en el aire y solo se detiene para poner huevos y alimentar a sus polluelos.

SIN **RELACIÓN**

Distinguir entre vencejos, golondrinas y aviones puede ser complicado. Sin embargo, los dos últimos pertenecen a otra rama de aves voladoras. Aquí aprenderás a diferenciarlos.

Avión común
El más pequeño de los tres, con el vientre blanco y las alas negras.

Golondrina común
Más pequeña que el vencejo, con el vientre pálido o rojizo y la cabeza oscura.

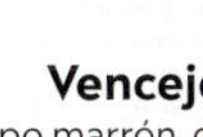

Vencejo
Cuerpo marrón, cola corta y bifurcada, y alas largas en forma de bumerán.

TIPOS DE NIDO

Las aves utilizan materiales diversos para construir sus nidos, como plumas y barro. Mientras que algunas construyen el nido desde cero, otras reciclan tanto nidos como otras estructuras.

PETIRROJO
El petirrojo construye nidos en forma de copa con palos, hierba y hojas.

GOLONDRINA RISQUERA
La golondrina risquera moldea bolitas de barro y forma nidos tubulares.

SOMORMUJO
El somormujo construye nidos flotantes con juncos y barro.

AZULEJO
El azulejo construye el nido en huecos de árbol o en cajas nido.

¡OJO AL DATO!

NIDOS Y HUEVOS

Los pájaros no viven en los nidos: solo los utilizan para criar a sus crías y poner huevos, que varían en color, forma y tamaño.

NANAS

Cuando hace calor, los diamantes cebra entonan un «canto de incubación» para sus huevos. Así, los polluelos crecen despacio, pesan menos al nacer y soportan mejor el calor.

HORA DE ECLOSIONAR

El tiempo que tarda un huevo en eclosionar depende de la especie de ave. Puede variar entre dos semanas y más de dos meses. Esta tabla compara el periodo de incubación de diferentes aves.

HUEVOS PROTEGIDOS

Las aves se valen de diversas tácticas para ocultar los huevos y mantener a raya a los enemigos, como el camuflaje o la construcción de nidos cerca de otros depredadores.

CAMUFLAJE
El chorlitejo grande anida en playas de guijarros o arena, un camuflaje perfecto para sus huevos moteados.

BOLSA DE INCUBACIÓN
El pingüino emperador macho mantiene caliente su único huevo para que sobreviva. Permanece en pie y lo cubre con un pliegue de piel con plumas.

NIDOS DE RÉCORD

EL NIDO MÁS GRANDE
Dos águilas calvas construyeron el nido de ave más grande jamás registrado en Florida (EE. UU.) en 1963. Medía 2,9 m de ancho y 6 m de profundidad.

EL NIDO MÁS PEQUEÑO
El colibrí construye los nidos más pequeños. Los más diminutos miden 2,5 cm de ancho y contienen huevos como granos de café.

EL NIDO MÁS ANTIGUO
El nido de ave rapaz más antiguo está en Groenlandia, al borde de un acantilado. Tiene 2360 años y los halcones gerifaltes aún lo utilizan.

EL NIDO COMUNAL MÁS GRANDE
El tejedor republicano vive en un enorme nido con múltiples cámaras. Algunos pueden albergar hasta 500 individuos.

El tejedor republicano construye el nido con ramitas y hierba.

Los huevos de gallina tienen más de 7000 poros, que permiten que el dióxido de carbono salga y el oxígeno entre.

CUÁNTOS HUEVOS

La nidada es el número de huevos que un ave pone en un intento de nidificación, que a menudo se prolonga durante varios días. Este gráfico compara la nidada de diferentes especies.

PERDIZ PARDILLA: hasta 22 huevos

PATO JOYUYO: 12 huevos

CHOCHÍN COMÚN: 8 huevos

ZORZAL ROBÍN: 4 huevos

ÁGUILA CALVA: 2 huevos

PINGÜINO EMPERADOR: 1 huevo

EL MÁS GRANDE

Los huevos más grandes de la historia los puso el ave elefante, un ave no voladora ya extinta. Eran tan grandes que dentro cabían siete huevos de avestruz.

HUEVO DE GALLINA
Mide 5,6 cm de largo.

HUEVO DE AVESTRUZ
Mide 15 cm de largo.

HUEVO DE AVE ELEFANTE
Mide 33 cm de largo.

PADRES FURTIVOS

El boyero de cabeza parda es un parásito de cría. En lugar de criar sus polluelos, pone los huevos en el nido de otra ave, que los cuida como si fueran suyos.

Los polluelos indefensos dependen de su madre para ahuyentar a los depredadores.

ACOSO
Las aves más pequeñas se unen para ahuyentar o distraer a los depredadores y mantenerlos lejos del nido. ¡Incluso defecan sobre los depredadores!

AVISPAS PROTECTORAS
Los caciques coliamarillos viven cerca de avisperos para protegerse. ¡La mayoría de los depredadores se mantienen muy lejos!

Martines pescadores

Los martines pescadores son aves multicolores de cuerpo compacto, cabeza grande y pico afilado y pesado. La mayoría vive en el trópico y, a pesar de su nombre, su alimentación es muy variada.

PESCADORES **HABILIDOSOS**

Un martín pescador se impulsa en el aire con un pez en el pico. Lo aturdirá con una rama antes de comérselo. Este experto cazador aguarda inmóvil en una rama, mueve la cabeza para calcular la profundidad del pez y se zambulle. El largo y afilado pico tiene la forma perfecta para sumergirse.

BOCAS **HAMBRIENTAS**

Con seis o siete polluelos que alimentar, los progenitores capturan hasta 120 peces al día, ¡eso es uno cada 8 minutos por pareja! Los polluelos tienen un ácido estomacal tan fuerte que disuelve la comida, huesos incluidos. Salen al exterior a los 25 días. Los padres los alimentan durante unos días más y luego los expulsan para que busquen su propio territorio.

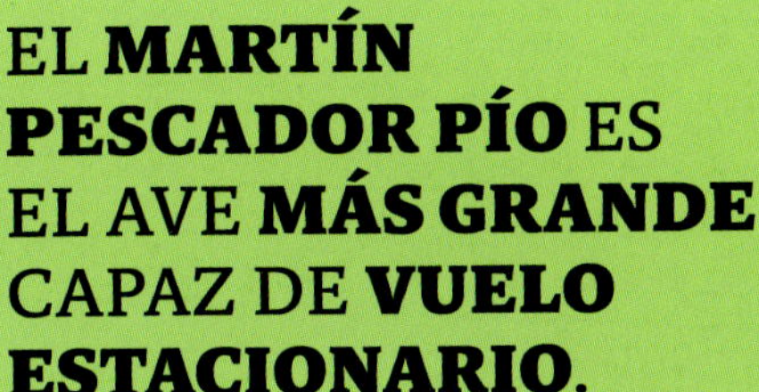

EL **MARTÍN PESCADOR PÍO** ES EL AVE **MÁS GRANDE** CAPAZ DE **VUELO ESTACIONARIO.**

Las largas plumas de vuelo se extienden para obtener la máxima elevación.

CITA PARA **CENAR**

En la época de reproducción, los machos cortejan a las hembras ofreciéndoles comida, como esta sabrosa rana. Si la hembra rechaza el regalo, el macho se comerá la rana y seguirá buscando pareja.

Alción capirotado

COMER **SIN MIEDO**

La cucaburra es el martín pescador más grande. Famosa por su risa cacareante y su peligrosa dieta, puede matar serpientes de hasta 1 m agarrándolas por detrás de la cabeza y golpeándolas contra el suelo.

PESCAR EN EL **BOSQUE**

Algunos martines pescadores no pescan, sino que cazan pequeños invertebrados, anfibios y reptiles. En vez de excavar túneles, algunos anidan en termiteros, donde la temperatura es constante e ideal para incubar huevos.

PÁJAROS **MULTICOLORES**

Como el martín pescador, otras aves también tienen colores vivos y el pico largo y puntiagudo. Son depredadores temibles. Anidan en huecos de árboles, túneles excavados en suelos inclinados o termiteros.

Abejarucos
Atrapan abejas, las golpean contra una rama, les quitan el aguijón y se tragan el resto. Tienen una larga pluma central en la cola, de la que carecen las carracas.

Carracas
Llamadas así por su espectacular cortejo nupcial, en el que realizan piruetas y picados en el aire, las carracas cazan langostas en grupo.

Abubillas
Las abubillas suelen caminar por el suelo en busca de insectos que atrapar con su pico curvado. Elevan la cresta cuando se excitan.

Pájaros carpinteros y tucanes

Ambos viven en bosques y anidan en huecos de árbol, pero su pico ha evolucionado de maneras diferentes. Los carpinteros buscan presas vivas dentro de los árboles, mientras que los tucanes comen fruta.

PICO **POTENTE**

El gigantesco pico les permite a los tucanes arrancar semillas y bayas inaccesibles para otras aves. Es cuatro veces más grande que la cabeza, sus colores deslumbrantes atraen a las hembras e incluso sirve como arma.

PICO **HUECO**

El pico del tucán es muy ligero gracias a un centro hueco y muchos agujeritos; si fuera sólido, ¡el ave se caería! La enorme superficie lo ayuda a mantenerse fresco en climas cálidos cuando aumenta el flujo sanguíneo hacia el pico para dispersar el calor.

LOS TUCANES **NO SON BUENOS VOLADORES.** SOLO ALETEAN **DE ÁRBOL EN ÁRBOL.**

AMORTIGUADORES

Cuando un pájaro carpintero picotea un árbol, el cráneo soporta fuerzas G de hasta 1200g: ¡como 12 veces una conmoción cerebral en un humano! No se sabe cómo puede ser que no se lesionen.

ANIDAR EN **AGUJEROS**

Tucanes y pájaros carpinteros protegen los huevos anidando en cavidades de los árboles. Los tucanes no pueden excavar las suyas y usan las de otros animales. Sus polluelos nacen con un pico pequeño y permanecen en el nido hasta que se pueden alimentar solos.

LOS TUCANES **SE BATEN EN DUELO** CON EL **PICO** PARA DETERMINAR LA **JERARQUÍA** EN LOS GRUPOS.

Con la larga lengua cubierta de cerdas extrae gusanos de los árboles.

LOS **PÁJAROS CARPINTEROS** MACHO REPICAN **HASTA 12 000 VECES AL DÍA** PARA ATRAER A LAS **HEMBRAS.**

LENGUA **TRABADA**

La lengua de los tucanes y los pájaros carpinteros es larguísima y la introducen en los árboles para comer. Cuando no la usa, el carpintero la enrolla alrededor del cráneo hasta la base del pico, lo que quizá amortigüe el impacto del martilleo.

ANIMAL DE **BELLOTA**

Cada otoño, los pájaros carpinteros almacenan miles de bellotas en agujeros que perforan uno a uno. Tardan 20 minutos por agujero y trabajan en equipo para construir y defender su «granero» año tras año.

Loros **vanidosos**

Estas llamativas aves son ruidosas y muy inteligentes. Tienen un pico fuerte y curvado, garras en pares y un plumaje vistoso. Casi todas viven en regiones tropicales y subtropicales. Algunas especies sociables son grandes imitadoras y copian los sonidos de otros animales, incluidos los humanos.

Las alas anchas permiten despegar con rapidez.

Guacamayo azul y amarillo, una de las especies más grandes.

Pico fuerte y curvado, ideal para cascar nueces

PARA **TODA LA VIDA**

Muchos loros son amantes fieles que permanecen juntos toda la vida, ¡hasta 30 años en el caso de los guacamayos escarlata! Refuerzan el vínculo acicalándose las plumas y desparasitándose mutuamente.

LOS LORÍCULOS **DUERMEN BOCA ABAJO**, COMO LOS MURCIÉLAGOS.

LA **FAMILIA DE LOS LOROS**

Hay unas 430 especies de loro. Probablemente evolucionaron en Australasia, o cerca, donde aún viven los loros y cacatúas de Nueva Zelanda. Los periquitos, las cotorras y los loris son loros verdaderos.

Kakapo

Loros de Nueva Zelanda
El kakapo y el kea solo viven en Nueva Zelanda.

Cacatúa galerita

Cacatúa
Loros ruidosos con cresta móvil

Guacamayo aliverde

Loro verdadero
Aves inteligentes con el pico ganchudo, como los guacamayos

Cotorra ciruela

Periquito
Loros verdaderos pequeños, en su mayoría verdes

Lori arcoíris

Lori
Libadores de néctar multicolores

Las diminutas papilas se levantan cuando extiende la lengua.

NÉCTAR

A diferencia de otros loros auténticos, la lengua de los loris tiene forma de cepillo. La punta está recubierta de diminutas papilas que recogen el néctar de las flores y se pliegan cuando no se usan.

EL **MICROLORO PUSIO MIDE** LO MISMO QUE EL **DEDO DE UN HUMANO** ADULTO.

ÚNICO EN SU **ESPECIE**

El kakapo es un loro grande y nocturno que no vuela. Es originario de Nueva Zelanda. Tiene el rostro pálido, parecido al de un búho, patas fuertes y un canto de apareamiento atronador; no se parece a ningún otro loro. No vuela, pero trepa con agilidad y usa las alas como paracaídas.

EL DON DE LA **PALABRA**

Los loros tienen una región cerebral dedicada al aprendizaje y a la producción de sonidos. Aunque muchas aves pueden imitar sonidos, solo unas pocas especies de loro pueden imitar las palabras y las voces humanas. ¡Un loro yaco aprendió 1700 palabras!

Los colores vivos ayudan a los loros a reconocer a los de su especie.

¡GUACARAMBA!

Los loros vuelan y trepan con agilidad, y se agarran a las ramas con el pico, que también les sirve para cascar nueces. La lengua seca y escamosa les permite perforar la fruta mientras sostienen la comida con una garra.

La gran cola ayuda al loro a maniobrar.

Los loros tienen dos pares de garras opuestas, con las que trepan y agarran comida. La mayoría de las aves tienen tres garras anteriores y una posterior.

COOKIE, UNA CACATÚA ROSADA, HA SIDO EL **AVE MÁS LONGEVA CONOCIDA**. VIVIÓ HASTA LOS **83 AÑOS**.

EL DIAMANTE CEBRA **CANTA DESPACIO** Y **REPITE FRASES** PARA AYUDAR A SUS CRÍAS A **APRENDER LAS MELODÍAS**.

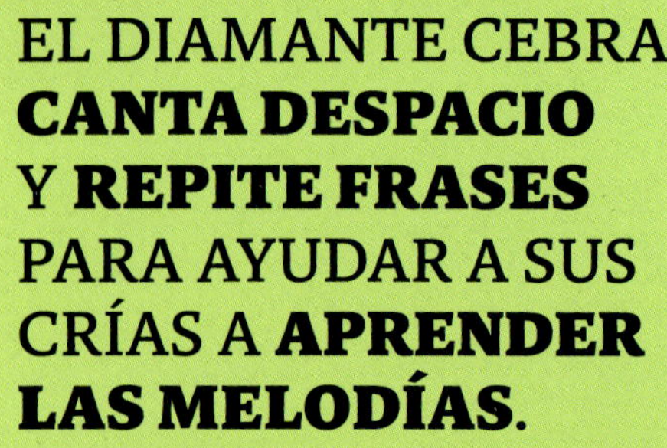

Buena percha

El 60 % de las aves son paseriformes. Muchas de ellas también son aves cantoras y aprenden a cantar melodías complejas. ¡Algunas pueden imitar casi todo lo que oyen!

Durante la época de reproducción, los machos desarrollan un plumaje azul brillante con el que atraen a las hembras.

FUERZA DE AGARRE

Los paseriformes tienen tres dedos anteriores y uno posterior. Un sistema de bloqueo automático, común a la mayoría de las aves, les permite cerrar las patas cuando se posan, de modo que necesitan menos esfuerzo para sujetarse incluso mientras duermen. Este mielerito patirrojo no tiene de qué preocuparse.

Posado automático

El músculo flexiona la pata.

El tendón se tensa alrededor del talón.

El tendón tenso cierra las garras.

Las garras quedan bloqueadas hasta que la pata se estira.

La cola puede medir 55 cm de largo.

MENEA **LA COLITA**

Los machos de las paseriformes compiten por las hembras cantando, bailando, haciendo regalos o incluso luchando. El ave lira soberbia tiene 16 largas plumas caudales, que luce en rituales de cortejo. Se pavonea y canta mientras vibra y abre la cola para atraer a las hembras.

CANTAR CON LA SIRINGE

Los mamíferos y los reptiles emiten sonidos con la laringe, pero las aves usan una estructura situada más abajo en la tráquea: la siringe. Varias superficies vibratorias y «labios» móviles producen una gran variedad de sonidos. En las aves cantoras, la siringe está donde dos vías respiratorias se unen a la tráquea, por lo que pueden cantar a dos voces: una de cada pulmón.

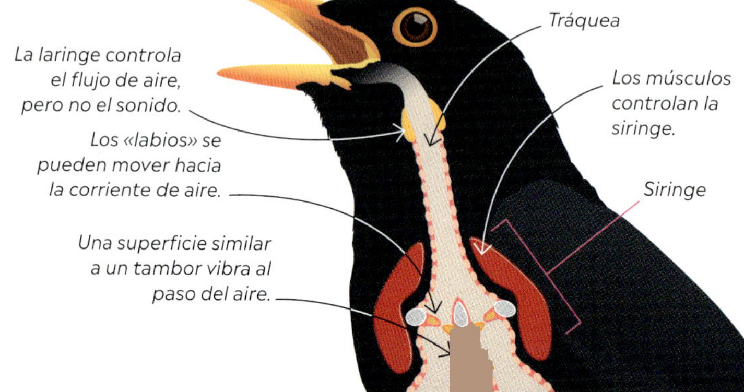

DÚO **DINÁMICO**

Las parejas cantan para crear vínculos, defender el territorio, cuidar de sus polluelos y mucho más. En algunas especies solo canta el macho, en otras hay cantos y respuestas y algunas combinan su trino hasta tal punto que suenan como un solo pájaro.

La hembra oye algunos cantos y se une a otros en un patrón de llamada y respuesta.

El alcaudón dorsirrojo macho le canta a la hembra. En la época de cría, también hace una danza de cortejo.

Tras la cría, los machos mudan las plumas azules por otras verdes que los camuflan.

BOCAS HAMBRIENTAS

Las paseriformes nacen calvas y ciegas y necesitan comer mucho, por lo que sus padres les llevan insectos ricos en proteínas. Crecer fuera del huevo les permite a estos polluelos de petirrojo desarrollar el cerebro, en relación con su tamaño corporal, más que las aves que al nacer ya pueden moverse.

CASI LA MITAD DE LAS AVES DEL **MUNDO** SON **CANTORAS.**

HAY MÁS DE **1500 MILLONES** DE **QUELEAS COMUNES** VIVIENDO EN LIBERTAD.

FALSO NIDO

El pájaro moscón de El Cabo protege los huevos y los polluelos con un ingenioso nido con dos cámaras que despista a los depredadores. La familia se queda en el espacio grande, con una entrada oculta, y el otro agujero sirve de señuelo.

Entrada al nido principal oculta

Entrada abierta al nido trampa

Una serpiente busca en el nido vacío, pero no encuentra la presa.

El pájaro y los huevos están a salvo en la cámara principal.

Cuervos **listos**

En la ágil, inteligente y colorida familia de los córvidos no solo hay cuervos, grajos y cornejas, sino también arrendajos, chovas y cascanueces.

LAS URRACAS SE **RECONOCEN A SÍ MISMAS** EN EL ESPEJO.

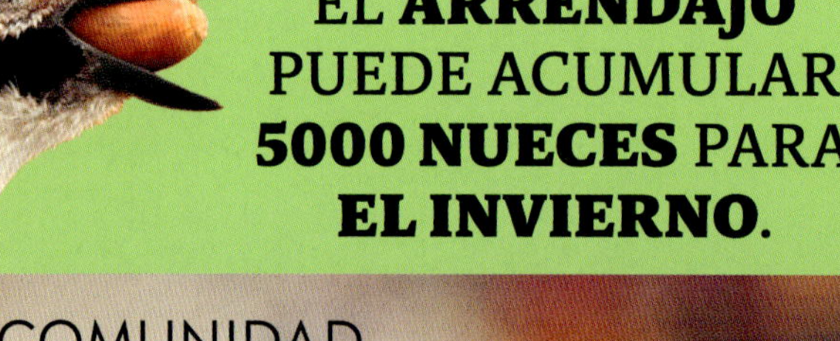

EL **ARRENDAJO** PUEDE ACUMULAR **5000 NUECES** PARA **EL INVIERNO.**

COMUNIDAD **CÓRVIDA**

Aunque el arrendajo euroasiático suele vivir solo, sus breves encuentros son ruidosos. Disfrutan de rápidas persecuciones y peleas simuladas, pero también hay peleas serias en las que vuelan las plumas.

Pico potente con el que abren bellotas.

Llamativa franja azul con bandas negras en el ala

Cola larga que mantiene el equilibrio.

INGENIERO **MECÁNICO**

Los cuervos de Nueva Caledonia construyen herramientas para alcanzar comida. Se pusieron golosinas en una caja con una rendija en un lateral. El cuervo tenía que unir dos palos cortos para alcanzar las golosinas.

1. Herramienta corta
El cuervo ve que los palos son demasiado cortos y encaja uno en el conector para unirlos y alcanzar el premio.

2. Herramienta arreglada
El palo doble es lo bastante largo para sacar la golosina de la caja. ¡Conseguido!

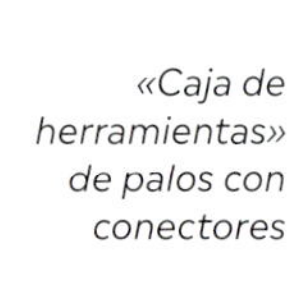

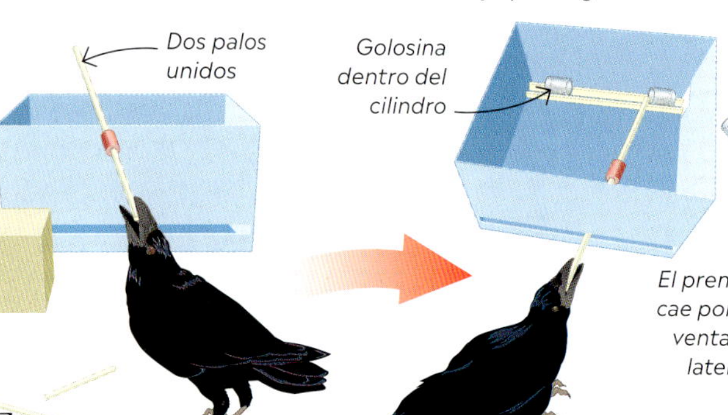

ACOSO Y **DERRIBO**

Cuando los cuervos avistan un ave rapaz peligrosa, se unen para acosarla en grupo y ahuyentarla. Se lanzan en picado, graznan e incluso la picotean hasta que la rapaz desiste.

Las amplias alas los ayudan a maniobrar entre los árboles.

Levanta las plumas rayadas de la cresta para comunicarse.

Extienden las patas para imponerse y dominar al otro.

La «rabadilla» blanca es más visible cuando el ave está en pleno vuelo.

Las plumas de la cola se abren en abanico para facilitar las maniobras aéreas.

LA **CHOVA PIQUIGUALDA** ANIDA EN LO ALTO DEL HIMALAYA **¡A 5000 M DE ALTURA!**

Cuervo
El pico de los cuervos es recto y oscuro, y las plumas, negras y ordenadas. Emiten un graznido triple y ronco.

Grajo
Los grajos tienen la cabeza abovedada y un pico fino, gris y pálido en la base. Emiten un graznido ruidoso.

Cuervo grande
Tienen la garganta desgreñada y el pico largo y grueso. Su graznido es grave y ronco.

CUERVOS Y AFINES

Estas robustas aves negras son más distintas de lo que parece. El cuervo grande es el de mayor tamaño, con una envergadura de hasta 1,5 m. El plumaje del cuervo es liso y brillante. El grajo tiene plumas sueltas y aceitosas.

COLONIA **RUIDOSA**

Los grajos anidan en colonias ruidosas, con hijos, hermanos y primos. Los progenitores se ocupan de los pollos, pero algunos «adoptan» a los vecinos y todos los adultos defienden la colonia de los depredadores.

JABÓN **CON SORPRESA**

Los cuervos y los arrendajos se dan «baños de hormigas»: se sientan y dejan que los insectos se les suban. Se cree que el ácido de las hormigas limpia y protege las plumas. Algunos incluso cogen una hormiga con el pico y se frotan las alas.

1
2
3
4
5
6
7
8
9
10
11
12
13
14
15
16
17
18
19

IDENTIFICA... AVES CANTORAS

¿Distingues un pinzón de un papamoscas? ¿Y un mirlo de un escribano? ¿Y una urraca de un estornino? Identifica los pájaros cantores que conozcas, pero ten cuidado con las trampas: hay un intruso.

1 Arrendajo
2 Jilguero
3 Azulejo oriental
4 Papamoscas azul
5 Urraca
6 Tejedor enmascarado
7 Tángara rojinegra
8 Suimanga siparaja
9 Golondrina
10 Diamante de Gould
11 Estornino espléndido
12 Estornino
13 Cardenal norteño
14 Gallo doméstico
15 Miná de Himalaya
16 Gorrión molinero
17 Tejedor castaño
18 Estornino soberbio
19 Corneja negra
20 Herrerillo
21 Pinzón
22 Urraca piquirroja
23 Grajo
24 Mirlo
25 Mosquitero musical
26 Azulillo sietecolores
27 Pinzón real
28 Gorrión
29 Arrendajo azul
30 Estornino esmeralda
31 Zorzal dama
32 Pinzón mexicano
33 Obispo naranjado
34 Bigotudo
35 Charlatán colirrojo

El intruso es el gallo doméstico (14): ¡no todos los que hacen ruido son pájaros cantores! Las gallinas y los gallos son aves de corral, como los pavos y los patos.

¿QUIÉN ES EL INTRUSO?

MAMÍFEROS

Mamíferos

Los mamíferos abarcan desde pequeños roedores y murciélagos hasta imponentes elefantes y ballenas gigantes, sin olvidar los seres humanos. Hay más de 6600 especies y en hábitats muy diversos.

¡ALGUNOS MAMÍFEROS, COMO LA **BALLENA BOREAL**, TIENEN UNA **CAPA DE GRASA** BAJO LA **PIEL**, QUE CONSERVA EL CALOR EN EL AGUA FRÍA!

RASGOS **COMUNES**

Todos los mamíferos son vertebrados homeotermos y la mayoría tiene pelaje, que ayuda a regular la temperatura. Casi todas las madres paren crías vivas y las alimentan con su leche. La única excepción son los monotremas, ¡que ponen huevos!

SANGRE CALIENTE
Los mamíferos usan la energía de los alimentos para mantener constante la temperatura; el leopardo de las nieves lo consigue incluso en inviernos helados.

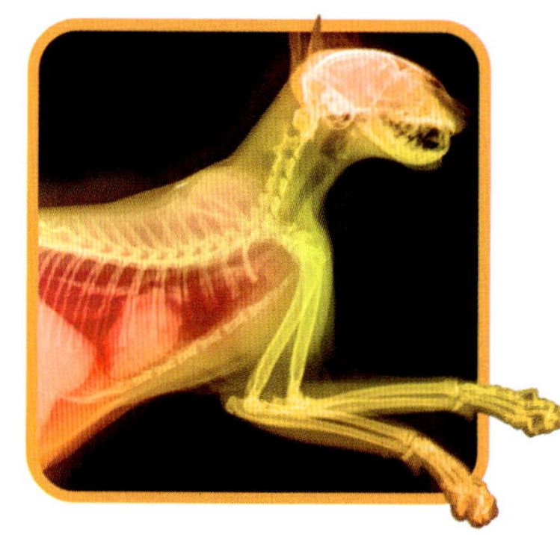

VERTEBRADOS
Los mamíferos tienen esqueleto óseo interno, que incluye una columna vertebral, como se muestra en la radiografía. El esqueleto sostiene el cuerpo y permite moverse.

TIPOS DE MAMÍFEROS

Los mamíferos se pueden clasificar en función de la manera de parir. La mayoría son placentarios: las crías se nutren en el útero y al nacer parecen adultos en miniatura.

Placentarios terrestres
Paren crías que han crecido dentro del cuerpo de la madre.

Marsupiales
Las diminutas y prematuras crías trepan a la bolsa de la madre, donde se desarrollan.

Monotremas
Ponen huevos de cáscara blanda. Después de nacer, las crías se alimentan de leche materna.

Caminar
Los mamíferos grandes que pacen, como los rinocerontes, caminan por la tierra en busca de hierba y agua.

Correr
Los guepardos y otros depredadores tienen que correr rápido para cazar, ¡pero sus presas también son rápidas!

Saltar
Los canguros, con patas traseras como resortes gigantes, saltan rápido por hábitats abiertos.

Escalar
Las especies que viven en los árboles, como los koalas, anidan en las ramas y trepan para encontrar hojas sabrosas que comer.

EN **MOVIMIENTO**

Cada especie de mamífero está adaptada a moverse en su hábitat y sobrevivir en su entorno; así evita depredadores y encuentra alimento, vivan en la tierra, en el aire o en el agua.

La ballena azul nada con facilidad en el agua, pero es demasiado pesada para moverse en tierra.

¡EL **60 %** DE LAS ESPECIES DE MAMÍFEROS SON **ROEDORES O MURCIÉLAGOS**!

CRIANZA **HUMANA**

Los humanos son mamíferos placentarios. Tras unos nueve meses de desarrollo en el útero, alimentados por la madre a través de la placenta y el cordón umbilical, nacen con todos los órganos vitales. Como en otros mamíferos, el recién nacido no se vale por sí mismo: necesita que los adultos lo alimenten y cuiden hasta que crezca.

PELAJE O PELO
La mayoría de los mamíferos tiene pelaje o pelo. El pelaje espeso de este panda rojo atrapa aire que retiene el calor corporal y protege la piel de rasguños y magulladuras.

PARTO
La mayoría de los mamíferos paren crías vivas. Algunas caminan de inmediato, como esta cebra, pero otras crías recién nacidas tardan más en moverse.

PRODUCCIÓN DE LECHE
Todas las madres mamíferas producen leche nutritiva para sus crías hasta que estas son capaces de digerir alimentos sólidos. ¡Las crías de elefante beben 12 litros al día!

¡**ALGUNAS MUSARAÑAS** Y OTROS MAMÍFEROS PEQUEÑOS **VIVEN MENOS DE UN AÑO**!

Algunos lugares solo son accesibles para los mamíferos que vuelan.

Los mamíferos que trepan y saltan de rama en rama lo tiene más fácil para moverse en la densa selva.

Volar
Los murciélagos son los únicos mamíferos alados. Algunos vuelan para alimentarse en árboles frutales; otros atrapan insectos.

Planear
Las ardillas voladoras saltan desde una rama y extienden membranas vellosas para planear hasta otro árbol sin tocar suelo.

Madrigueras
Los animales cavadores, como los perritos de la pradera de cola negra, excavan con sus largas extremidades delanteras y sus garras afiladas.

Nadar
Las ballenas y los delfínidos, como las orcas, viven y cazan en el agua. Muchos mamíferos terrestres son también buenos nadadores.

MAMÍFEROS **DOMESTICADOS**

Hace más de 10 000 años se comenzó a domesticar animales salvajes. Tras muchas generaciones de crianza por su leche, carne o para el transporte, trabajo agrícola o compañía, cambiaron los rasgos: el aspecto de las especies domesticadas es distinto del de sus antepasados.

Las razas domésticas de cerdo tienen poco pelo.

El pelaje de los jabalíes es espeso.

Algunas especies de suidos salvajes tienen largos colmillos.

Felinos **grandes**

Estos felinos grandes, los leones de África, los tigres de Asia, los leopardos de ambos continentes y los jaguares de América, son de los depredadores más temibles del planeta.

SALTO **POTENTE**

Los tigres son rápidos y musculosos y pueden saltar 10 m. Viven en Asia y su área de distribución es la mayor de todos los grandes felinos: desde el trópico hasta el frío este de Rusia. Suelen cazar por la noche, en ataques sorpresa desde atrás o un lado.

¡AL LEÓN SE LE ESCAPAN **CASI TODAS LAS PRESAS** QUE INTENTA CAZAR, PERO A VECES TIENE **ÉXITO**!

GRANDES FELINOS

Existen 46 especies de felinos, grandes y pequeños. La mayoría de los grandes pertenecen al género *Panthera*; solo cuatro rugen.

Tigre
El mayor de los felinos: el tigre siberiano, o de Amur, llega a medir 4 m de largo y a pesar 300 kg.

León
Más pequeños por lo general que los tigres, los leones viven y cazan en manada en la sabana abierta.

Jaguar
El mayor felino de América, el jaguar, tiene la cabeza grande y las patas cortas. Vive y caza cerca del agua.

Leopardo
A este felino nocturno, el de menor tamaño de los grandes felinos, le encanta trepar y pasa mucho tiempo en los árboles.

GRAN **RUGIDO**

Gracias a unos pliegues en las cuerdas vocales el león emite un rugido audible a 8 km, más fuerte que el de ningún otro gran felino y casi que el de cualquier otro animal.

¡EL **PIS** DE TIGRE HUELE A **PALOMITAS CON MANTEQUILLA**!

DEJAR UNA **MARCA**

Además de rugir, los grandes felinos se comunican marcando el territorio con la orina, secreciones de las glándulas anales, arañazos en la corteza de los árboles y heces ubicadas estratégicamente.

DESPENSA **ARBÓREA**

Para que no los roben chacales u otros carroñeros, los leopardos esconden los animales que cazan en los árboles, que usan también para acechar a sus presas y descansar.

EN LO ALTO DE LA **CADENA ALIMENTARIA**

Los grandes felinos son superdepredadores, es decir, no hay otra especie en su ecosistema que los cace o se los coma. Además, no solo se alimentan de herbívoros, sino también de otros depredadores, como, en el caso del jaguar, coatíes y caimanes.

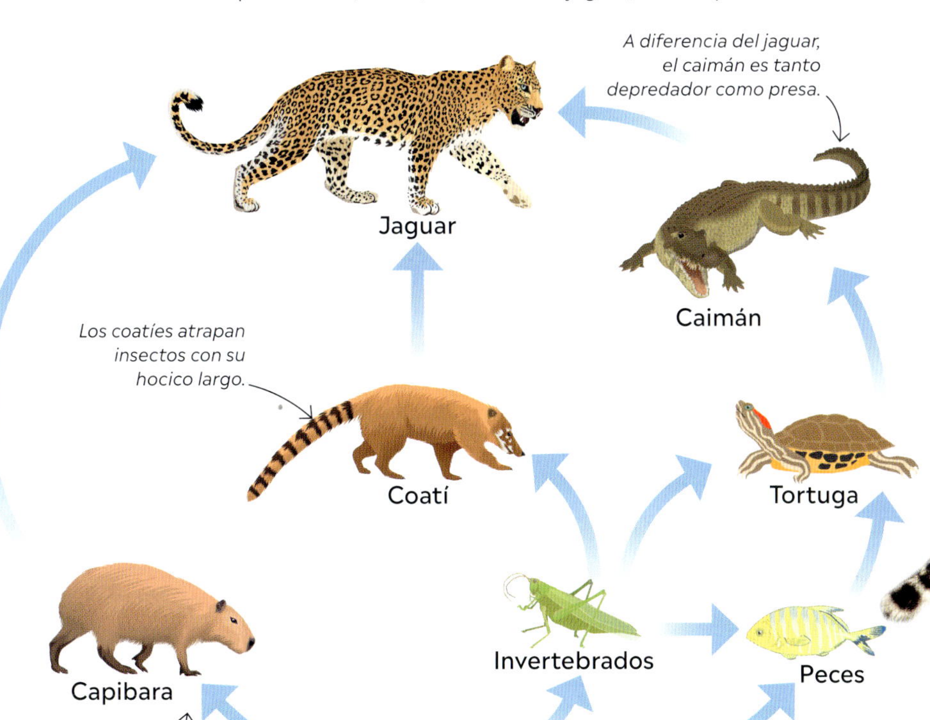

EL **JAGUAR** ES EL GRAN FELINO DE **MORDEDURA MÁS POTENTE**. ¡DOS VECES LA DEL **TIGRE**!

¡LA **LENGUA** DE LOS FELINOS TIENE **PEQUEÑAS ESPINAS**, QUE **DESPRENDEN LA CARNE** DE SUS PRESAS!

EL ÁGIL **MARGAY**

El margay, trepador especializado, vive en los bosques de México y América Central y del Sur. Sus zarpas y garras y adaptadas le permiten subir y bajar con facilidad por el tronco de los árboles. Caza sobre todo animales arborícolas como aves, ranas y pequeños roedores.

El margay puede bajar por los árboles cabeza abajo rotando las patas traseras para aferrar el tronco.

Los ojos grandes dan una buena visión nocturna.

Las garras se aferran a la corteza.

¡EL **SERVAL** DE PATAS LARGAS SUELE TENER TANTO **MANCHAS COMO RAYAS** EN EL **PELAJE**!

PRIMOS DE LOS FELINOS

Aunque no son felinos, como ellos, estos parientes son, sobre todo, carnívoros cazadores o carroñeros. Suelen tener garras en las patas y muchos trepan a los árboles.

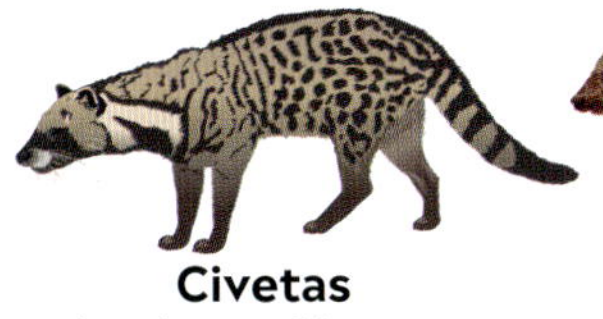

Civetas
Las civetas africanas y asiáticas son nocturnas, arborícolas y de cola larga.

Mangostas
Las mangostas viven principalmente en el suelo y son diurnas.

Fosa
El mayor depredador de Madagascar, el fosa, caza en los árboles y en el suelo.

Hienas
Los mayores y más lejanos parientes de los felinos viven en hábitats abiertos.

Felinos **pequeños**

La mayoría de las casi 40 especies de felinos pequeños son solitarias y viven en bosques. Como los grandes felinos, son carnívoros que suelen tenderles emboscadas a sus presas.

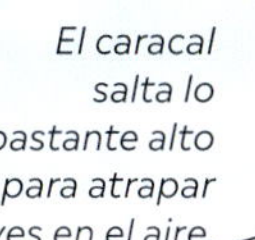

El caracal salta lo bastante alto para atrapar aves en el aire.

FELINOS **FLEXIBLES**

La mayoría de los felinos pequeños tienen el cuerpo adaptado a trepar y saltar. Ya en el aire, pueden girar el cuerpo para caer siempre sobre cuatro patas.

PATAS PARA LA **NIEVE**

El lince canadiense vive en bosques fríos y cubiertos de nieve gran parte del año. Sus patas anchas le facilitan caminar sobre una capa gruesa de nieve, ya que distribuye el peso y no se hunde.

Las patas anchas funcionan como raquetas de nieve.

OREJAS **EXCELENTES**

El caracal es muy reconocible por sus grandes orejas, coronadas por un largo mechón negro. Se cree que sacudirlas y girarlas son movimientos con los que se comunican los caracales entre ellos.

Las patas fuertes facilitan el salto a las alturas.

DE **PESCA**

A diferencia de los gatos domésticos, muchas especies silvestres están a gusto en el agua. El gato pescador atrapa peces y crustáceos en ríos y humedales del sur de Asia. Sus patas delanteras palmeadas le facilitan nadar y cazar en el agua.

PESE A SU NOMBRE, ¡LA **SURICATA** ES UN **PARIENTE** MÁS **CERCANO** DE LA **MANGOSTA**!

Guepardo corredor

Como un coche de carreras mamífero surcando la sabana africana, el guepardo alcanza una velocidad enorme para cazar, pero no puede mantenerla mucho tiempo y no siempre tiene éxito.

CUIDAR **CRÍAS**

La hembra de guepardo es solitaria; por eso cuando cría no tiene un grupo familiar en que apoyarse. Al principio esconde los cachorros mientras caza; a los seis meses les enseña a acechar presas. Pueden vivir solos a partir de los 15–18 meses.

¡LOS GUEPARDOS EMITEN **RONRONEOS**, **BALIDOS**, **LADRIDOS**, **GRUÑIDOS**, **SISEOS** Y **GORJEOS**!

RONRONEO POTENTE

Los guepardos no rugen como otros grandes felinos, sino que, como los pequeños, ronronean. Se debe a que la estructura de la laringe y del hueso hioides es muy distinta en los guepardos que en los grandes felinos. El ronroneo puede expresar satisfacción, sobre todo al crear vínculos afectivos con las crías.

MANCHAS DISTINTAS

Los guepardos y los leopardos son depredadores manchados que acechan en la sabana. Los leopardos usan los árboles para acechar a las presas y esconderlas. Los guepardos cazan en la hierba alta. Los dos se mimetizan con el entorno, pero una mirada atenta a sus manchas revela quién es quién.

Guepardo
Las manchas negras ovaladas o redondas de diferentes tamaños cubren el pelaje claro del guepardo.

Leopardo
El leopardo tiene un pelaje de manchas negras y marrones características: las rosetas, cuya forma recuerda a las rosas.

CACHORRO MELENUDO

Los guepardos adultos no tienen melena, pero los cachorros sí. Nacen con un pelaje largo, suave y claro en la cabeza, el cuello y el lomo, perfecto para camuflarse entre la hierba mientras su madre caza. Al crecer pierden esa melena infantil.

EL GUEPARDO, EL **ANIMAL TERRESTRE MÁS RÁPIDO**, ¡ALCANZA LOS **120 KM/H**!

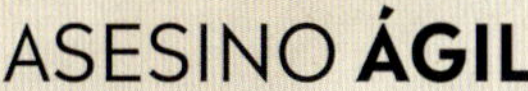

ASESINO **ÁGIL**

El guepardo, adaptado a abatir presas, tiene los pulmones grandes y el cuerpo idóneo para correr. Aumenta su velocidad en 10 km/h en una zancada. Debe estar en plena forma para tener éxito porque sus presas principales, gacelas y antílopes, también corren mucho y son ágiles cambiando de dirección.

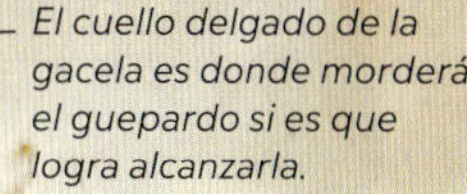

El cuello delgado de la gacela es donde morderá el guepardo si es que logra alcanzarla.

Las rayas finas de pelaje negro son antirreflectantes.

RASGOS **FACIALES**

Los guepardos tienen desde los ojos hasta la boca dos rayas negras marcadas, que absorben luz y reducen el resplandor del sol. Eso ayuda a cazar durante el día (a diferencia de los leones, que prefieren el atardecer y la noche).

¡LOS GUEPARDOS **TREPAN** A LOS **TERMITEROS** PARA **OTEAR** PRESAS EN LA **SABANA**!

Caninos **astutos**

Perros, lobos, zorros y sus parientes son cazadores que persiguen a las presas en vez de emboscarse. Suelen tener la cola tupida y el hocico largo. Muchos son sociables y viven en grupos familiares.

LOS **ZORROS** TIENEN LAS **PUPILAS VERTICALES** COMO LOS GATOS; ¡LOS DEMÁS CANINOS LAS TIENEN **REDONDAS**!

Las hendiduras laterales canalizan el aire saliente.

METER LA NARIZ

La nariz de los caninos evalúa la salud de sus congéneres, encuentra comida y detecta peligros. Dos grandes fosas nasales inhalan continuamente aire y olores, y el aire exhalado sale por unas hendiduras, de manera que no interfiere con los olores entrantes.

La cola equilibra el cuerpo al saltar.

Las orejas se enfocan para captar sonidos de debajo de la nieve.

CAZA EN LA **NIEVE**

El zorro rojo localiza el movimiento de su presa bajo la nieve gracias a un oído ultrasensible. Calcula la distancia de la presa, salta y cae con el hocico por delante a través de la nieve, justo sobre el ratón o el lemming que esté oculto debajo.

¡EL **BOCADO** FAVORITO DEL **AGUARÁ GUAZÚ** ES EL FRUTO DE LA **LOBEIRA**!

La lobeira puede medir 20 cm de diámetro.

Lobo
Longitud: 160 cm

Feneco
Longitud: 24 cm

¡EL TAMAÑO DE LA MAYOR ESPECIE DE CANINO ES 6 VECES EL DE LA MENOR!

CRÍA **DE CACHORROS**

Según la especie, las crías crecen con la madre, o con ambos progenitores o las cuida la manada. Las crías de lobo etíope (arriba) son las de la hembra dominante de la manada, ¡pero criarlas es tarea de todos sus miembros! Estos cachorros incluso maman leche de otras hembras y la manada las protege y alimenta.

Patas y mandíbulas listas para atrapar presas.

El zorro atraviesa la nieve y sorprende a la presa que se oculta debajo.

VIDA EN MANADA

Los lobos viven juntos en manada, con un macho y una hembra dominantes en los grupos más grandes. El resto de la manada son sus cachorros, parientes y, a veces, recién llegados. Cada lobo conoce su lugar. Juntos, cazan y defienden el territorio de otras manadas, pero también hay tiempo para descansar y jugar.

LENGUAJE **CORPORAL**

La comunicación es fundamental para los cánidos, sobre todo en las manadas grandes. Además de aullar y gruñir, mueven la cabeza, hacen gestos con los hombros y mueven las orejas y la cola.

Agachado y moviendo la cola: «¡quiero jugar!».

Lomo arqueado, orejas hacia atrás y cola entre las patas: «tú eres el jefe».

Cabeza y cola erguidas con la mirada fija: «Yo soy el jefe».

Panza arriba, orejas gachas y cola entre las patas: «No voy a luchar, ¡no me hagas daño!».

1
2
3
4
5
6
7
8
9
10
11
12
13
14
15
16
17
18
19

IDENTIFICA... RAZAS DE PERRO

¿Eres experto en perros terrier? ¿Distingues un dálmata de un salchicha? ¿Y un pointer de un carlino? Identifica estas elegantes razas de perros domésticos y descubre quién es el intruso.

1 Braco húngaro
2 Lebrel afgano
3 Golden retriever
4 Perro de montaña bernés
5 Husky
6 Beagle
7 Gran danés
8 Dóberman
9 Corgi
10 Bull terrier
11 Yorkshire terrier
12 Carlino
13 Labrador
14 Pointer
15 Schnauzer miniatura
16 Staffordshire bull terrier
17 Perro salchicha
18 Bulldog
19 Pastor ovejero australiano
20 Cocker spaniel
21 Chihuahua
22 Basset hound
23 Bichón frisé
24 Border terrier
25 Feneco
26 Dálmata
27 Caniche cordelé mediano
28 Lebrel norteño inglés
29 Caniche toy
30 Westie
31 Pastor alemán
32 Terrier irlandés

¿QUIÉN ES EL INTRUSO?

El intruso es el 25, el feneco. Pertenece a la familia de los caninos, pero es un animal silvestre, ¡no doméstico! Estos diminutos zorros, que no pasan de 40 cm largo, viven en el desierto del norte de África.

Nutrias y afines

Nutrias, comadrejas, mapaches y sus parientes, asesinos sigilosos, son algunos de los mamíferos carnívoros más pequeños. Tienen los dientes afilados, adecuados para cazar y cortar carne, pero algunos se alimentan también de fruta y carroña.

¡CARROÑERO **URBANO**!

En zonas urbanas los mapaches, inteligentes para resolver problemas y de manos hábiles, asaltan comederos de aves y estanques con peces, y roban comida de mascotas. Carroñeros y omnívoros nada escrupulosos, suelen saquear también cubos de basura.

BANQUETE DE PESCADO

Esta nutria gigante acaba de atrapar entre sus patas palmeadas una presa sabrosa; empieza a comérsela por la cabeza primero. Comen sobre todo peces, pero matan también caimanes y anacondas. Cazan y juegan en los ríos, arroyos y masas de agua de Sudamérica, y construyen guaridas en la orilla.

Los bigotes sensibles (vibrisas) ayudan a detectar el movimiento de peces en el agua turbia.

GLOTONES SALVAJES

El glotón, que vaga por los bosques del norte de Eurasia y América del Norte, puede correr rápido y atrapar presas como los renos con sus patas anchas de garras afiladas, pero no tiene inconveniente en comer carroña que dejan otros depredadores. Lo que no puede comer de inmediato lo esconde para más tarde.

¡LAS **MOFETAS** USAN LOS MÚSCULOS PARA **APUNTAR A CUALQUIER AMENAZA** Y **ROCIARLA**!

¿QUÉ **MUSTÉLIDO**?

Los mustélidos se parecen entre sí, pero varían en tamaño. Rápidos y astutos, tienen el cuerpo largo y delgado y las patas cortas, y atrapan presas como las ratas en madrigueras estrechas. Estas son tres de unas 20 especies de mustélidos.

Comadreja menor
El mamífero carnívoro más pequeño mide 13 cm de largo. En hábitats fríos y nevados, cambia el pelaje marrón a blanco y grueso en invierno.

Armiño
Mayor que la comadreja, el armiño tiene la cola más larga acabada en un remate negro. Es agresivo y se enfrenta a presas tres veces más grandes.

Hurón
De los turones salvajes, domesticados para cazar conejos, procede el hurón, muy curioso y de mordedura potente.

TEJONES BUSCANDO **ALIMENTO**

El tejón común olfatea en busca de lombrices, gusanos, caracoles y babosas. Sus patas son idóneas para cavar en busca de comida o ampliar la madriguera familiar. La mantiene limpia y añade regularmente hojas nuevas para hacerla cómoda.

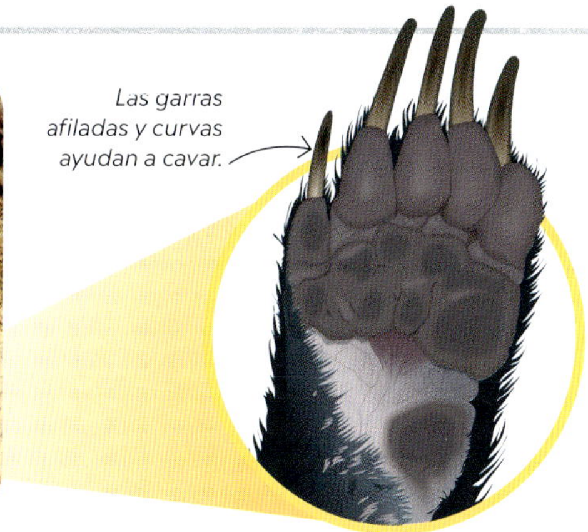

Las garras afiladas y curvas ayudan a cavar.

El doctor Mike Murray, director de Servicios Veterinarios del Acuario de la bahía de Monterrey, atiende regularmente desde nutrias marinas hasta pulpos gigantes del Pacífico.

Pregunta a un...
VETERINARIO

P ¿Qué te atrajo a la veterinaria marina?
R Siempre me atrajo el agua y mis padres animaron ese gusto. Una Navidad, cuando tenía unos 10 años, bajé las escaleras de casa y descubrí que habían montado un acuario completo con peces vivos. Sigo sin saber cómo lo hicieron, pero me encantó.

P ¿Cómo es un día normal para ti?
R Empezamos con las rondas a las 7:30 h. Hay decenas de miles de animales en el acuario, que es del tamaño de una ciudad mediana, así que raro es el día normal.

P ¿Los animales en los tanques se comen unos a otros?
R Preferimos hablar de baja depredación, mejor que ninguna, ya que a veces pasa. Por lo general, los animales están lo bastante bien alimentados para no tener que gastar energía en cazar.

P ¿Cómo de difícil es diagnosticarlos?
R ¡No tenemos hipocondríacos! A diferencia de los humanos, los animales silvestres tienden a esconderse si se sienten mal. Si parecen débiles, pueden atacarlos y, por tanto, puede ser difícil cuando tratan de ocultar algo. La cosa se complica si tienen que estar en el agua. Entonces hay que pasarlos al tanque de buceo inverso, donde se bombea agua con algo de anestésico sobre la boca y las branquias mientras los tratamos.

P ¿Qué se siente al devolver un animal a su medio?
R Es gratificante. El equipo pone mucho esfuerzo, sudor y lágrimas para llegar a ese punto. Te entran ganas de decirle al animal: «¿Podrías al menos hacer un gesto de despedida mientras te vas nadando?», pero sabes que no lo hará. No me da pena. Sé que así tiene que ser.

P ¿Y qué hay de los animales que viven en el acuario? ¿Está bien mantenerlos en cautividad?
R Las exposiciones con animales vivos pueden ayudar a cambiar la actitud del público para beneficiar a los animales y ecosistemas marinos, y concienciar sobre la defensa del océano. Hay animales a los que no les conviene la cautividad, pero a los del acuario de la bahía de Monterrey les ha tocado la lotería. No tienen que buscar comida. Hay un montón de monos desnudos (nosotros) inventando juguetes para ellos; y sienten curiosidad. Hace un par de años se hizo una renovación importante en el tanque del bosque de algas marinas y, al marcharse los buzos, los peces estaban en fila mirando el trabajo que habían hecho. Parecían niños de doce años mirando una obra de construcción.

RESCATE DE NUTRIAS

La nutria marina Kit, madre sustituta, con una cría de diez semanas como parte del programa de rescate de nutrias marinas del Acuario de la bahía de Monterrey, que el doctor Mike ayudó a diseñar. Al emparejar nutrias marinas rescatadas con otras que viven en el acuario, las crías aprenden destrezas valiosas y se preparan para vivir en libertad.

Topos, musarañas y **erizos**

Partes sensibles de la nariz

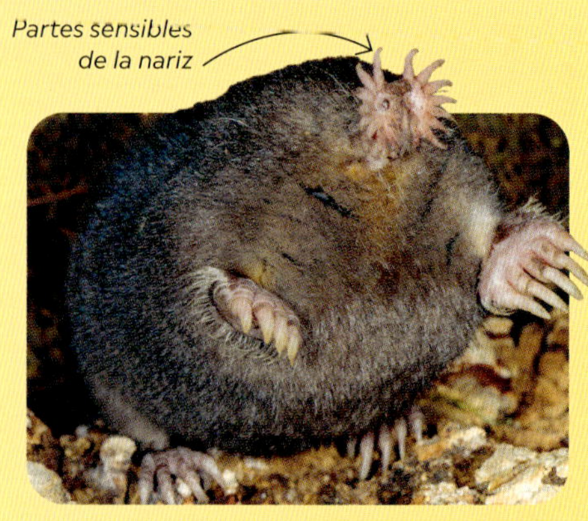

NARIZ ESTELAR

El topo de nariz estrellada tiene 22 partes carnosas y rosadas, que se proyectan en abanico alrededor de las fosas nasales. Cubiertas de miles de sensores táctiles, ayudan a atrapar animales diminutos en los suelos encharcados donde caza.

Los erizos, topos y musarañas no tienen buena vista. Se valen del olfato para detectar y cazar insectos y lombrices. Son animales solitarios, pero los solenodontes, semejantes a las musarañas, son más sociables.

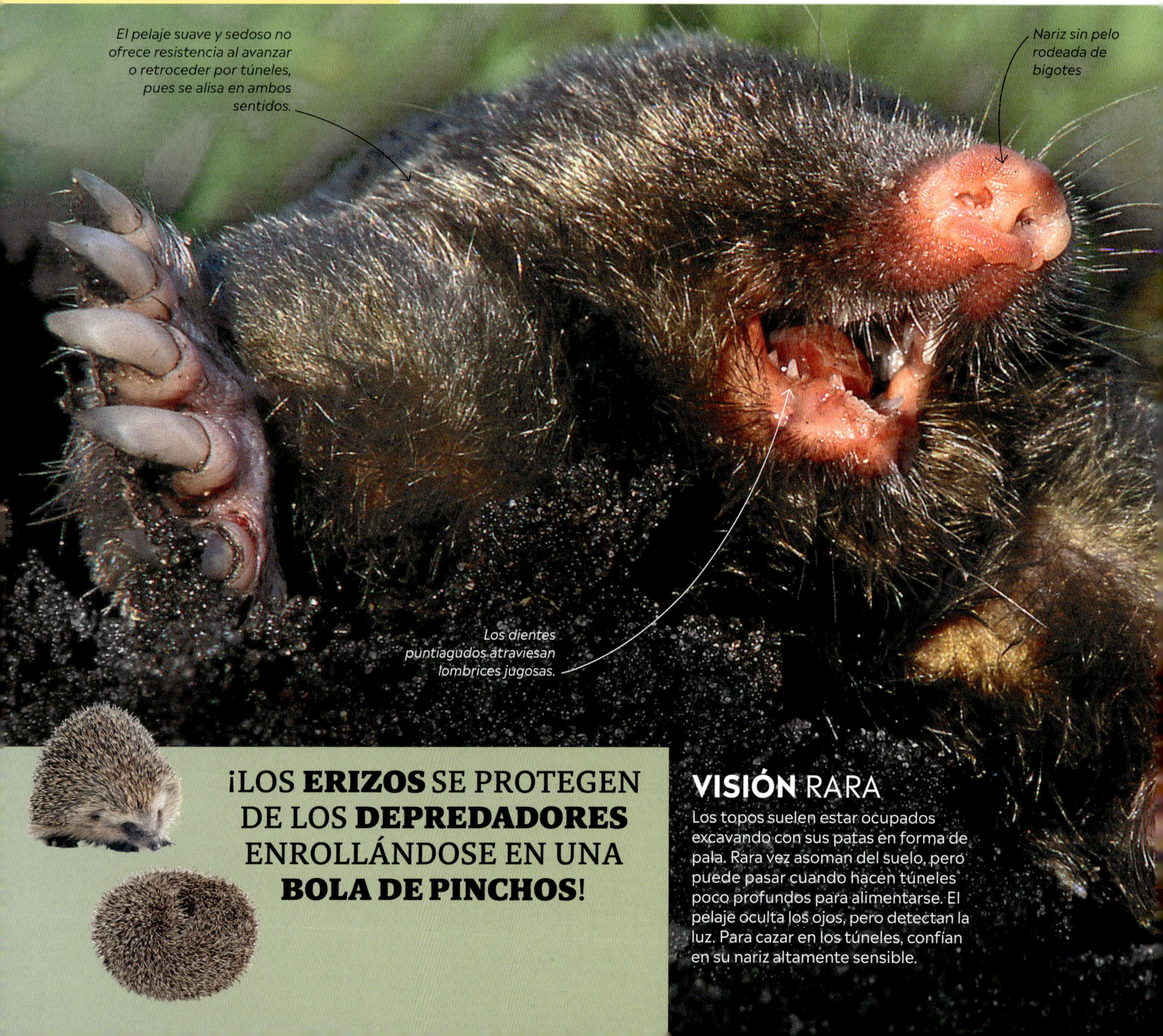

El pelaje suave y sedoso no ofrece resistencia al avanzar o retroceder por túneles, pues se alisa en ambos sentidos.
Nariz sin pelo rodeada de bigotes
Los dientes puntiagudos atraviesan lombrices jugosas.

¡LOS **ERIZOS** SE PROTEGEN DE LOS **DEPREDADORES** ENROLLÁNDOSE EN UNA **BOLA DE PINCHOS**!

VISIÓN RARA

Los topos suelen estar ocupados excavando con sus patas en forma de pala. Rara vez asoman del suelo, pero puede pasar cuando hacen túneles poco profundos para alimentarse. El pelaje oculta los ojos, pero detectan la luz. Para cazar en los túneles, confían en su nariz altamente sensible.

¡LOS **PELOS RÍGIDOS** DE LAS PATAS AYUDAN AL **MUSGAÑO PATIBLANCO** A CORRER **SOBRE EL AGUA**!

SOLENODONTE **TÓXICO**

No hay muchos mamíferos venenosos, pero el solenodonte caribeño, como algunos de sus parientes lejanos, las musarañas, produce saliva venenosa. La inyecta en sus presas por ranuras especiales en los incisivos.

Los dientes canalizan saliva tóxica.

ERIZOS **ESPINOSOS**

El pelaje de los erizos está formado por entre 5000 y 7000 espinas rígidas, afiladas y huecas, de unos 2,5 cm. A los recién nacidos les salen enseguida espinas blancas, que son sustituidas por espinas adultas en las primeras semanas. Algunas especies de erizo hibernan, pero en los meses cálidos salen por la noche a buscar gusanos y escarabajos.

MUSARAÑA **NERVIOSA**

Como la mayoría de especies de musaraña, la común es muy pequeña. Debe estar alerta y ser rápida para sobrevivir, tanto para huir de los depredadores como atrapar presas. Si no come cada pocas horas, muere de hambre.

Los largos bigotes ayudan a orientarse.

Patas delanteras fuertes, con las palmas hacia fuera, que facilitan excavar y palear tierra.

INGENIEROS SUBTERRÁNEOS

Los topos, que pasan la mayor parte de su vida bajo tierra, construyen grandes madrigueras con varias áreas especializadas. Excavan túneles profundos permanentes que conectan el nido y la despensa. En las galerías de caza, cerca de la superficie, atrapan lombrices y otras presas.

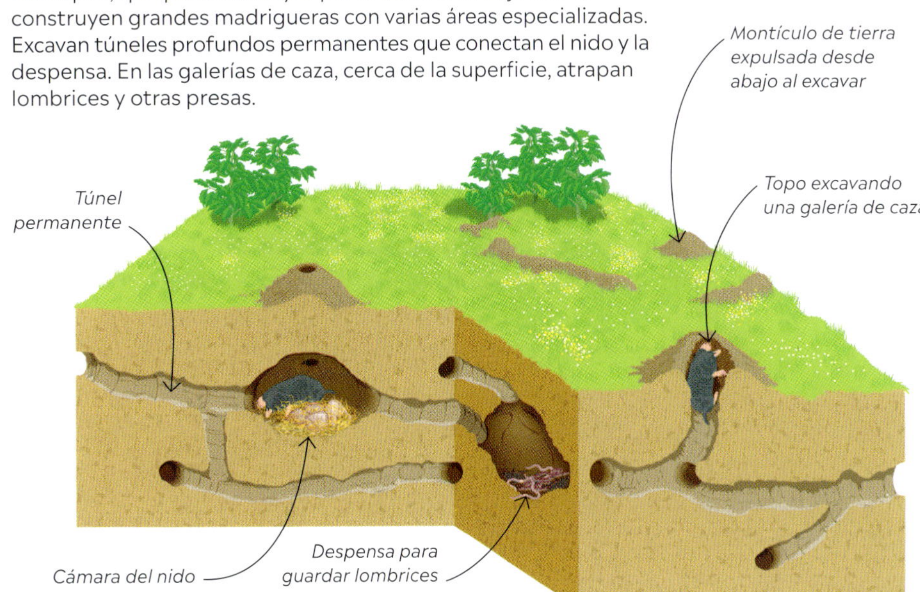

Madriguera de una colonia de topos comunes

Roedores **afanosos**

Los roedores, el mayor grupo de mamíferos, se encuentran por todo el mundo. Con más de 2660 especies, varían en tamaño, forma y hábitos, pero tienen una cosa en común: sus incisivos nunca dejan de crecer.

ROEDOR FLUVIAL

Los capibaras, de hasta 1,3 m de largo, son los roedores más grandes. Viven en Sudamérica, en humedales y cerca de ríos. Excelentes nadadores de patas palmeadas, pasan mucho tiempo en el agua, donde se alimentan de plantas acuáticas o se ocultan.

CASTORES DILIGENTES

Los castores les sacan mucho partido a sus dientes. Roen ramas para obtener material para construir presas y madrigueras en los ríos. Cuando tienen hambre, mascan hojas, ramitas y corteza. A menudo recolectan más de lo que pueden comer de inmediato, para tener provisiones en la madriguera en invierno.

Molares con los que aplastan las hojas

Los incisivos naranjas están reforzados con hierro.

Las mandíbulas fuertes ayudan a roer.

Dientes reforzados

Como otros roedores, el castor tiene cuatro incisivos largos y curvos, cubiertos de un esmalte duro. Roer los afila y evita que crezcan en exceso.

¡LAS **RATAS** EMITEN CHASQUIDOS **ULTRASÓNICOS** CON LOS **DIENTES** COMO **SEÑAL DE ADVERTENCIA**!

CASAS DE **ROEDORES**

Muchos roedores son ingenieros hábiles que crean espacios seguros para almacenar comida y dormir, y hasta guarderías para sus crías. Pueden anidar en lugares muy diversos, desde la orilla de ríos hasta bosques.

Habitáculo de castor
Los castores construyen madrigueras con palos y ramas y una entrada subacuática oculta. La presa crea un foso protector.

Colonia de ratas topo desnudas
La reina encabeza una compleja madriguera subterránea de cientos de miembros. Se alimentan de raíces y tubérculos.

Nido de ardilla en un árbol
Las ardillas rellenan huecos en los árboles con plumas, musgo, hojas o corteza triturada para hacer su nido.

¡OLFATO **EXTRAORDINARIO**!

Las ratas tienen un sentido del olfato magnífico, que emplean para encontrar comida y orientarse. Inteligentes y ágiles, a algunas especies se les ha encomendado la tarea de olfatear minas terrestres ocultas bajo el suelo.

Rata druida olfateando en busca del TNT de minas terrestres

¡MUCHOS ROEDORES SE **COMEN** SU **PROPIA CACA**! ASÍ OBTIENEN **BACTERIAS** QUE LES AYUDAN A **DIGERIR**.

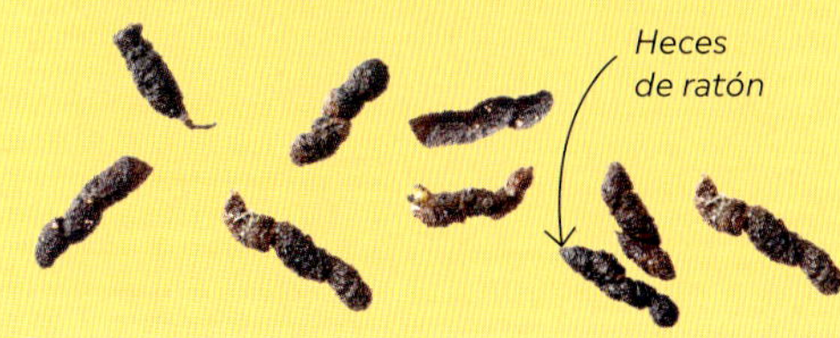

Heces de ratón

PINCHAR O MORIR

Los puercoespines corren hacia atrás para clavar sus desprendibles púas en la piel del atacante. Con la punta afilada, son la defensa perfecta y los depredadores y otros animales no suelen acercarse.

Púas erizadas para protegerse

El patrón blanco y negro es una advertencia visual de peligro.

El sobrepelo protege las púas cuando están abatidas.

Las púas huecas resuenan al agitarlas como advertencia a los depredadores.

COLA PRENSIL

El ratón espiguero usa la cola casi como una mano extra para trepar por tallos de hierba o caña, y así alcanzar bayas y semillas, o construir los nidos que teje alrededor de tallos a una distancia segura del suelo.

La cola prensil agarra el tallo.

1
2
3
4
5
6
7
8
9
10
11
12
13
14
15
16
17
18
19
20

IDENTIFICA... ROEDORES

A ver si distingues un jerbo de un gerbil y nombra esos roedores con incisivos en constante crecimiento. ¿Tus conocimientos son tan cortantes como ellos? ¡No olvides identificar el diente que no se parece en nada!

1 Ardilla voladora del sur
2 Puercoespín
3 Ratón espiguero
4 Lirón enano
5 Hámster
6 Perrito de las praderas
7 Rata gigante malgache
8 Agutí
9 Ratón espinoso arábigo
10 Ardilla de las Carolinas
11 Ardilla roja
12 Gerbil de Mongolia
13 Cobaya / cuy
14 Rata de alcantarilla
15 Degú
16 Marmota de las estepas
17 Liebre saltadora del Cabo
18 Coipo
19 Ratón listado
20 Rata topo desnuda
21 Ualabí
22 Lirón gris
23 Topillo rojo
24 Lemming
25 Jerbo orejudo
26 Chinchilla
27 Ratón de campo
28 Castor norteamericano
29 Mara
30 Capibara
31 Ardilla listada

¿QUIÉN ES EL INTRUSO?

El intruso es el ualabí (21). ¡Es un marsupial, no un roedor!

Los zorros voladores se refugian en los árboles.

Zorros voladores de cabeza gris

REPOSAR COLGADOS

Los murciélagos se reúnen y reposan en árboles, cuevas y, a veces, edificios. Duermen boca abajo, envueltos en las alas, durante la mayor parte del día.

¡LA **CUEVA BRACKEN** EN EE. UU. ALBERGA MÁS DE **20 MILLONES DE MURCIÉLAGOS**!

Murciélagos magníficos

LISTO PARA VOLAR

Este zorro volador de la India está a punto de despegar. Colgado de las patas, extiende las alas antes de soltarse y lanzarse a volar entre la oscuridad.

Hay murciélagos de formas y tamaños muy diversos, más de 1400 especies que hacen de ellos el segundo mayor grupo de mamíferos después de los roedores. Usan sus extraordinarios sentidos de noche para cazar y alimentarse.

Las orejas grandes sirven para ecolocalizar.

SENTIDOS DESARROLLADOS

Todos los murciélagos tienen buena vista, pero los que cazan insectos de noche, como este murciélago de herradura, tienen que hacerlo a oscuras. Para ello emplean la ecolocalización: emiten un pulso de sonido por la boca o la nariz y captan el eco, señal que al rebotar indica dónde están las presas y obstáculos.

La hoja nasal dirige señales de ecolocalización desde la nariz.

¡DE SOLO **3 CM** DE LARGO, EL **MURCIÉLAGO MOSCARDÓN** ES EL **MURCIÉLAGO** MÁS PEQUEÑO!

DIETAS **DELICIOSAS**

La dieta de las especies de murciélago es diversa: fruta, néctar y hasta sangre y otros murciélagos, pero la mayoría come insectos.

Frugívoros
Los zorros voladores o pteropódidos pueden alimentarse de plátanos, guayabas, higos o papayas.

Zorros voladores de las Seychelles comiendo fruta del pan

Insectívoros
Especies como este murciélago orejudo atrapan insectos, polillas y mosquitos.

Chupasangres
Los vampiros obtienen todos sus nutrientes de la sangre de vacas, cerdos, caballos y aves.

OSAMENTA DE **MURCIÉLAGO**

Las patas delanteras y traseras y los largos dígitos de los murciélagos estructuran sus grandes alas, que baten gracias a potentes músculos pectorales conectados a un hueso central elevado (quilla) en el esternón.

LA ENVERGADURA DEL ZORRO VOLADOR PUEDE LLEGAR A 1,5 M, ¡CASI LA DE BRAZOS DE UN HUMANO ADULTO!

Marsupiales maravillosos

MASCANDO A **MEDIANOCHE**

Los koalas duermen la mayor parte del día en los árboles y se despiertan por la noche para comer hojas de eucalipto. Estas son duras y tóxicas, pero el aparato digestivo del koala puede descomponerlas y eliminar las toxinas.

La mayoría de los marsupiales viven en Australia e islas cercanas, y un tercio aproximado en Sudamérica. Las crías nacen poco desarrolladas, y suelen ser amamantadas en una bolsa o marsupio.

CENA ENDIABLADA

El diablo de Tasmania es un carnívoro feroz de mordedura potente (p. 221). Cazada su presa o si encuentra carroña, se la come entera: carne, huesos y pelo. Si no puede terminarlo todo, duerme dentro de la carcasa y sigue comiendo cuando despierta. Es ruidoso y asusta a sus rivales con toses, gruñidos, resoplidos y chillidos.

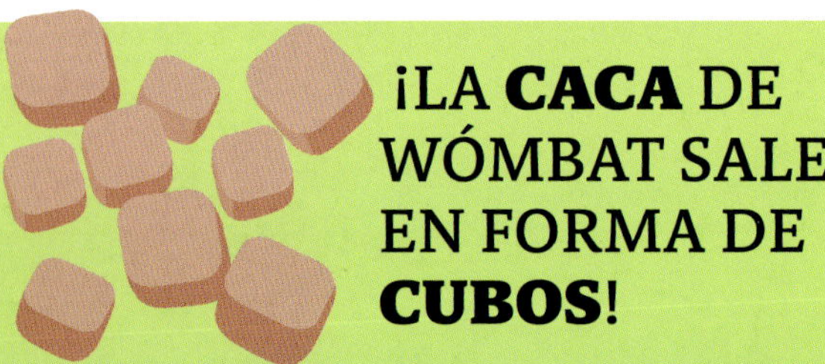

¡LA **CACA** DE WÓMBAT SALE EN FORMA DE **CUBOS**!

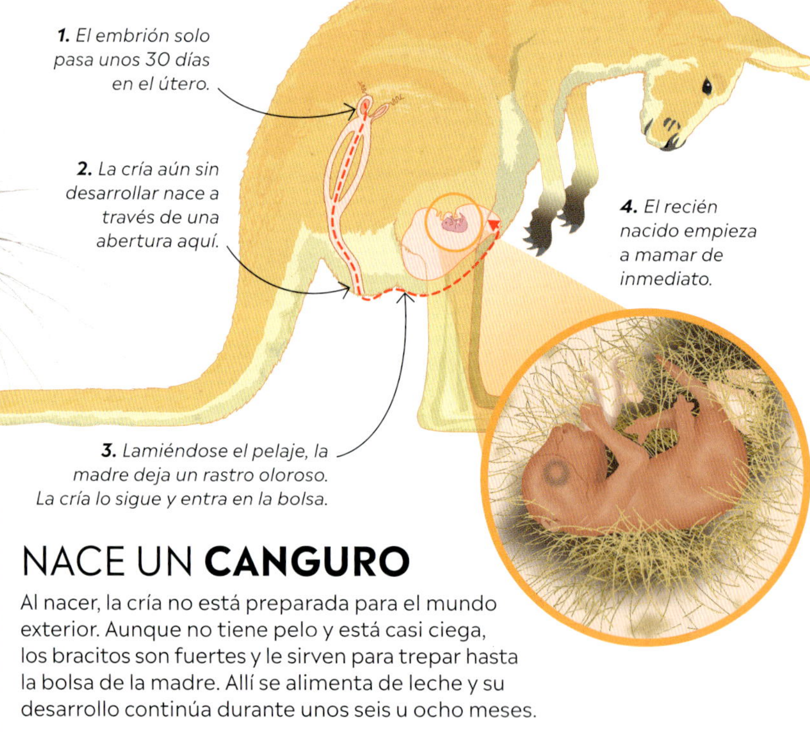

NACE UN **CANGURO**

Al nacer, la cría no está preparada para el mundo exterior. Aunque no tiene pelo y está casi ciega, los bracitos son fuertes y le sirven para trepar hasta la bolsa de la madre. Allí se alimenta de leche y su desarrollo continúa durante unos seis u ocho meses.

Carnívoros
Los cuoles comen insectos, aves e, incluso, conejos y zarigüeyas.

Omnívoros
Al bandicut le encantan los insectos, las lombrices, las bayas y los hongos.

Herbívoros
El wómbat pasa horas mascando hierba y raíces.

MENÚ **MARSUPIAL**

La dieta de los marsupiales varía según dónde viva la especie; también varía la dentadura: los carnívoros tienen dientes afilados con los que desgarran; los omnívoros, dientes de formas diversas; y los herbívoros, molares grandes y cuadrados con los que trituran las plantas.

¡LOS CANGUROS PUEDEN DAR **SALTOS** DE **9 M**!

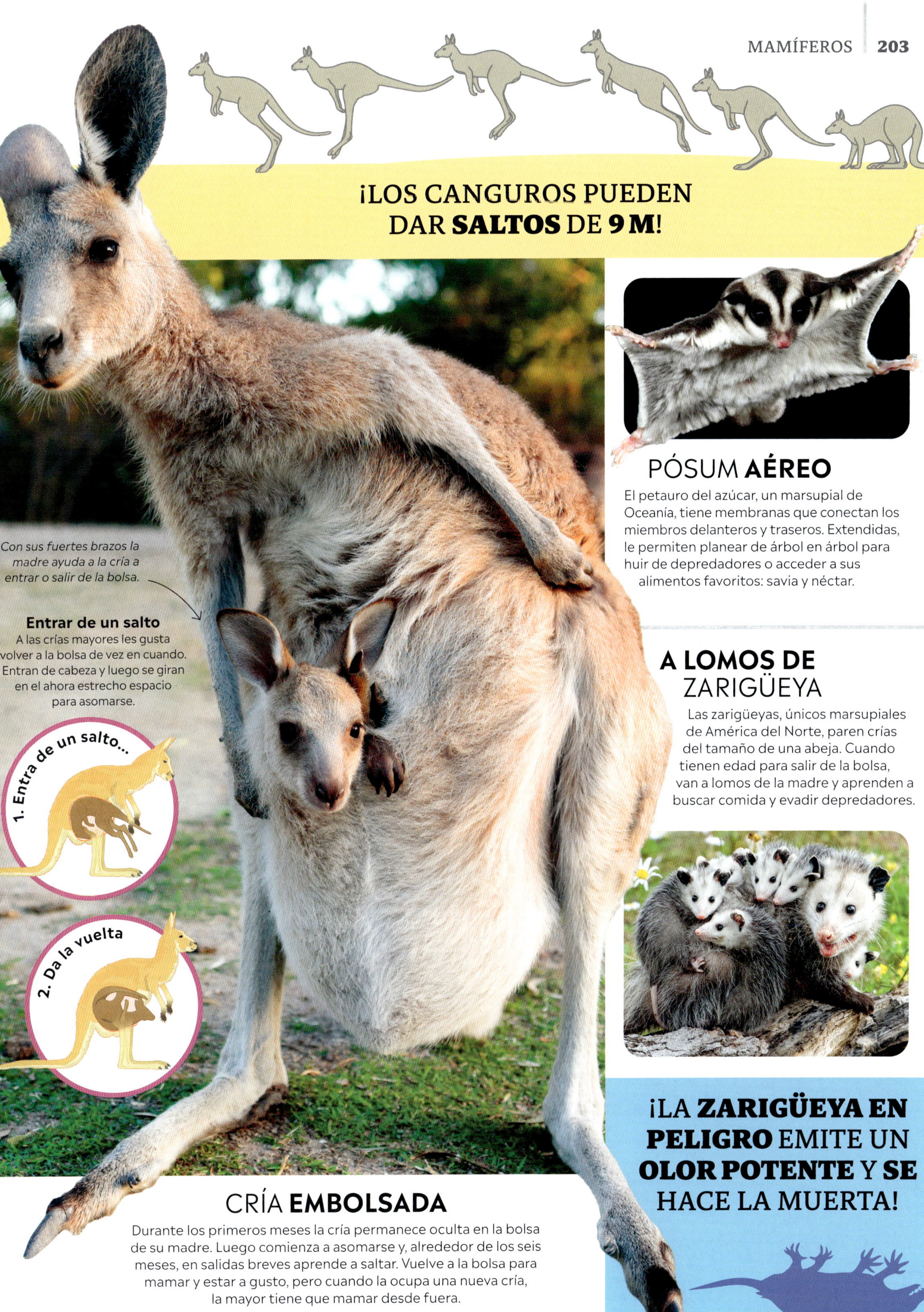

Con sus fuertes brazos la madre ayuda a la cría a entrar o salir de la bolsa.

Entrar de un salto
A las crías mayores les gusta volver a la bolsa de vez en cuando. Entran de cabeza y luego se giran en el ahora estrecho espacio para asomarse.

PÓSUM **AÉREO**

El petauro del azúcar, un marsupial de Oceanía, tiene membranas que conectan los miembros delanteros y traseros. Extendidas, le permiten planear de árbol en árbol para huir de depredadores o acceder a sus alimentos favoritos: savia y néctar.

A LOMOS DE ZARIGÜEYA

Las zarigüeyas, únicos marsupiales de América del Norte, paren crías del tamaño de una abeja. Cuando tienen edad para salir de la bolsa, van a lomos de la madre y aprenden a buscar comida y evadir depredadores.

¡LA **ZARIGÜEYA EN PELIGRO** EMITE UN **OLOR POTENTE** Y **SE** HACE LA MUERTA!

CRÍA **EMBOLSADA**

Durante los primeros meses la cría permanece oculta en la bolsa de su madre. Luego comienza a asomarse y, alrededor de los seis meses, en salidas breves aprende a saltar. Vuelve a la bolsa para mamar y estar a gusto, pero cuando la ocupa una nueva cría, la mayor tiene que mamar desde fuera.

MIEMBROS DESCONCERTANTES

El esqueleto del ornitorrinco, tan desconcertante como el animal por fuera, tiene rasgos raros en un mamífero, como las patas hacia los lados, más típicas de los lagartos.

Garras largas como dedos

Los huesos en la punta del cráneo sujetan el hocico cubierto de piel.

Muchos huesos estructuran la plana y ancha cola.

Las patas, con las articulaciones dobladas, salen hacia los lados.

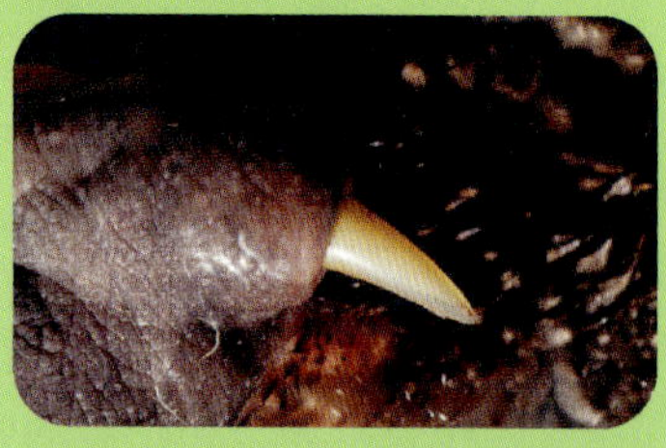

¡ALERTA, PINCHO!

Los ornitorrincos macho tienen espolones venenosos sobre el talón de las patas traseras. Se cree que sirven de arma contra los rivales durante la época de celo.

Hocico sensible

Más de 100 000 receptores en el hocico del ornitorrinco detectan y localizan presas, el mismo método de caza de los tiburones.

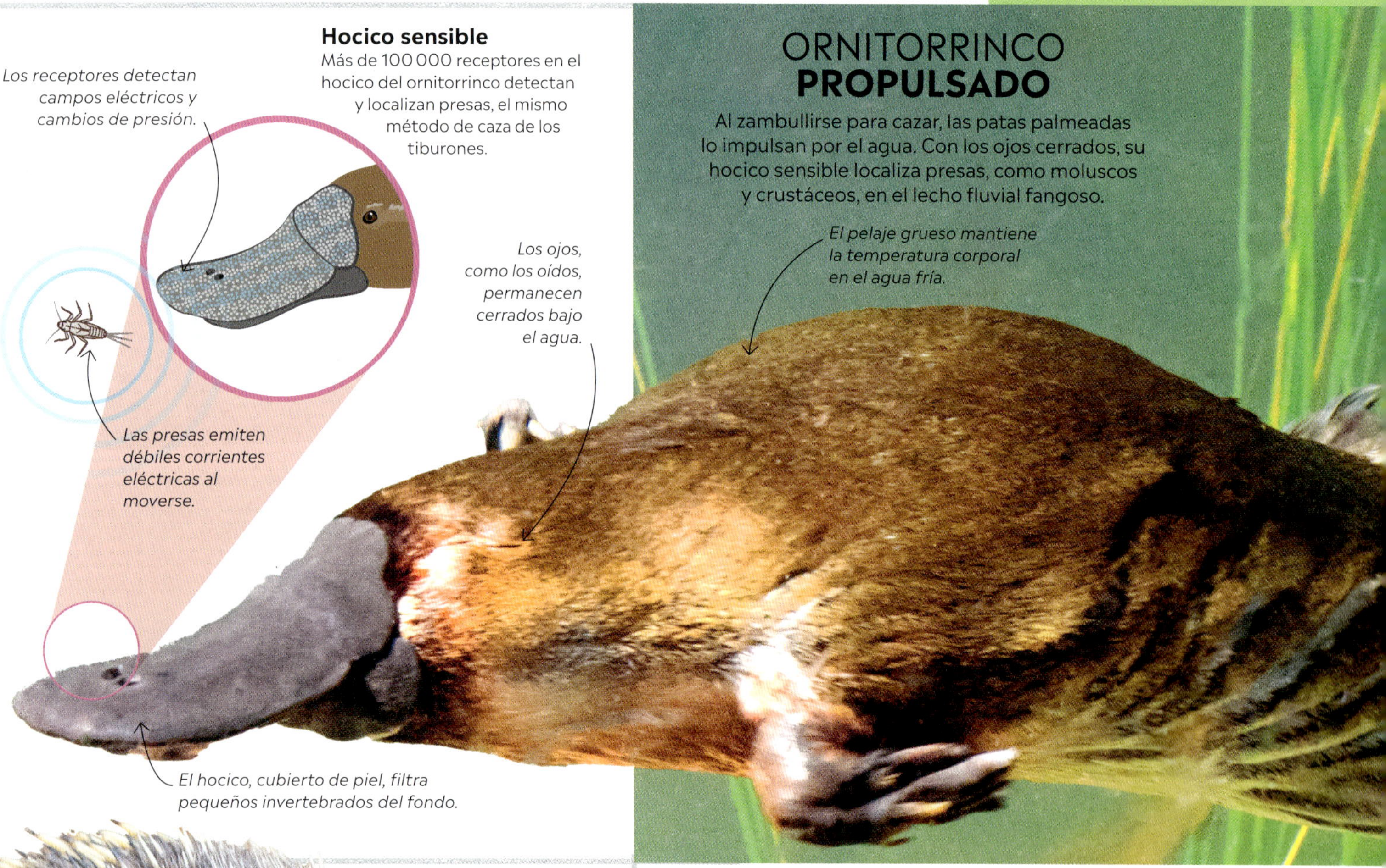

Los receptores detectan campos eléctricos y cambios de presión.

Las presas emiten débiles corrientes eléctricas al moverse.

Los ojos, como los oídos, permanecen cerrados bajo el agua.

El hocico, cubierto de piel, filtra pequeños invertebrados del fondo.

ORNITORRINCO PROPULSADO

Al zambullirse para cazar, las patas palmeadas lo impulsan por el agua. Con los ojos cerrados, su hocico sensible localiza presas, como moluscos y crustáceos, en el lecho fluvial fangoso.

El pelaje grueso mantiene la temperatura corporal en el agua fría.

PELAJE ESPINOSO

Los equidnas tienen el pelaje áspero y espinas grandes y huecas con textura como de uña. Cuando se sienten amenazados, se entierran en el suelo con las espinas asomando para disuadir al atacante.

Este equidna de hocico corto está cubierto de pelaje y de espinas por todo el lomo.

LENGUA PEGAJOSA

El equidna atrapa la comida que necesita con una peculiar lengua, larga y cubierta de una mucosidad pegajosa que impide que se escapen las termitas y las hormigas.

¡A LAS CRÍAS DE EQUIDNA LAS LLAMAN PUGGLES!

Mamíferos ovíparos

Hay un grupo de mamíferos muy diferente del resto, los monotremas: ¡ponen huevos! Tras eclosionar se alimentan de leche, como los demás mamíferos.

Las garras palmeadas ayudan a nadar.

Puede sellar las fosas nasales.

¡LOS EQUIDNAS MACHO SIGUEN A UNA HEMBRA EN FILA!

ESPECIES DE MONOTREMAS

De las cinco especies vivas de monotremas, cuatro son especies de equidna. La quinta es el ornitorrinco.

Ornitorrinco
El ornitorrinco vive en arroyos y ríos del este de Australia y Tasmania.

Zagloso occidental
Este equidna caza gusanos en las montañas de Nueva Guinea.

Zagloso de Barton
Un pelaje grueso oculta la mayor parte de las espinas del equidna más grande, también de Nueva Guinea.

Zagloso de Sir David
El equidna más pequeño de Nueva Guinea es una especie rara de pelaje marrón rojizo.

Equidna de hocico corto
El único equidna de Australia se alimenta de hormigas y termitas.

INCUBACIÓN

Después de poner el huevo, la hembra lo recoge y lo deposita en el marsupio transitorio, donde la cría eclosiona y crece; lame leche de las glándulas ocultas en el pelaje materno.

1. *La hembra pone un huevo blando y lo deposita en el marsupio. transitorio.*

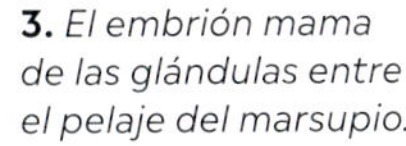

2. *El feto sale muy poco desarrollado del huevo.*

3. *El embrión mama de las glándulas entre el pelaje del marsupio.*

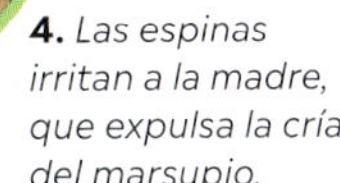

4. *Las espinas irritan a la madre, que expulsa la cría del marsupio.*

5. *La cría abandona la madriguera a los seis meses.*

ANATOMÍA ÚNICA

El esqueleto del perezoso está adaptado a colgar de las ramas. Los músculos tiran y agarran, no empujan. Gira la cabeza en cualquier dirección para alcanzar hojas y detectar depredadores. Tiene membranas especializadas, que fijan los órganos a la gran caja torácica, de manera que no presionan los pulmones cuando el animal está colgado.

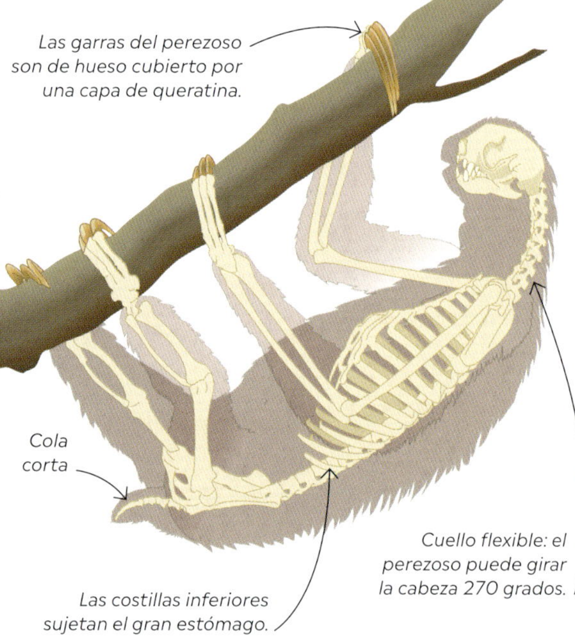

Perezoso tridáctilo

MUY COLGADO

Los perezosos pueden pasar horas colgados e inmóviles. Cuando se mueven, lo hacen muy despacio y así ahorran energía. Las hembras paren colgadas: la cría halla enseguida un lugar seguro en el mullido pecho de la madre, donde pasa seis meses. Pronto aprenderá qué hojas son sabrosas y cuáles evitar.

Perezoso de dos dedos con su cría

¡LOS **ARMADILLOS DUERMEN** HASTA **16 HORAS DIARIAS**!

Perezosos y afines

Pese a parecer tan distintos, perezosos, armadillos y osos hormigueros son parientes. Todos viven en América y están adaptado a conservar y economizar energía.

NADADORES SORPRESA

Los perezosos rara vez abandonan los árboles y son torpes en el suelo, donde se arrastran, ¡pero son nadadores excelentes! Si quieren abandonar su territorio, acuden a un curso de agua cercano y se mueven por el agua con sus largos brazos.

ACORAZADITO

Los armadillos están protegidos por dos grandes placas de piel coriácea con «bandas» más estrechas y móviles en el centro. La cabeza, las patas y la cola están también protegidas. El de tres bandas, relajado en la imagen, se enrolla en una bola si se siente amenazado.

La lengua del oso hormiguero gigante puede llegar a medir 60 cm de largo.

La lengua se extiende por el largo cuello.

DIGESTIÓN LENTA

Los perezosos se alimentan de hojas. No son muy nutritivas, pero las procesan muy despacio: pueden tardar semanas en digerir un bocado de hojas. No defecan muy a menudo, pero más o menos una vez por semana bajan por el tronco del árbol y usan el suelo como letrina.

GARRAS CHULAS

Los perezosos, osos hormigueros y armadillos tienen estilos de vida diferentes, pero todos tienen garras impresionantes, ya las empleen para excavar, para defenderse o para engancharse a las ramas.

Garras de oso hormiguero
Los osos hormigueros rompen los termiteros y ahuyentan jaguares con las garras. Caminan sobre los nudillos para no mellarlas.

Garras de armadillo
Los armadillos usan las largas garras de las patas delanteras para buscar insectos y otros alimentos y cavar madrigueras.

Garras de perezoso
Los perezosos utilizan sus largas garras curvas como ganchos. Las especies tridáctilas tienen tres en cada mano y las didáctilas dos.

TREMENDA LENGUA

Los osos hormigueros no tienen dientes. Para atrapar insectos de termiteros y nidos se apañan sacando y metiendo la larga lengua, lo que hacen hasta 160 veces por minuto. La lengua no nace en la parte posterior de la boca, sino en el esternón.

¡LOS **OSOS HORMIGUEROS GIGANTES** PUEDEN COMER **35 000** HORMIGAS O TERMITAS **AL DÍA**!

Simios **increíbles**

Los simios son los primates más grandes, inteligentes y longevos. A diferencia de la mayoría de los monos, pueden caminar sobre las patas traseras, hacen nidos para dormir y no tienen cola.

LA FAMILIA DE LOS **SIMIOS**

Los simios forman con los monos el orden de los primates. Hay dos grupos principales de simios: hilobátidos (20 especies de gibones de brazos largos) y homínidos (grandes simios).

Hilobátidos
Los gibones son más pequeños que otros simios, pero en proporción tienen los brazos más largos.

Orangutanes
Estos arborícolas apacibles comparten el 96,4 % de sus genes con los humanos.

Gorilas
Cada familia del más grande de los homínidos está liderada por un macho dominante («espalda plateada»).

Chimpancés
Nuestros parientes más próximos fabrican herramientas y caminan sobre las patas traseras.

Humanos
Hay más seres humanos (8000 millones) que todos los demás primates juntos.

¡LOS GORILAS **MÁS GRANDES** PUEDEN PESAR LO MISMO QUE **4 HOMBRES ADULTOS**!

Las crías aprenden aferradas a la madre.

Los cuatro miembros pueden agarrar ramas.

El brazo libre sirve para comer, agarrar a la cría si cae o alcanzar la siguiente rama.

VIDA **ARBORÍCOLA**

Los orangutanes pasan la mayor parte de su vida en los árboles, donde hacen un nuevo nido cada noche. Las hembras incluso dan a luz en los árboles: las crías nacen con el instinto de agarrarse y pasan hasta nueve años con la madre.

¡**JUEGO** DE HERRAMIENTAS!

Algunos chimpancés afilan palos con los que cazan pequeños primates; otros retiran las hojas de ramitas y «pescan» hormigas de su colonia.

Buen agarre

Un gibón hoolock occidental usando sus fuertes brazos.

Los dientes sirven para alimentarse y luchar.

La articulación del hombro es fuerte y móvil.

Pecho ancho y musculoso.

Dedos adaptados a agarrarse.

A MEDIDA

Los simios están bien adaptados a la vida en el bosque. Moverse rápido entre los árboles es clave para sobrevivir. Los fuertes miembros, el pecho musculoso y los dientes afilados ayudan a cazar y a defender el territorio.

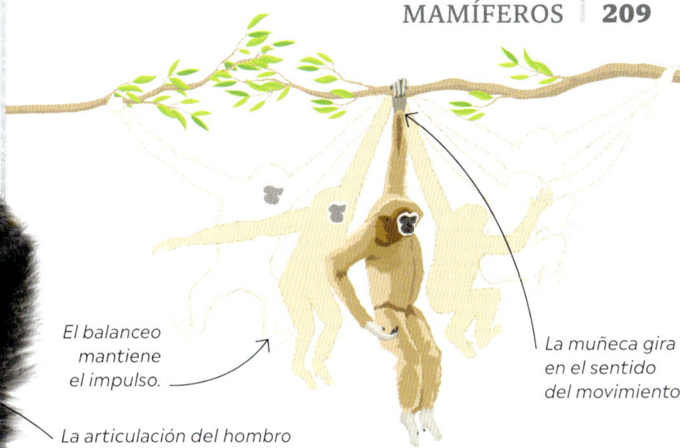

El balanceo mantiene el impulso.

La muñeca gira en el sentido del movimiento.

BALANCEO ACROBÁTICO

Los gibones son los simios más pequeños, pero en proporción tienen los brazos más largos de todos los primates. Esto, combinado con su peso ligero y las muñecas tan flexibles, les permite llegar a las ramas y frutos más difíciles de alcanzar.

TRABAJO EN EQUIPO

Los chimpancés, que viven en las selvas africanas, colaboran para cazar. Cada miembro del equipo tiene una tarea concreta: perseguir la presa, cortarle la huida, avisar de por dónde huye o atraparla.

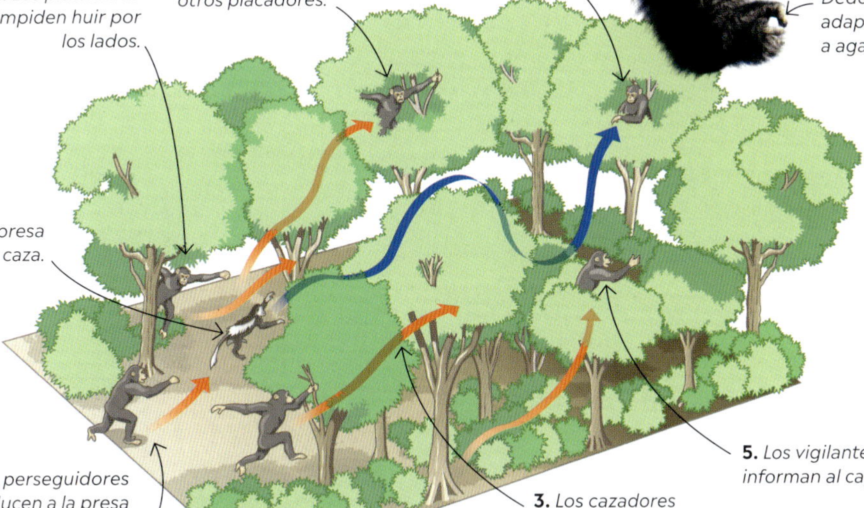

1. *Los perseguidores conducen a la presa hacia otros miembros de la familia.*

2. *Los placadores impiden huir por los lados.*

3. *Los cazadores cambian de altura para seguir a la presa.*

4. *A lo largo de la ruta acechan otros placadores.*

5. *Los vigilantes informan al captor.*

6. *El captor espera a la presa que huye, listo para saltarle encima.*

Mono presa de caza.

EL SIMIO **MÁS ESCASO** ES EL **GIBÓN DE HAINAN**. ¡SOLO QUEDAN **UNOS TREINTA**!

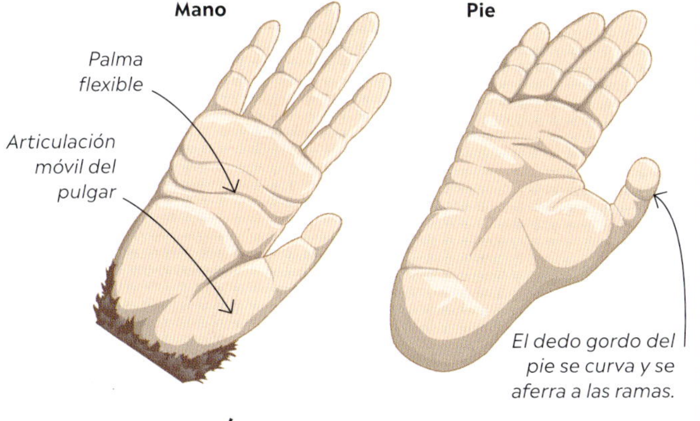

Palma flexible

Articulación móvil del pulgar

El dedo gordo del pie se curva y se aferra a las ramas.

DEDOS ÁGILES DE LOS PIES

El pulgar oponible —móvil y capaz de tocar todos los demás dedos— de los simios les permite coger y sostener objetos, cascar frutos secos y usar herramientas. ¡Todos los primates salvo los humanos tienen el dedo gordo del pie oponible!

HERBÍVOROS MASIVOS

Alimentar a un gorila de gran tamaño requiere muchas hojas, tallos y frutos. Pasan hasta una cuarta parte del día comiendo los 25 kg de materia vegetal que necesitan para sobrevivir.

El cráneo alto sujeta poderosos músculos masticadores en la mandíbula.

Los dedos ágiles cogen comida de plantas y árboles cercanos.

Monos traviesos

¡LOS **MONOS ARAÑA** USAN LA **COLA** COMO UN **MIEMBRO EXTRA**!

Como los simios, los monos son primates inteligentes con manos prensiles y ojos en posición frontal. Suelen tener cola larga, y muchos son trepadores hábiles.

Les crece una cresta puntiaguda de pelo negro en la cabeza.

MUNDOS DE **MONOS**

Hay unas 300 especies de monos, divididos en dos grandes grupos. Los monos del Nuevo Mundo habitan en México y América Central y del Sur, y los monos del Viejo Mundo (divididos en dos tipos) en África y Asia.

Monos del Viejo Mundo

El mandril es omnívoro.

Omnívoros
Las especies de este grupo comen frutas, hongos, insectos e, incluso, reptiles.

Langur comedor de hojas

Comedores de hojas
Estas especies, arborícolas de cola larga en general, prefieren hojas y brotes jóvenes.

Monos del Nuevo Mundo

Mono aullador

Dieta variada
Algunos son omnívoros, otros solo comen frutas y hojas. Varios tienen la cola prensil.

AVE NOCTURNA

Los micos nocturnos ven y encuentran comida con poca luz gracias a sus ojos enormes. El cristalino es más esférico que el de los monos diurnos. Además, tienen más bastones (células fotorreceptoras), que aumentan la sensibilidad a la luz.

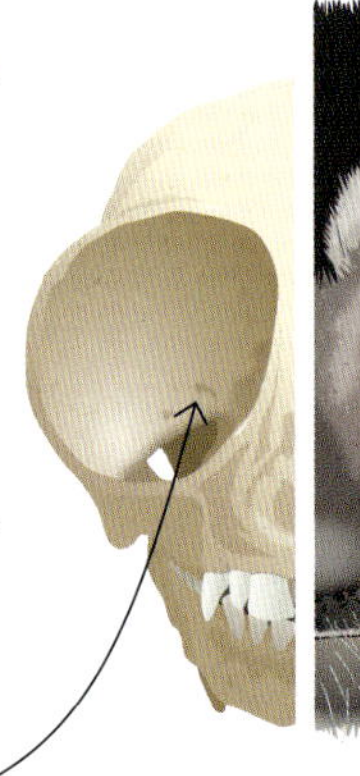

Las grandes órbitas albergan globos oculares grandes.

Mico nocturno

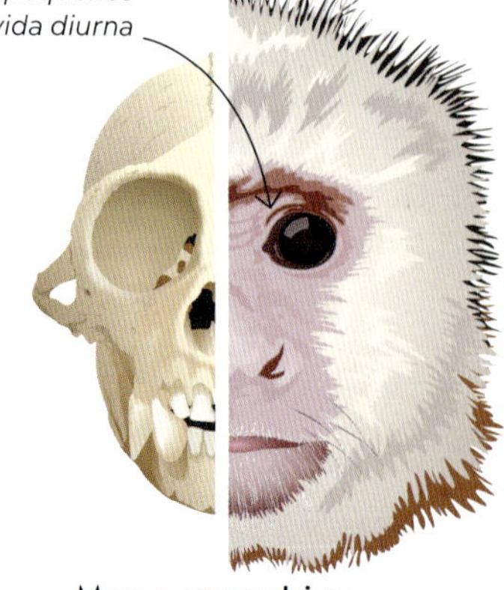

Ojos más pequeños para la vida diurna

Mono capuchino

¡LOS **COLOBOS** SE MUESTRAN **AMISTOSOS** POR MEDIO DE **ERUCTOS**!

GRUPOS **SOCIALES**

Los monos son muy sociales. Muchos, como estos geladas, viven en grupos de muchas hembras y crías con un macho dominante. Mientras las crías juegan, los adultos pasan el tiempo aseándose unos a otros.

MONOS **CURIOSOS**

Estos macacos negros crestados son inquisitivos, y les gustan las novedades. La curiosidad puede traer problemas a los monos que viven cerca de la gente.

¡A LOS **MONOS AULLADORES** SE LES OYE A **5 KM** DE DISTANCIA!

BOLSAS **MOFLETUDAS**

Los monos del Viejo Mundo, como este babuino, tienen la piel extendida en bolsas a los lados del cuello. En ellas almacenan comida si se les molesta o amenaza mientras buscan comida y tienen que huir rápido.

CUIDADO **PARENTAL**

Las crías de mono están indefensas y se aferran a la madre, pero los tities y tamarinos tienen otra forma de hacer las cosas: ¡casi toda la responsabilidad es del padre! Como este papá tamarino león dorado, llevan las crías en la espalda y los cuidan; solo se los dejan a la madre para que los amamante.

Los pelos largos y dorados protegen el espeso pelaje subyacente de la nieve y la lluvia.

La nariz plana con pliegues alrededor de las grandes fosas nasales protege de la congelación.

El pelaje espeso aísla del frío.

¡EN VERANO, SE JUNTAN EN **GRUPOS FAMILIARES** DE **HASTA 600 MONOS**!

AL FRESCO

Este langur chato dorado está descansando de buscar comida. Todos los adultos tienen pelaje naranja en la cabeza y la cara azulada, pero el largo sobrepelo dorado es propio de un macho más viejo. Su ruidosa familia de varias hembras y crías juguetonas no está lejos.

LAS **CRÍAS** SON ENTERAS **DE COLOR CREMA**: ¡NO LES SALE **PELO DORADO** HASTA LOS **TRES AÑOS**!

Langur chato **dorado**

Esta especie en peligro vive en remotos bosques de montaña de China. Con temperaturas que caen a -10° C, su pelaje espeso no solo es bonito, sino esencial.

ÁRBOL **SABROSO**

En las laderas frías de las montañas, ser herbívoro supone comer agujas de pino, líquenes y corteza. En verano, los brotes y las semillas aportan alguna variedad.

EN MOVIMIENTO

Los langures chatos dorados, de miembros largos y ágiles, se desplazan sobre todo por las ramas de los árboles, pero un grupo puede ir por tierra en busca de comida e incluso atravesar a saltos un río helado. Las crías se agarran fuerte y viajan a todas partes con su madre.

PROTECCIÓN **INFANTIL**

Como la mayoría de los primates, ante una amenaza los langures chatos dorados rodean a las crías en el centro para proteger y reconfortarlas. El macho dominante intenta detener al atacante, en este caso un azor.

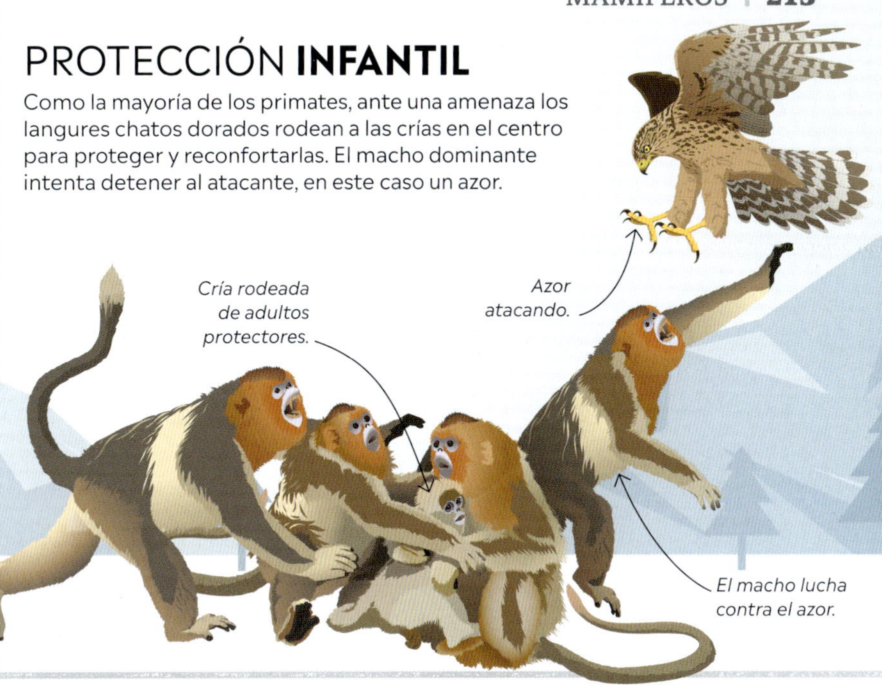

MANTENERSE **CALIENTES**

El langur chato dorado soporta inviernos más largos y temperaturas más frías que ningún primate no humano. Ayudan el pelaje espeso y apiñarse en grupo.

¡ESTOS MONOS DE MONTAÑA VIVEN HASTA A 4000 M DE ALTITUD!

DIENTES QUE **HABLAN**

En una familia de monos la comunicación es constante. Los langures chatos dorados emiten sonidos muy diversos, pero también se comunican retrayendo los labios, abriendo o cerrando la boca, o mostrando los dientes.

Primitivos **prosimios**

Los prosimios —loris, tarseros diminutos y lémures de cola larga— son primates primitivos. A diferencia de los monos, la mayoría tiene la nariz húmeda, y muchos son nocturnos.

Los ojos perciben bien el color durante el día.
Mono
Nariz seca
Todos los dedos tienen uñas.

Tienen buena visión nocturna, pero perciben peor los colores.
Gálago de cola ancha
La nariz húmeda olfatea en la oscuridad
Un dedo trasero tiene garra de aseo en vez de uña.

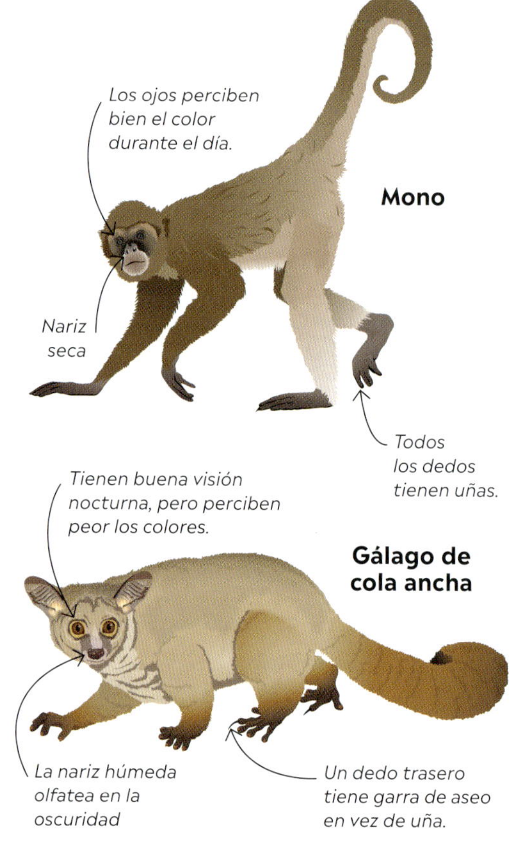

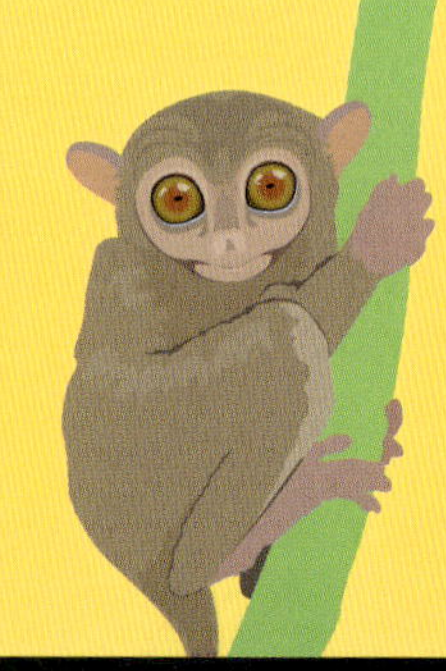

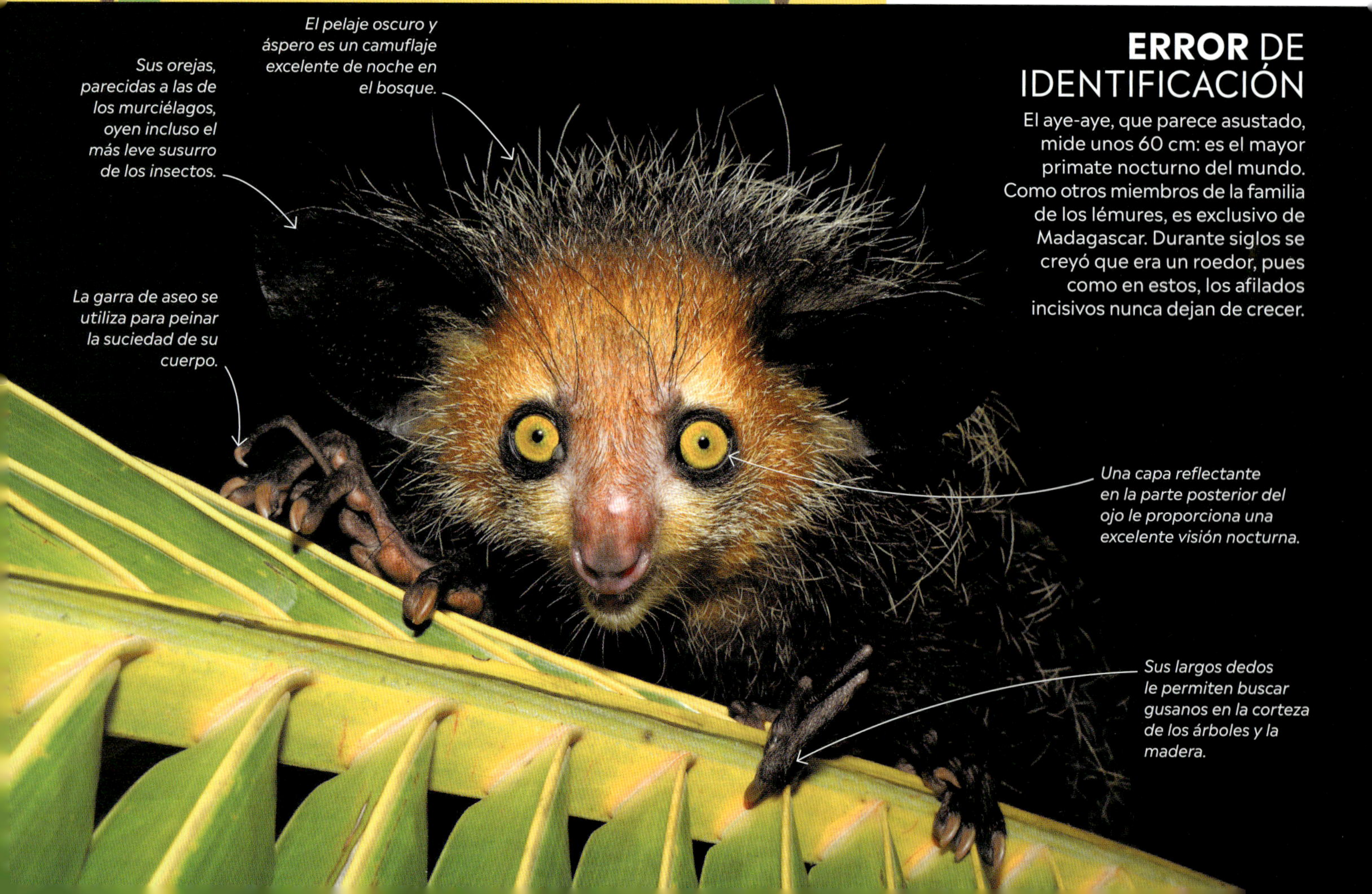

¡LOS TARSEROS GIRAN LA CABEZA CASI 180 GRADOS A CADA LADO!

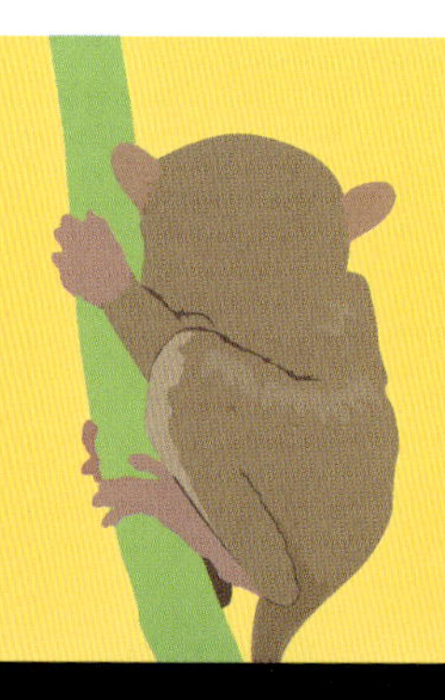

¿MONO O **PROSIMIO?**

Los monos están adaptados a la actividad diurna; los prosimios, de cerebro menor, tienen los ojos más grandes y un hocico húmedo, lo que es ventajoso para la vida nocturna.

El pelaje oscuro y áspero es un camuflaje excelente de noche en el bosque.
Sus orejas, parecidas a las de los murciélagos, oyen incluso el más leve susurro de los insectos.
La garra de aseo se utiliza para peinar la suciedad de su cuerpo.
Una capa reflectante en la parte posterior del ojo le proporciona una excelente visión nocturna.
Sus largos dedos le permiten buscar gusanos en la corteza de los árboles y la madera.

ERROR DE IDENTIFICACIÓN

El aye-aye, que parece asustado, mide unos 60 cm: es el mayor primate nocturno del mundo. Como otros miembros de la familia de los lémures, es exclusivo de Madagascar. Durante siglos se creyó que era un roedor, pues como en estos, los afilados incisivos nunca dejan de crecer.

Las orejas giran como antenas de radar.

Los gálagos no pueden mover los ojos; giran toda la cabeza para mirar a su alrededor.

SÚPER SENSOR

Los gálagos detectan presas o peligros en la oscuridad con sus grandes ojos y orejas. Estas giran independientes y así dan con presas en muchas direcciones. Las pliegan cuando no las usan.

¡EL **LORI PEREZOSO** ES EL ÚNICO **PRIMATE VENENOSO**!

LLAMANDO LA **ATENCIÓN**

En la época de celo, el lémur de cola anillada se unta la cola con el almizcle graso de olor dulce que segregan sus muñecas y la agita hacia hembras que puedan ser su pareja para que lo elijan a él.

¡LOS LÉMURES DE COLA ANILLADA TIENEN **24 LLAMADAS DISTINTAS** PARA **COMUNI-CARSE**!

La boca contiene una fila de pequeños dientes con los que se asea y pela fruta.

Los brazos se utilizan para mantener el equilibrio al correr.

Su pelaje es largo, fino y sedoso.

LÉMUR DANZARÍN

Los prosimios se mueven a cuatro patas cuando no están en los árboles, salvo los sifacas. Este lémur de Madagascar salta y baila de lado por el suelo a hasta 19 km/h. La pérdida de hábitat lo ha puesto en peligro crítico de extinción.

Sus poderosas patas le permiten saltar 10 m de árbol en árbol.

La larga cola mantiene estable y erguido al sifaca.

El dedo gordo actúa como un pulgar para agarrar las ramas.

LENGUA **LARGA**

La lengua del oso malayo mide hasta 25 cm: perfecta para alcanzar termitas, miel y hormigas en lugares de difícil acceso, como nidos de insectos y huecos de los árboles. Es la especie más pequeña de oso: solo 1,5 m de altura.

SOLO **DUERMEN**

Antes se creía que los osos hibernaban en invierno en climas fríos; sin embargo, se ha visto que pasan dormidos largos períodos, pero despiertan de vez en cuando. La temperatura corporal y la frecuencia cardíaca no caen tanto como en los animales que de verdad hibernan.

¡LOS **PANDAS HACEN** A VECES EL **PINO** CUANDO HACEN **PIS**!

El pelaje del oso pardo es largo y espeso, y con propiedades impermeables que hacen que elimine deprisa la humedad y mantenga seca la piel.

Las garras de este oso miden unos 5 cm, pero pueden llegar a medir el doble.

Cráneo de oso negro

LO QUE PUEDA **COMER**

Este cráneo de oso negro tiene dientes, con los que come plantas o carne. Los osos suelen ser omnívoros, pero pueden especializarse: en carne el oso polar; en bambú el panda gigante.

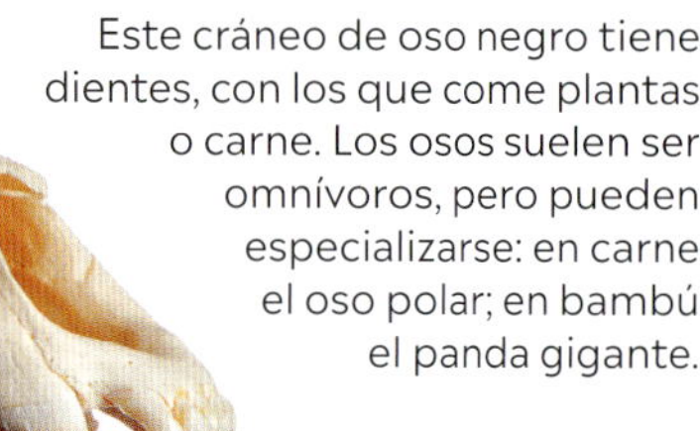

Los incisivos cortan hierba y otras plantas.

Los molares trituran carne, frutos secos y plantas.

Los caninos de ambos maxilares desgarran y rasgan carne.

Las garras largas y curvas dan un agarre excelente.

MOVILIDAD **ASCENDENTE**

Los oseznos y las especies más pequeñas de oso, como el oso negro, trepan fácilmente a los árboles para huir de peligros. Las especies grandes y pesadas, como este oso pardo, no lo hacen si no se sienten amenazados o están buscando comida como frutos secos.

Osos imponentes

Los osos varían en tamaño y comportamiento, pero todos tienen la cola corta, orejas pequeñas, pies planos, un olfato agudo y vista y oído no muy desarrollados. La mayoría de las especies son omnívoras (comen de todo).

¡EL OSO PARDO PUEDE **CORRER** A **64 KM/H**!

GRAN **CAZADOR**

Los miembros cortos y potentes de los osos son idóneos para buscar comida, excavar, trepar y nadar. Tienen mejor olfato que los perros. Los hombros macizos y los pies planos les permiten correr a gran velocidad a cuatro patas por terreno irregular.

¡EL OSO NEGRO PUEDE **COMER 30 000** BAYAS **AL DÍA**!

Al ponerse de pie sobre las patas traseras, el oso también puede ver y oler mejor a su oponente.

POSTURA **AMENAZANTE**

Los osos solo luchan como último recurso. Su arma principal, como muestra este oso gris, es la intimidación: enseñan los dientes y garras al oponente y rugen con la esperanza de que retroceda. Si pelean, rara vez matan y suelen parar cuando uno de los osos ha afirmado su dominio sobre el otro.

Oso polar

Los osos polares dependían de la nieve y el hielo del frío y hostil Ártico para cazar y criar a sus oseznos. El calentamiento del mar está cambiando su mundo helado y obliga a estos gigantes a hallar nuevas formas de vida.

JUGANDO A ESPERAR

La paciencia es clave para el oso polar cuando caza. Espera que una foca salga a respirar en un agujero en el hielo. También vigila la orilla, listo para nadar y sorprender a las focas en los témpanos.

Las focas son vulnerables cuando salen a respirar.

CON UN **PESO** DE HASTA **800 KG**, ¡LOS MACHOS DE OSO POLAR SON EL **MAYOR CARNÍVORO TERRESTRE**!

Un oso polar pesa como dos pianos de cola.

NADADOR **EXCELENTE**

Los osos polares están tan cómodos en el agua como en el hielo o en tierra. Nadan durante horas entre témpanos e icebergs; bracean con las patas delanteras y las traseras sirven de timón.

Las orejas son pequeñas y las aplanan para impedir que entre agua.

La capa aceitosa del pelaje hace que se seque rápidamente, incluso cuando está empapado.

Pueden cerrar las fosas nasales para que no entre agua.

¡EL **OSO GROLAR** ES UN **HÍBRIDO** DE OSO POLAR Y **OSO GRIS**!

OLFATEAR **PRESAS**

Como las presas del oso polar suelen estar ocultas bajo el hielo, la nieve o el agua, dependen del olfato para cazar. A 1 km perciben olores de los respiraderos de las focas en el hielo, o a estas cuando emergen.

Las placas óseas rizadas aumentan la superficie interna de la nariz, que está llena de receptores olfativos.

El bulbo olfativo procesa los olores detectados.

El olor de la foca se percibe cuando el animal sale a la superficie.

CAMBIO DE **DIETA**

El oso polar prefiere las focas. También comen aves marinas árticas y sus huevos, pero su hábitat cambiante y menos helado les está forzando a vivir con lo que encuentren más cerca de asentamientos humanos.

¡UN OSO POLAR CON LOCALIZADOR ESTUVO **NADANDO SIN PARAR** MÁS DE **NUEVE DÍAS**!

GUARIDA **SEGURA**

A finales del otoño las hembras preñadas de oso polar cavan una madriguera en la nieve, donde permanecen hasta la primavera, cuando los oseznos estén listos para salir. No comen nada en ese tiempo, pero producen leche rica en grasa, con la que los oseznos se desarrollan rápido.

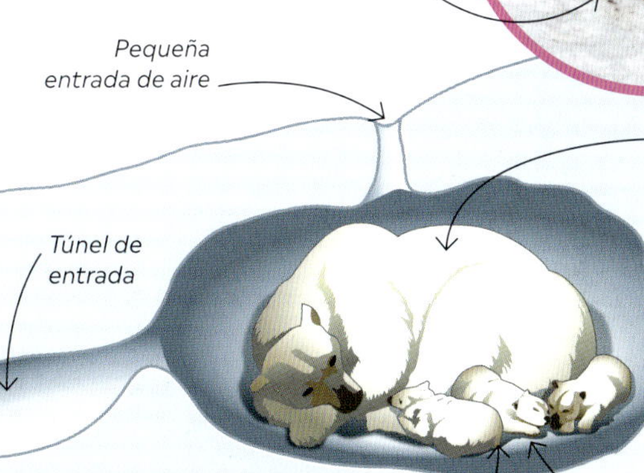

Osezno asomando por primera vez de la guarida

Pequeña entrada de aire

La madre se queda lo más cerca posible de la entrada.

Túnel de entrada

La madriguera es más cálida que el exterior gracias a las aislantes capas de nieve.

De uno a tres cachorros nacen diminutos, ciegos e indefensos, pero crecen rápidamente.

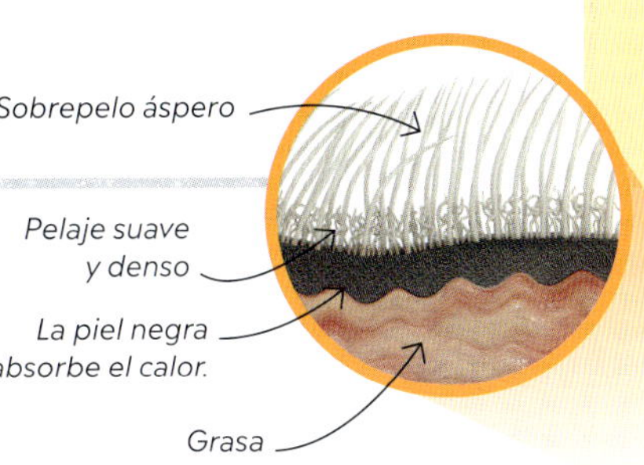

Sobrepelo áspero

Pelaje suave y denso

La piel negra absorbe el calor.

Grasa

CONSERVAR **CALOR**

En el Ártico las temperaturas pueden bajar hasta los -46 °C, pero dos capas de pelaje mantienen calientes al oso polar. La densa capa interna conserva el calor y la protege, a su vez, un espeso sobrepelo exterior. Una gruesa capa de grasa aísla aún más.

ZARPAS **PRÁCTICAS**

Moverse sobre el hielo no es fácil, pero la planta ancha de las patas de los osos polares distribuye muy bien su gran peso y les ayuda a no resbalar.

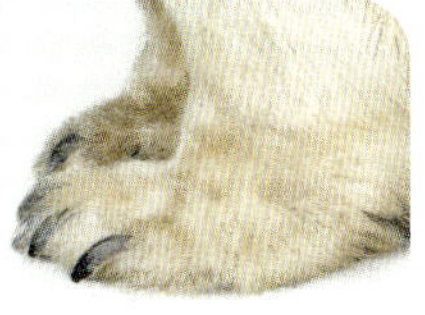

Garras curvas
Las garras gruesas, curvas y afiladas proporcionan un agarre óptimo sobre el hielo.

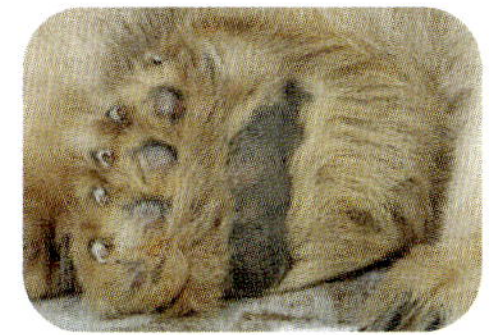

Almohadillas antideslizantes
Las almohadillas negras de las patas tienen pequeñas protuberancias antideslizantes.

CONSERVAS VIVAS

Algunas musarañas inyectan veneno a sus presas para aturdirlas sin matarlas; así disponen de una reserva de gusanos aún jugosos.

MUSARAÑA DE COLA CORTA DEL NORTE

FORMIDABLE FOSA

Con un aspecto extraño entre perro, gato y mono, el fosa es el mayor depredador de Madagascar. Persigue a sus presas en el suelo o en la copa de los árboles y caza desde peces hasta aves, pero su presa favorita son los lémures.

¡OJO AL DATO! DEPREDADORES

Muchos mamíferos cazan presas para alimentarse. En tierra o en el mar, necesitan velocidad, fuerza o métodos ingeniosos para conseguir el alimento que necesitan para ellos y sus crías.

ESTRATEGIAS INTELIGENTES

Las orcas han aprendido a trabajar en equipo para atrapar focas, incluso fuera del agua.

1 **OTEAR** Las orcas emergen del agua para avistar focas descansando sobre témpanos de hielo.

2 **HACER LA OLA** Juntas, las orcas nadan hacia el témpano y bajo él para crear una gran ola.

3 **INCLINAR EL TÉMPANO** La ola inclina el témpano, que a menudo se rompe en pedazos.

4 **ATRAPAR A LA PRESA** Las orcas esperan a que la foca resbale del témpano inestable para cazarla.

EN MANADA

La caza en manada falla a menudo y los depredadores no siempre abaten una presa. Esta lista muestra el porcentaje de éxito de distintas especies.

85 % LICAONES

75 % HIENAS

30 % LEONES

20 % LOBOS

DIENTES COMO **TRIDENTES**

La foca leopardo tiene dientes muy afilados con los que agarrar y desgarrar carne, pero con los más aterradores capturar kril. Tamizan esas presas diminutas entre sus molares serrados de tres puntas.

SIGILO ASTUTO

Las rayas del tigre ayudan a confundirse con el entorno para acercarse a los antílopes sin ser visto. La mayoría de los tigres tienen más de cien rayas. El patrón de cada individuo es único.

FUERZA MANDIBULAR

Los osos polares pueden morder con una fuerza de 5000 newtons (N), casi cuatro veces la de un ser humano. En proporción al tamaño, el cociente de fuerza de mordedura (FM) es mayor en animales más pequeños, como el demonio de Tasmania.

Si se mide por FM, el demonio de Tasmania tiene la mordedura más potente.

En relación con su tamaño, la mordedura del oso polar es débil.

CAZADORES SOLITARIOS

Algunos mamíferos cazan solos. Estos cuatro son cazadores eficientes.

GATO PATINEGRO Este felino africano captura a su presa el 60 % de las veces.

MELONCILLO GRIS Una cobra real no es rival para este omnívoro.

LINCE ROJO Este felino acecha a su presa, la embosca y luego salta sobre ella.

FOCA LEOPARDO Los pingüinos son la presa favorita de esta foca antártica de dientes afilados.

SÚPER HERRAMIENTAS

Los depredadores necesitan buenos ojos, oídos y dientes. Algunos los tienen muy grandes para su tamaño.

LOS OJOS MÁS GRANDES El diminuto tarsero nocturno tiene unos ojos enormes en comparación con el cuerpo.

LAS OREJAS MÁS GRANDES Con orejas de casi la mitad del largo del cuerpo, el feneco capta sonidos muy débiles.

LOS DIENTES MÁS GRANDES Los cachalotes tienen los mayores dientes de todos los mamíferos depredadores: hasta 20 cm.

AFICIONADOS A LA PESCA

El estilo de pesca de estos tres mamíferos piscívoros es muy diferente.

EL MURCIÉLAGO PESCADOR usa la ecolocalización para pescar en los ríos.

EL MUSGAÑO PATIBLANCO se zambulle para atrapar camarones y peces pequeños.

LA FOCA ELEFANTE persigue calamares y peces en el océano profundo.

¡El **murciélago pescador** puede **atrapar 40 peces** en una sola excursión de **pesca nocturna**!

Focas, morsas y leones marinos

Estos mamíferos marinos son pinnípedos ('patas de aleta'). Las focas verdaderas, sin orejas visibles, tienen aletas pequeñas; los leones y los lobos marinos tienen las orejas y las aletas delanteras largas y fuertes.

GUARIDA DE NIEVE

La foca anillada abre respiraderos en el hielo ártico con las garras. En invierno, las hembras hacen guaridas como cuevas en los bancos de nieve sobre el hielo. Dentro, a salvo, amamantan a sus crías.

BUCEO PROFUNDO

Todos los pinnípedos bucean para pescar, pero la profundidad y duración varían según la especie. La foca elefante es la campeona: llega a los 1700 m y puede permanecer dos horas bajo el agua.

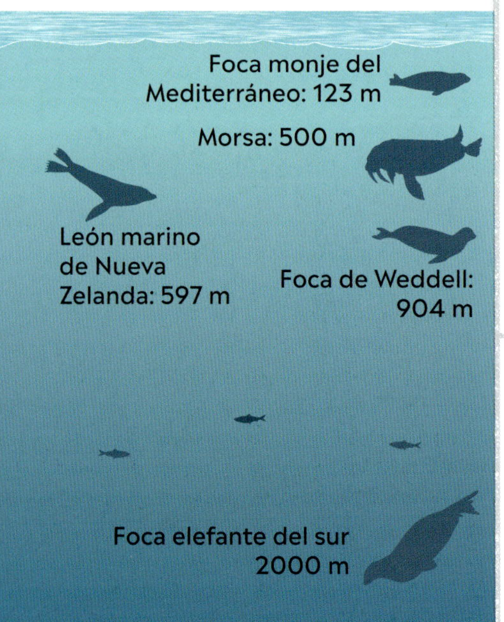

CLASE DE NATACIÓN

La mayoría de las crías nadan al poco de nacer, pero las crías peludas de la foca pía y algunas focas grises (arriba) permanecen en tierra más tiempo. Eludir a los depredadores y pescar requiere práctica.

BIGOTES DE MORSA

El bigote de la morsa lo forman hasta 700 pelos sensibles: las vibrisas. Pueden detectar movimientos en el agua y cambios en las corrientes. Con ellas la morsa percibe moluscos semienterrados en el lecho marino.

CAPA EXTRA

Como otros mamíferos marinos, las focas tienen bajo la piel una capa de grasa y proteínas. Cubre todo el cuerpo salvo las aletas. Mantiene el calor corporal en aguas frías, almacena energía y favorece la capacidad de flotar.

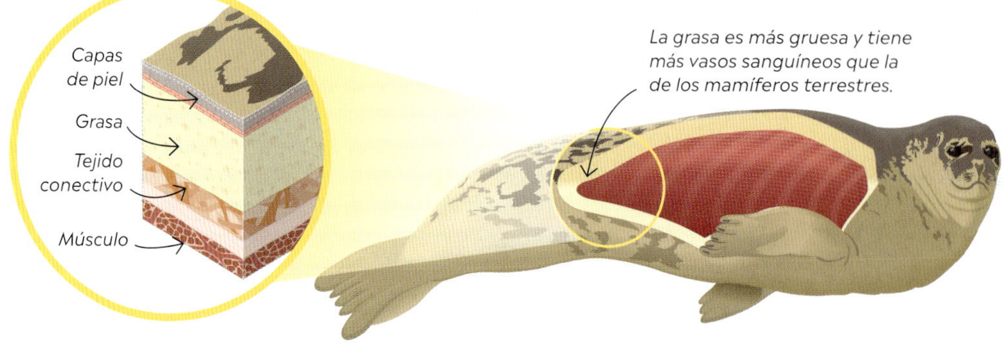

¡LAS **CRÍAS DE LEÓN MARINO CAMINAN** A LOS 30 MINUTOS DE NACER, MUCHO **ANTES** DE **NADAR**!

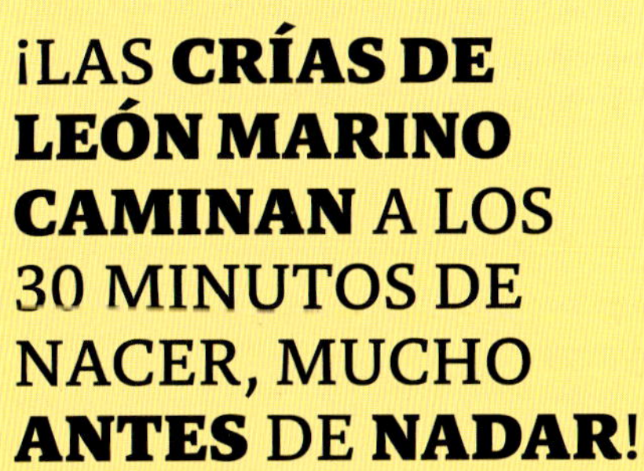

LEONES MARINOS ESTELARES

Extremadamente flexible en el agua, el león marino se retuerce cuando juega o entre los bosques de algas en busca de presas, impulsado por los potentes músculos de las aletas. En tierra usa las aletas para caminar a cuatro patas, a diferencia de las focas verdaderas, que usan las aletas delanteras para arrastrarse sobre el vientre.

Las aletas traseras hacen de timón; dirigen al animal a través del agua.

Ombligo

Aleta delantera larga, sin garras y cubierta de piel elástica

El cuerpo aerodinámico en forma de torpedo atraviesa fácilmente el agua.

Pelo corto y grueso que se oscurece cuando se moja.

Los ojos de pupila pequeña se adaptan a la luz escasa del agua profunda.

Orejas

¡MULTITUD **PELUDA!**

Los lobos marinos adultos pasan más del 80 % del año en el mar, pero llegada la época de celo acuden a la costa. Mientras están en tierra, las madres lactantes salen a pescar deprisa, mientras que los machos no comen nada.

Delfines y marsopas

¡CON SUS 10 M DE LARGO, LA ORCA ES EL MAYOR DE LOS DELFINES!

Nadadores ágiles y elegantes, los delfines y las marsopas son parientes lejanos y dentados de las ballenas. Viven en todos los océanos y algunos ríos. Desde la gran orca hasta el pequeño delfín de Maui, tienen muchos rasgos juguetones en común.

La aleta caudal impulsa para salir volando del agua.

DELFINES DE RÍO

Algunas especies de delfín solo viven en agua dulce. El mayor es el delfín rosado (izda.) del Amazonas; otros viven en la India y el sudeste Asiático. El agua turbia y las raíces de mangle dificulta ver las presas; por eso la ecolocalización es aún más vital que en el océano.

ECO**LOCALIZACIÓN**

Los delfines emiten chasquidos de alta frecuencia y escuchan el rebote para navegar y localizar las presas. Cuando se comunican entre ellos, también producen silbidos diversos.

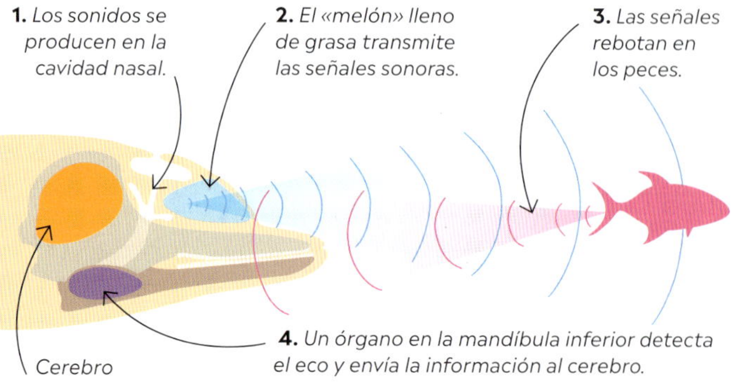

HACER **BURBUJAS**

Los delfines hacen anillos de burbujas soltando aire por el espiráculo bajo el agua. Los anillos pueden servir para confundir a las presas, pero también para divertirse moviendo sus formas en el agua hasta que se disipan.

¿DELFÍN O **MARSOPA?**

Las marsopas son más pequeñas y de cuerpo más rechoncho que los delfines, y la forma de la aleta dorsal y del hocico es distinta. Ambos tienen dientes, pero en los delfines son cónicos y agudos, y los de las marsopas aplanados y en forma de pala.

TIEMPO DE JUEGO

Los delfines son animales sociales e inteligentes que viven en manada. Las crías al jugar aprenden e interactúan, adquiriendo destrezas de supervivencia y estrategias inteligentes para cazar. Estos delfines mulares emergen para respirar en acrobacias sincronizadas.

¡LOS DELFINES **TRAGAN** PRIMERO LA **CABEZA DEL PEZ** PARA NO CLAVARSE LAS **ESPINAS** EN LA **GARGANTA**!

RESPIRACIÓN SELLADA

El espiráculo arriba de la cabeza es la fosa nasal del delfín. Lo controla con músculos: abre para respirar en la superficie y cierra para que no entre agua. A diferencia de los mamíferos terrestres, el delfín puede abrir la boca para comer bajo el agua sin ahogarse, pues las vías respiratorias están separadas de la parte posterior de la garganta.

La tráquea atraviesa una hendidura en el esófago; así se mantienen separados el agua y el aire.

Espiráculo

Esófago conectado al estómago

Tráquea conectada con los pulmones.

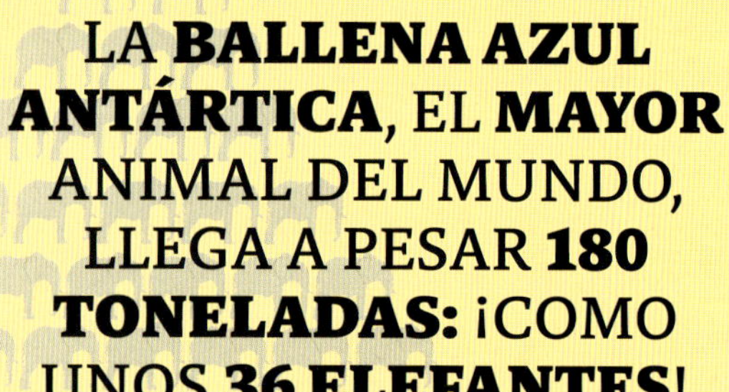

LA **BALLENA AZUL ANTÁRTICA**, EL **MAYOR** ANIMAL DEL MUNDO, LLEGA A PESAR **180 TONELADAS:** ¡COMO UNOS **36 ELEFANTES**!

Los ojos están a los lados de la cabeza. La ballena no ve lo que hay justo delante.

Las largas aletas pectorales miden un tercio de la longitud del cuerpo.

De los tubérculos (bultos del rostro), salen mechones de pelo.

BALLENA JOROBADA

La ballena jorobada vive en todos los océanos; viaja sola o en pequeños grupos. Tiene barbas y come unas 2,2 toneladas de kril al día y alcanza 17 m de largo. Emite muchos sonidos distintos para comunicarse, como el famoso canto de las ballenas.

MIGRACIÓN DE BALLENAS

Muchas ballenas migran entre zonas de alimentación y reproducción. Algunas ballenas grises viajan del Ártico a las aguas más cálidas de México y luego vuelven: ¡un viaje de ida y vuelta de 19 000 km!

¿QUIÉN ES QUIÉN?

Los cetáceos —ballenas, delfines y parientes— son mamíferos acuáticos. Todos nadan con las aletas y respiran por espiráculos. Se alimentan de dos maneras principales: las ballenas barbadas filtran kril y plancton con las barbas; las ballenas dentadas, los delfines y las orcas atrapan presas y las desgarran con los dientes.

Ballena barbada

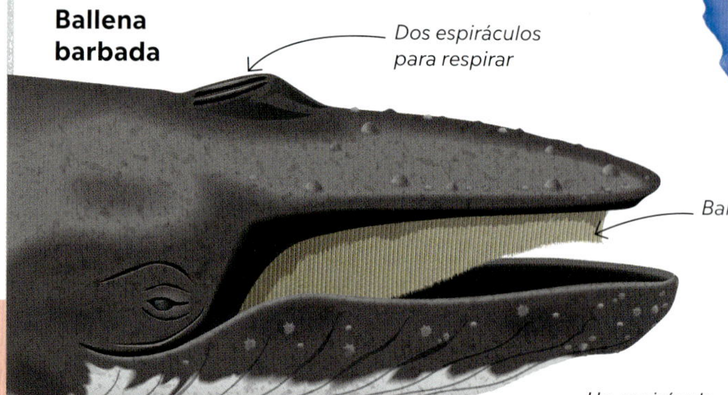

Ballena dentada

La orca, de la familia de los delfines (véanse pp. 224-225), tiene dientes de forma cónica.

¡HASTA **500 KG** DE **CIRRÍPEDOS** PUEDEN **VIAJAR** PEGADOS A UNA BALLENA SIN QUE LA MOLESTEN!

Cirrípedos

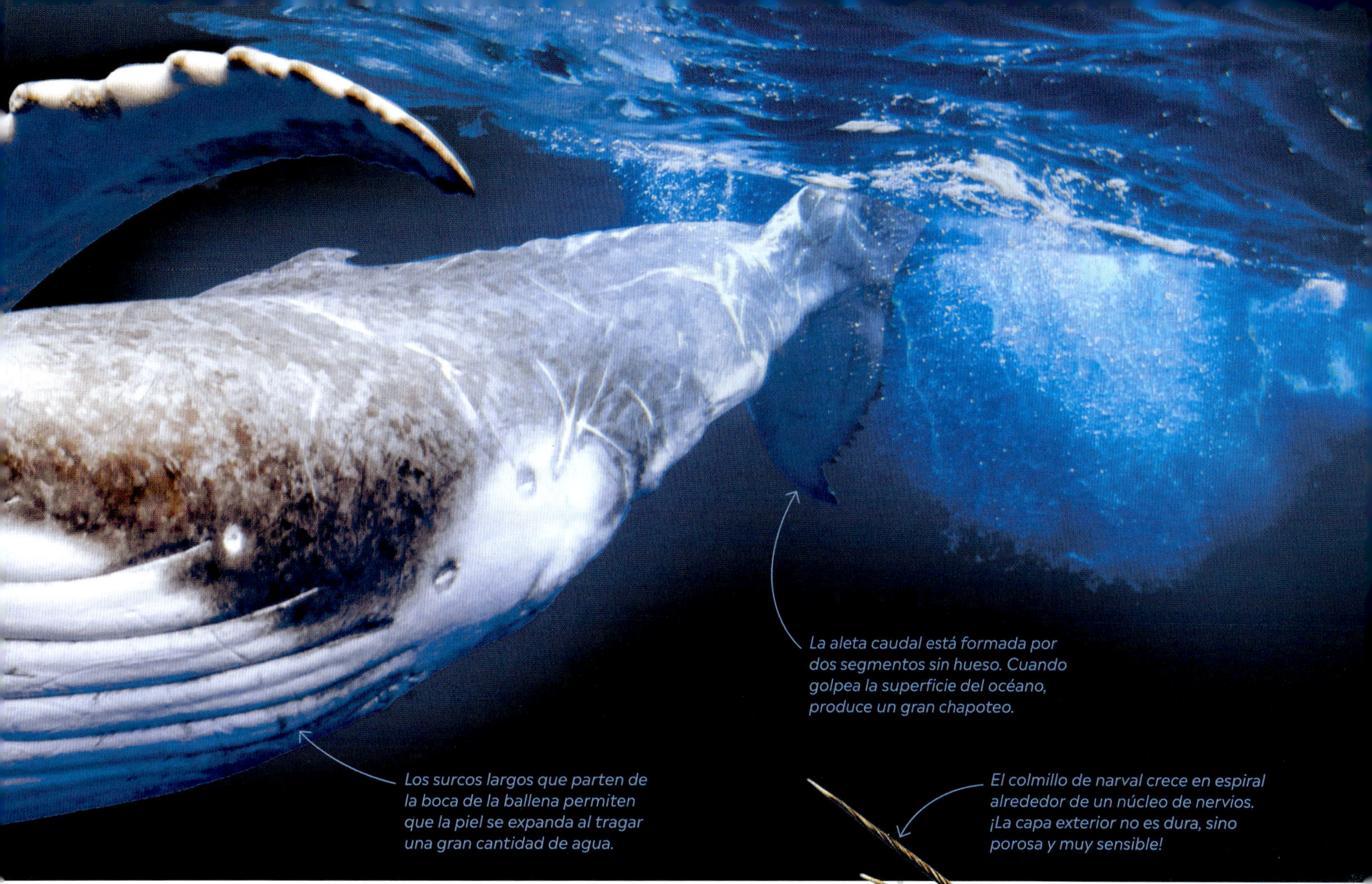
La aleta caudal está formada por dos segmentos sin hueso. Cuando golpea la superficie del océano, produce un gran chapoteo.
Los surcos largos que parten de la boca de la ballena permiten que la piel se expanda al tragar una gran cantidad de agua.
El colmillo de narval crece en espiral alrededor de un núcleo de nervios. ¡La capa exterior no es dura, sino porosa y muy sensible!

Ballenas y afines

Hay más de 43 especies de ballena. Algunas son gigantes majestuosos que surcan con elegancia los mares y otras son depredadores juguetones, pero todas salen a la superficie a respirar por los espiráculos.

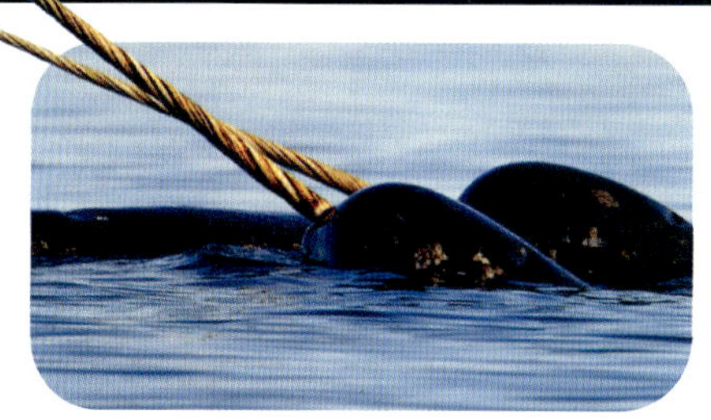

COLMILLO **MISTERIOSO**

El colmillo del narval es un diente alargado, pero no se sabe con seguridad su función. Como suelen tenerlo los machos, podría ser un rasgo de vigor para exhibir en la época de celo.

CACHALOTE

La cabeza del cachalote ocupa un tercio de su longitud. Tiene el mayor cerebro del mundo animal. Puede sumergirse hasta 1000 m en busca de presas, como calamares gigantes y pulpos.

La cabeza contiene un órgano empleado como sonar.
Los cachalotes solo tienen dientes en la mandíbula inferior.
Segmentos triangulares en la cola

¡**HUELLAS** CAUDALES!

La aleta caudal de cada ballena jorobada es única, con marcas exclusivas, como las huellas dactilares humanas. Los científicos la usan para identificar y rastrear individuos y estudiar su comportamiento.

Marcas únicas en la cara inferior de la cola

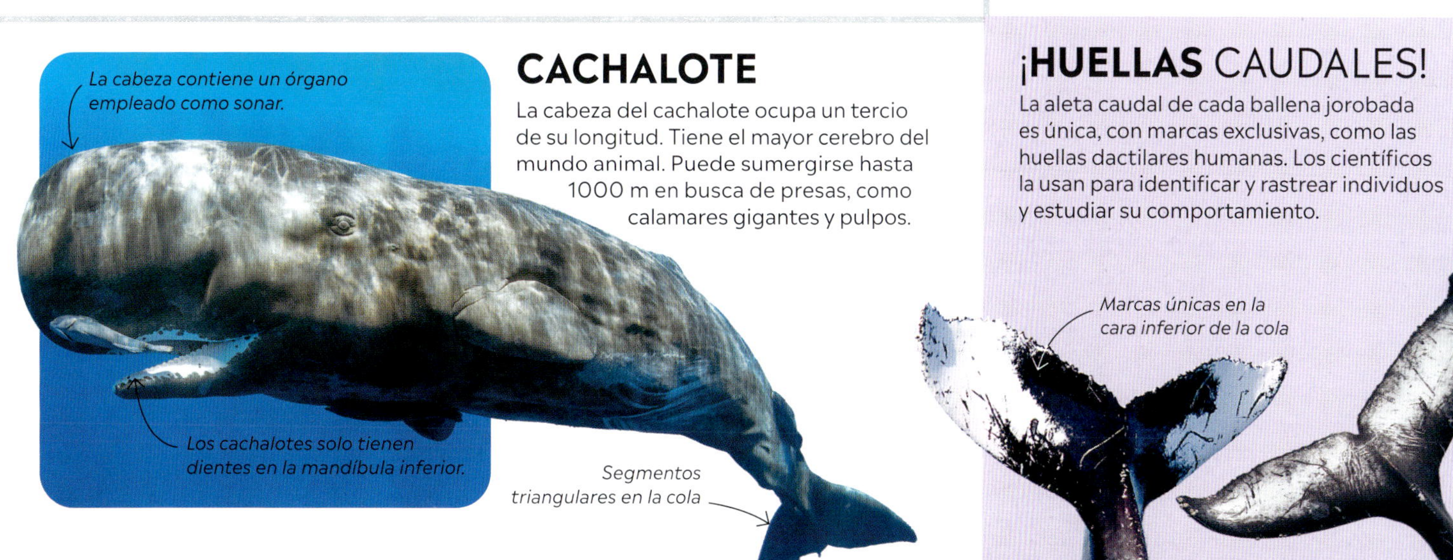

1
2
3
4
5
6
7
8
9
10
11
12
13
14
15
16
17
18
19
20

IDENTIFICA... MAMÍFEROS ACUÁTICOS

¿Distingues una foca de un león marino? ¿Qué es una nutria y qué no lo es? ¿Ves una ballena de verdad? ¿Hay alguna que no lo es? Sumérgete con estos mamíferos amantes del agua y nombra los que conozcas.

1 Cachalote
2 Nutria marina
3 Ballena jorobada (madre y cría)
4 Foca listada
5 Visón americano
6 Foca monje hawaiana
7 Hipopótamo
8 Ballena boreal
9 Ballena franca pigmea
10 Capibara
11 Ballena gris
12 Morsa
13 Zifio de Shepherd
14 Zifio europeo
15 Oso polar
16 Nutria cenicienta
17 Calderón común
18 Ballena azul
19 Narval (machos luchando)
20 Nutria europea
21 Delfín común (madre y cría)
22 Castor americano
23 Tiburón ballena
24 Delfín del Plata
25 Orca
26 León marino de California
27 Vaquita marina
28 Foca común
29 Ballena franca
30 Ornitorrinco
31 Manatí del Caribe
32 Beluga
33 Delfín de flancos blancos del Pacífico
34 Delfín del Indo
35 Musaraña

El que no encaja es el tiburón ballena (23). Los tiburones ballena son peces, como todos los tiburones: tienen branquias en lugar de pulmones y no alimentan a sus crías con leche.

¿QUIÉN ES EL INTRUSO?

Poderosos **elefantes**

Los más grandes mamíferos terrestres combinan fuerza, olfato y tacto extraordinarios con una memoria asombrosa para vivir juntos en sabanas y bosques.

TROMPA QUE **HABLA**

Los elefantes usan la trompa para crear vínculos, tocando y acariciando tanto a adultos como a crías. Su excelente olfato sirve para distinguir parientes de no parientes; pueden retener recuerdos olfativos de hace doce años.

¡LOS ELEFANTES ALMACENAN AGUA EN UNA BOLSA QUE TIENEN EN LA BOCA!

El elefante africano tiene dos «dedos» con los que manipula objetos.

Hábil herramienta

La trompa es poderosa y útil para investigar delicadamente el entorno. La punta tiene «dedos» prensiles, capaces de agarrar y sostener objetos.

El elefante asiático tiene un solo apéndice.

DERRIBAR ÁRBOLES

Los elefantes son diestros ingenieros del ecosistema: cambian su hábitat derribando árboles, distribuyen semillas con los excrementos y forman charcos de agua. El resultado es un hábitat adecuado también para otros animales.

MACHO A LA **CARGA**

Los elefantes no suelen embestir si no es necesario; solo cuando se sienten amenazados. Los machos lo hacen para demostrar fuerza y agitan las orejas y balancean la trompa. Como este macho de la sabana africana, simulan embestir a otros machos cuando quieren presumir.

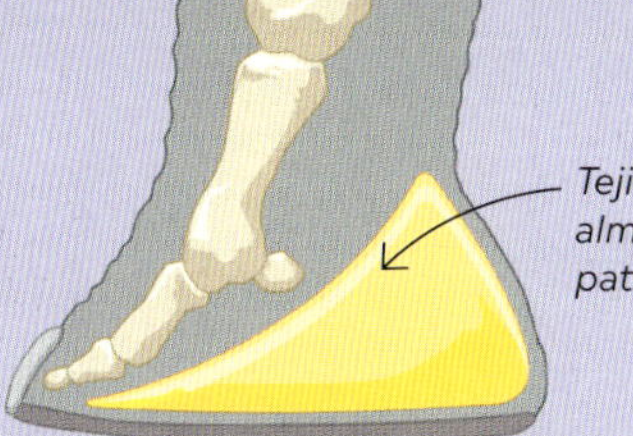

¡LAS **ALMOHADILLAS DE LAS PATAS** HACEN DE **AMORTIGUADORES** AL **PISAR FUERTE**!

ELENCO DE **ELEFANTES**

Hay tres especies diferentes de elefantes, todos de peso y altura impresionantes, pero se distinguen por ciertas características muy claras.

Elefante africano de sabana
La especie más grande tiene orejas enormes, anchas y móviles. Es de color más claro que el elefante de bosque.

Elefante africano de bosque
Más pequeños que sus primos de la sabana, los colmillos apuntan hacia abajo.

Elefante asiático
Esta especie tiene las orejas más pequeñas y una protuberancia a cada lado de la cabeza. Solo los machos tienen colmillos.

BAÑO DE **POLVO**

En el abrevadero, los elefantes se rocían con agua para refrescarse, pero un baño de polvo funciona igual de bien. Este elefante asiático succiona polvo con la trompa y luego se lo sopla sobre la espalda y las orejas. La nube de polvo también puede prevenir las picaduras de insectos.

¡LLAMADA A **DISTANCIA**!

Los elefantes barritan fuerte, pero el retumbo de muy baja frecuencia que producen con la trompa y la boca puede recorrer el doble de distancia: sus vibraciones viajan por el suelo y las detectan otros elefantes, que sienten de dónde viene el mensaje y quién está llamando.

CONOCE A LOS **CAMÉLIDOS**

Hay siete especies de camélidos: la vicuña y el guanaco, silvestres, y la alpaca y la llama, domesticadas, viven en América del Sur; los camellos bactrianos silvestres y domesticados, en Mongolia y el noroeste de China; y el dromedario domesticado, en Asia occidental y el norte de África.

Vicuña
El camélido más pequeño vive en las alturas de la cordillera de los Andes. Hasta la cruz solo mide 85 cm.

Alpaca
Especie doméstica descendiente de la vicuña, la alpaca se cría en todo el mundo por su lana.

Guanaco
En manadas salvajes vagan por el desierto de Atacama y las escarpadas mesetas andinas y patagónicas.

Llama
Descendiente del guanaco, se crio para transportar cargas por estrechos caminos de montaña.

Dromedario
Estos camellos de una sola joroba toleran el calor de los desiertos del Sáhara y Arabia.

Camello bactriano
El pelaje greñudo protege a estos camellos de dos jorobas en los fríos desiertos asiáticos.

¡LOS **CAMELLOS** PUEDEN BEBER **145 LITROS** DE **AGUA** DE UNA SOLA VEZ!

La familia de los camélidos

Los camélidos llevan la vida extrema al límite. Prosperan en terrenos áridos y abruptos y climas duros. Algunas especies soportan respirar el aire enrarecido de las montañas; otras viven en desiertos cálidos o fríos.

ALPACAS **LANUDAS**

El pelaje espeso protege a la alpaca en el aire frío y seco de los Andes. Las antiguas civilizaciones de la región, incluidos los incas, las criaban para hacer ropa con su lana, aún hoy muy apreciada. Si se las esquila en verano, llegado el invierno el pelaje les ha vuelto a crecer.

La fibra del pelaje crece en pequeños mechones con un rizo u onda pronunciados.

OJO DE UN **CAMÉLIDO**

Los camélidos viven en lugares con mucha arena, polvo y viento. La fila doble de pestañas muy largas y una membrana delgada en cada ojo, como un tercer párpado transparente, protegen los ojos.

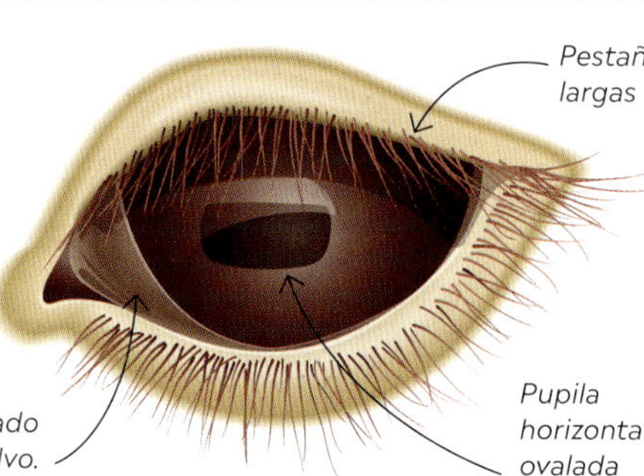

La grasa almacenada en la joroba, en lugar de repartida bajo la piel, evita el sobrecalentamiento.

SUMINISTRO DE **ENERGÍA**

Casi toda la grasa corporal de un camello se almacena en las jorobas. Esa reserva ayuda a los camellos a pasar mucho tiempo sin comida ni agua. Con el tiempo pierden volumen; lo recuperan cuando el animal vuelve a alimentarse.

CAMINAR SOBRE **DOS DEDOS**

Los camellos recorren largas distancias sobre dunas. Tienen dos dedos en cada pata y una amplia almohadilla debajo. Esta reparte el peso y evita que las patas se hundan en la arena; su superficie correosa permite caminar sobre la arena abrasadora del desierto.

Punta dura como una uña en el extremo de cada dedo

LABIOS DE **CAMELLO**

La forma de los labios de los camellos es peculiar; el superior es flexible y se divide en dos, lo que facilita mordisquear plantas y hierba muy a ras del suelo. Son resistentes y las plantas espinosas del desierto no los disuaden; eso es útil en entornos áridos donde la vegetación escasea.

La alpaca es menor y de hocico más corto que la llama.

¡LAS LLAMAS ESCUPEN SALIVA MEZCLADA CON VÓMITO CUANDO SE SIENTEN AMENAZADAS!

Cerdos **silvestres**

Presentes en África, Asia y Europa, los suidos son animales sociables con pezuñas y pelaje erizado. Su hocico ancho y aplanado es perfecto para olfatear alimentos tan variados como fruta, hojas, hongos y presas animales.

Balón de baloncesto talla 7

LA **ESPECIE MÁS PEQUEÑA** ES EL **JABALÍ ENANO**. ¡SU **ALTURA** NO PASA DE **25 CM**!

CERDOS DE RÍO

El potamoquero rojo, la especie más colorida de todas, vive cerca del agua en África Occidental y Central. Vadean en busca de plantas acuáticas, pero comen también fruta, raíces y gusanos en tierra firme.

El pelo blanco se eriza cuando el cerdo se excita o se le amenaza.

Los largos mechones de pelo en las orejas ahuyentan a las moscas.

Las marcas blancas rompen la silueta y confunden a los depredadores.

Las fosas nasales asoman siempre fuera del agua.

EN **COMPAÑÍA**

Los facóqueros se ven a menudo con picabueyes, aves que se alimentan de sus garrapatas (ácaros chupadores de sangre). También se alimentan de la sangre de sus huéspedes, a los que el pico afilado puede hacerles llagas. A los facóqueros no parece importarles.

Picabuey limpiando el hocico a un facóquero arrodillado para beber

¡A LOS MACHOS DE JABALÍ DE LAS BISAYAS LES SALE UNA LARGA MELENA EN ÉPOCA DE CELO!

INGENIEROS **DEL ECOSISTEMA**

Esta jabalina y sus crías buscan comida husmeando y escarbando en el bosque. Los jabalíes dejan el suelo revuelto; con ello desempeñan un papel vital en la distribución de semillas y despejan espacios para que crezcan las plantas.

BAÑO DE **BARRO**

Como todos los suidos, este facóquero carece de glándulas sudoríparas. Se refresca en su cálido hábitat de Kenia revolcándose en el barro; así evita sobrecalentarse y, aunque no lo parezca, el barro ayuda a limpiar la piel.

¡A LA **CARRERA**!

Los jabalíes son rápidos, y pueden alcanzar velocidades considerables que les permiten tanto escapar de los depredadores como cargar contra posibles amenazas.

Jabalí 40 km/h

Facóquero 48 km/h

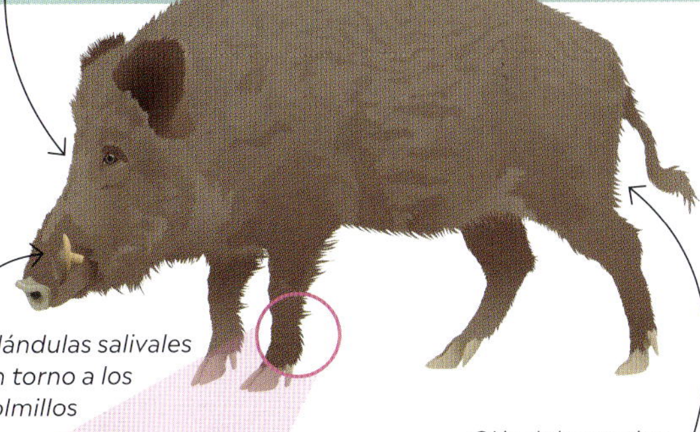

Glándulas odoríferas bajo los ojos

Glándulas salivales en torno a los colmillos

Glándulas anales en la parte posterior

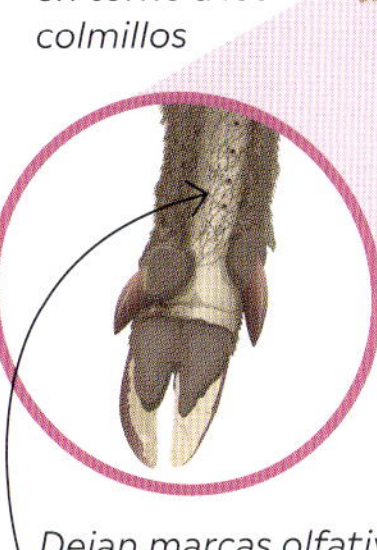

Dejan marcas olfativas frotando las glándulas de las patas delanteras contra el suelo.

SUPER**OLFATIVO**

A los suidos no solo se les da muy bien detectar olores, sino que con sus nueve glándulas producen olores exclusivos. Estos comunican mensajes olfativos variados entre animales.

Los colmillos superiores de este babirusa macho le tocan la frente.

Colmillo inferior de la mandíbula inferior

COLMILLOS **MOLESTOS**

Todos los suidos tienen caninos largos que crecen como colmillos. Los superiores suelen crecer hacia fuera y arriba desde los lados de la boca, pero los del babirusa atraviesan el cráneo y se curvan sobre la frente.

La piel (o terciopelo) de las astas le suministra nutrientes para crecer.

MINI**RUMIANTE**

Los ciervos ratón, o tragúlidos, son diminutos, con una altura a la cruz de solo unos 30 cm. Tienen caninos largos, sorprendentes en un herbívoro, que emplean para luchar, no para alimentarse.

Arranca hojas con los incisivos y las tritura con los molares.

Cada vez que vuelven a salir las astas son más grandes. Pueden llegar a 2 m.

PODEROSO **ALCE**

El alce, el mayor de los cérvidos, vive en los bosques del norte de América y Eurasia. con una altura de hasta 2 m, alcanza fácilmente hojas y piñas. Buen nadador, suele alimentarse también de plantas acuáticas ricas en minerales.

¡EN EL **PARQUE NACIONAL DE YELLOWSTONE** (EE. UU.) HA HABIDO **BISONTES** DESDE LA **PREHISTORIA**!

Animales **rumiantes**

Estos mamíferos de pezuña hendida se caracterizan por rumiar (regurgitar materia vegetal y masticarla de nuevo). Viven en hábitats diversos, desde la sabana africana hasta la tundra ártica, y son un grupo muy variado. Muchos de ellos tienen cuernos o astas llamativos.

TRIPAS

Los rumiantes pueden digerir plantas duras porque tienen un estómago de cuatro cámaras con microbios que descomponen la fibra vegetal. Luego regurgitan lo comido y lo mastican otra vez.

¡LOS BUEYES ALMIZCLEROS SE EMBISTEN DE CABEZA A 60 KM/H!

¿CUERNO O **ASTA**?

El cuerno y el asta parecen similares, pero no lo son. Los cuernos crecen sin cesar como una extensión del cráneo; las astas caen y vuelven a crecer cada año.

¡UNA SOLA VACA PRODUCE ENTRE 70 Y 120 KG DE GAS METANO AL AÑO!

SALTADOR DE **ALTURA**

Las gacelas y los antílopes escapan de los depredadores saltando. Lo hacen como señal de advertencia, y en ocasiones como demostración de fuerza. Muchos son capaces de saltar en vertical hasta los 3 m de altura.

GRAN ESCALADOR

Las pezuñas hendidas de la cabra de las Rocosas norteamericana tienen dos dedos acolchados, que se expanden; así tiene buen agarre en laderas empinadas mientras busca matas, musgo y líquenes.

Pregunta a una...
CINEASTA

Alex Walters es productora y directora de la Unidad de Historia Natural de la BBC, y ha trabajado en documentales de fama mundial como *Planet Earth III* con David Attenborough. Antes trabajó en proyectos de conservación en Madagascar y en un refugio de tortugas en Costa Rica.

P **¿Cómo te dedicaste a producir programas de televisión sobre el mundo natural?**
R Me crie en New Forest (sur de Inglaterra) completamente obsesionada con la naturaleza y me encantaba fotografiarla, ¡así que me pareció natural!

P **¿Cómo te hiciste productora de televisión?**
R Estudié cinematografía. Luego pasé de asistente de cámara a asistente de producción, buscando temas para programas de historia natural rodados en el Reino Unido y Alaska, hasta ser asistente de producción y directora de *Planet Earth III*. Trabajando duro he logrado vivir mi sueño.

UN JUEGO DE AJEDREZ

El lobo ártico y el buey almizclero han coexistido durante miles de años. Están muy igualados y la caza puede durar horas. Como en una partida de ajedrez, cada uno hace su jugada y el otro reacciona. Los bueyes suelen agruparse en formaciones defensivas y los lobos intentan aislar a un individuo, como ha hecho este. Muchas cacerías fracasan; incluso un buey puede matar a un lobo con sus enormes cuernos. Es toda una batalla por la supervivencia.

P ¿Qué hace un productor de televisión de fauna silvestre?
R El productor es parte de un equipo y participa en todas las etapas, desde la idea inicial hasta planificar, rodar y editar para que el relato tenga sentido a ojos del espectador.

P ¿Cómo es filmar a los lobos cazando?
R Acampamos en el Ártico casi tres meses. Es un mundo extremo y, tras ver la lucha por la supervivencia allí, nos fuimos con un gran respeto por los lobos y los bueyes almizcleros.

P ¿Es difícil asearse en lugares remotos?
R En el Ártico la temperatura era inferior a -15° C, así que quitarse la ropa para lavarse con un cubo y una toalla no era muy atractivo. ¡Me salté el lavado durante varios días!

P ¿Alguna vez te sentiste amenazada?
R Hubo un momento en el Ártico en el que pensé que me convertiría en el almuerzo de unos lobos. Vino una manada y no los vi hasta estar casi rodeada. Por suerte, ¡estaban más interesados en intentar robar nuestro equipo!

P ¿Molesta a los animales que los filmen?
R Depende: los lobos árticos no tienen miedo, pero los leopardos de las nieves y los cálaos son nerviosos, y hay que esconderse para filmarlos. En las llanuras africanas, los animales se van habituando a ti. Para *Dynasties II*, ¡el equipo pasó dos años siguiendo a una guepardа y su cría!

P ¿Qué quieres que sienta el espectador?
R Lo más importante para mí es que el espectador sienta comprensión, amor y compasión por los animales a los que filmamos.

Colosales **jirafas**

Las jirafas, los animales más altos, están adaptadas a la vida en la sabana. Con su altura alcanzan las hojas suculentas de la copa de los árboles y con sus patas cocean a los depredadores.

¡LAS JIRAFAS MACHO PUEDEN LLEGAR A MEDIR 6 M DE ALTO!

Una cresta tupida recorre todo el cuello.

Cada jirafa tiene un patrón de pelaje único.

Lengua morada

Orejas grandes con las que oyen a los depredadores

Los machos emplean los osiconos óseos duros y cubiertos de pelo para luchar.

LENGUA **RETORCIBLE**

Las hojas jugosas de acacia son su alimento predilecto. No son fáciles de comer, pero las jirafas tienen la lengua larga, áspera y flexible, perfecta para maniobrar entre las espinas puntiagudas que las protegen.

LARGO **ALCANCE**

Un cuello largo no siempre ayuda. Para beber, las jirafas tienen que separar las patas y agachar mucho la cabeza. Es una postura vulnerable, y otros miembros de la manada se turnan para vigilar si hay depredadores mientras beben.

LAS JIRAFAS TIENEN SIETE VÉRTEBRAS EN EL CUELLO, ¡COMO LOS HUMANOS!

PELEA DE **CUELLOS**

En la época de celo, los machos se enfrentan «cuello a cuello», a cabezazos y haciendo chocar los osiconos hasta que el más débil se rinde. El ganador se apareará con la manada de hembras.

LARGAS **VENAS**

El corazón de la jirafa bombea con fuerza suficiente para que la sangre llegue a la cabeza, pero si se inclina para beber, una red de pequeños vasos impide que llegue demasiada de repente al cerebro. De no ser por esta adaptación, la jirafa se marearía mucho.

La arteria transporta sangre desde el corazón.

Las venas llevan sangre de vuelta al corazón.

Las válvulas de las venas impiden que la sangre vuelva al cerebro.

La red de vasos bajo el cerebro actúa como una esponja y ralentiza el flujo sanguíneo.

El cerebro se desplaza casi 6 m entre la posición erguida o agachada de la cabeza.

¿QUIÉN ES **QUIÉN?**

Hay varios tipos de jirafas en diferentes partes de África. Se distinguen por el color y el patrón de manchas, como se ve en estos ejemplos.

Jirafa de Kordofán
Manchas irregulares de color canela, con bordes gruesos de color blanco crudo.

Jirafa de Sudáfrica
Las manchas marrón claro están muy juntas sobre una base crema pálida.

Jirafa reticulada
Manchas de color marrón anaranjado enmarcadas por líneas blancas delgadas.

Jirafa masái
Manchas marrón oscuro recortadas contrastan con el fondo marrón cremoso.

LARGA **CAÍDA**

La vida comienza con una caída y un golpe para las crías de jirafa, que nacen a 1,8 m del suelo, pero en pocos minutos se ponen en pie, capacidad clave para sobrevivir, ya que los depredadores suelen andar cerca.

Las pezuñas tienen dos mitades, o dígitos.

LAS PLANTAS DE LA JIRAFA TIENEN EL ANCHO DE UN PLATO: ¡30 CM!

ZANCADAS POR LA **SABANA**

Las jirafas recorren distancias considerables con su larga zancada. No suelen correr, pero cuando las persiguen, como al adulto y las crías de la imagen, pueden alcanzar brevemente hasta 60 km/h.

ASNO SALVAJE **SOMALÍ**

Los asnos son équidos pequeños y fornidos, adaptados a entornos rocosos y áridos. El asno salvaje somalí está adaptado al clima seco del este de África y puede pasar tres días sin beber agua. Debido a la pérdida de su hábitat y a la caza, quedan menos de 600 asnos salvajes.

Patas rayadas, como la cebra, y cascos pequeños

RAYAS **MARCADAS**

Las tres especies de cebras —común, de montaña y de Grevy—, los miembros más llamativos de la familia de los équidos, viven en las praderas de la sabana del este y sur de África. El patrón de rayas de cada cebra es único, como las huellas dactilares humanas.

Los machos de cebra suelen luchar por imponerse a mordiscos y entrechocando la cabeza.

Équidos

Caballos, cebras y asnos son todos équidos: animales de miembros largos, un solo dígito cubierto de casco, sociables y adaptados a correr, sobre todo en espacios abiertos. Comen, básicamente hierba, que su sistema digestivo procesa rápido.

Las rayas pueden disuadir a la mosca tsetsé portadora de enfermedades.

El dígito único con casco pudo evolucionar como adaptación para la carrera.

LA **RAZA DE CABALLO** DOMESTICADA **MÁS ANTIGUA** ES LA **ÁRABE**, CRIADA POR BEDUINOS DE LA PENÍNSULA ARÁBIGA **HACE 4500 AÑOS.**

MENTALIDAD DE **MANADA**

Los équidos viven en manada, lo cual ofrece alguna protección frente a depredadores como pumas y lobos. La manada la forman muchos grupos familiares, cada uno protegido por un macho dominante. Las crías permanecen cerca de su madre.

NACIDOS PARA **CORRER**

La principal defensa de los équidos es su velocidad: los más rápidos pueden alcanzar 70 km/h. Las patas también son armas: una coz de cebra puede matar a un león.

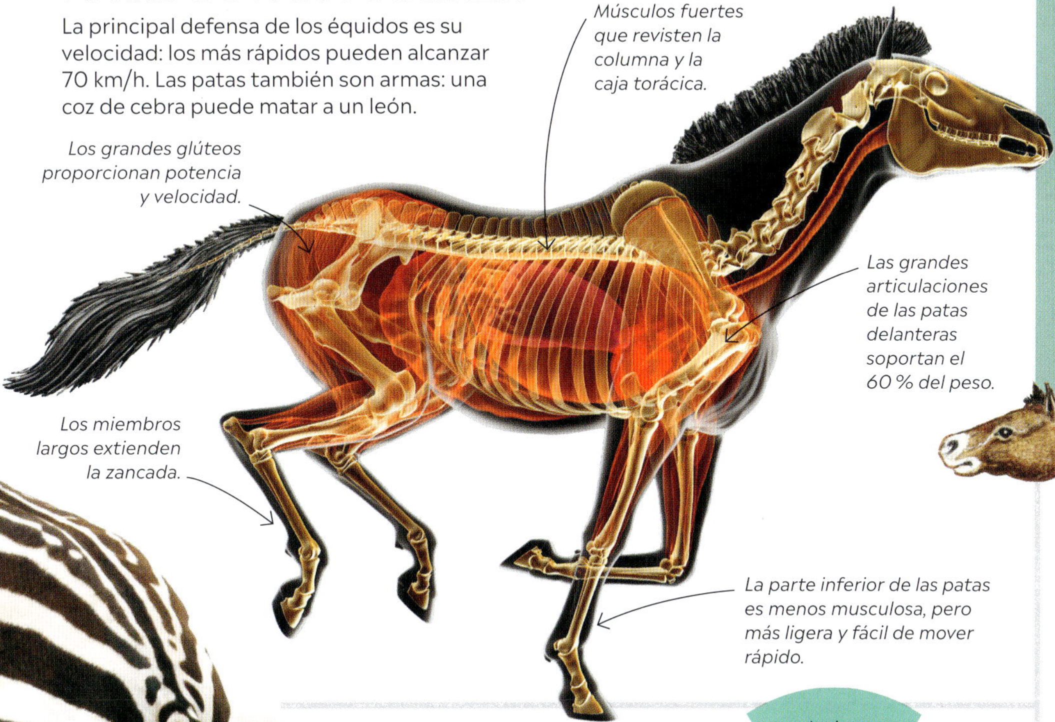

Músculos fuertes que revisten la columna y la caja torácica.

Los grandes glúteos proporcionan potencia y velocidad.

Las grandes articulaciones de las patas delanteras soportan el 60 % del peso.

Los miembros largos extienden la zancada.

La parte inferior de las patas es menos musculosa, pero más ligera y fácil de mover rápido.

LOS ÉQUIDOS **DUERMEN DE PIE**, Y LO HACEN **POR TURNO** EN LA MANADA.

VISTA DE **ÉQUIDO**

Los globos oculares de los équidos, a los lados de la cabeza, son los mayores de todos los mamíferos terrestres. Como la mayoría de las especies que son presas, su campo de visión es de casi 360 grados, pero son vulnerables por detrás; por ello las patas traseras dan coces que pueden matar.

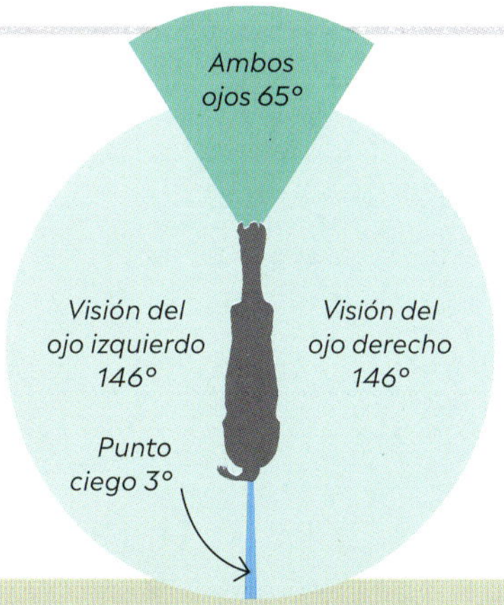

Ambos ojos 65°

Visión del ojo izquierdo 146°

Visión del ojo derecho 146°

Punto ciego 3°

ANTEPASADO **LEJANO**

El antepasado equino más antiguo vivió hace 55 millones de años. *Eohippus*, del tamaño de un zorro, se extinguió hace unos 34 millones de años. Se cree que tenía el pelaje manchado y le servía de camuflaje en el hábitat selvático.

EL **CABALLO DE PRZEWALSKI** ES LA ÚLTIMA **ESPECIE DE CABALLO SALVAJE** SUPERVIVIENTE. VIVE GRACIAS A UN **PROGRAMA DE CRÍA.**

Rinocerontes y tapires

CRÍA CAMUFLADA

Las crías de tapir nacen con rayas que las camuflan en el bosque; así están a salvo de los depredadores. Permanecen con su madre entre 12 y 18 meses.

Aunque parezcan muy diferentes, el gran rinoceronte con cuernos y piel gruesa y el más pequeño y velludo tapir son parientes cercanos y descendientes de los équidos.

La piel es el doble de gruesa que la del elefante y más de diez veces el grosor de la humana.

ANIMAL RARO

Los rinocerontes blancos del sur viven en Sudáfrica y los blancos del norte en Kenia. En la actualidad viven menos de 16 000 rinocerontes blancos del sur y solo dos rinocerontes blancos del norte, especie prácticamente exterminada por los cazadores furtivos.

Cada oreja se mueve de forma independiente.

Los cuernos de queratina pueden crecer 18 cm al año.

Pese a sus patas cortas, los rinocerontes pueden correr a 50 km/h.

Tres dígitos anchos en cada pata distribuyen uniformemente el peso.

La boca ancha y recta tiene la forma idónea para pastar hierba.

ORIGEN COMÚN

Hace 56 millones de años que los tapires y los rinocerontes, de múltiples dígitos y patas más cortas, se separaron de los équidos, que tienen un dígito en cada pata.

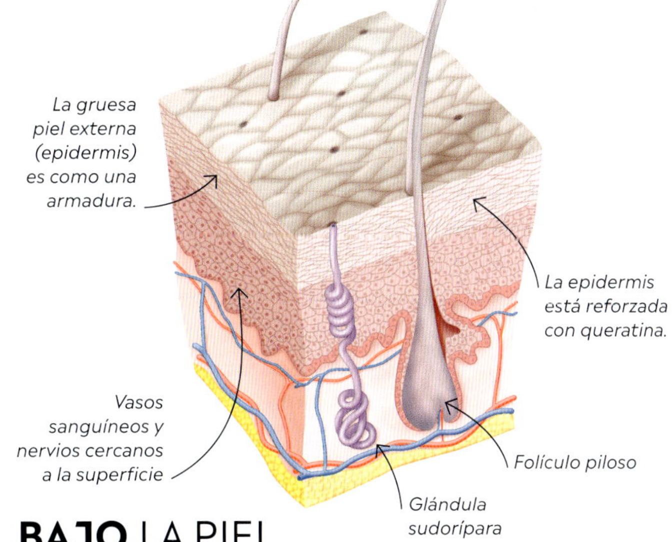

BAJO LA PIEL

La piel de rinoceronte llega a 5 cm de grosor, pero es muy sensible al tacto, la luz solar y las vibraciones. Se dispone en capas, todas con colágeno, una proteína que le da mucha resistencia.

¡LOS TAPIRES REGENERAN LAS **SELVAS TROPICALES** AL DISPERSAR HASTA 122 TIPOS DE SEMILLAS **EN CADA CACA**!

UN **RINOCERONTE BLANCO MACHO** PESA LO QUE UNA CAMIONETA PEQUEÑA: ¡UNAS **3,4 TONELADAS**!

PROCESADOR DE ALIMENTOS

Los rinocerontes tienen un sistema digestivo ampliado con miles de millones de bacterias que extraen nutrientes de plantas duras y fibrosas. La fermentación tiene lugar en el ciego, un gran saco al principio del intestino grueso.

BAÑOS DE BARRO

A tapires y rinocerontes les gusta revolcarse en charcos de barro para refrescarse el cuerpo. Se cree que los tapires también lo hacen para eliminar las garrapatas.

SUPER**HOCICO**

El tapir pesa y mide la décima parte que el rinoceronte blanco. Vive en selvas tropicales cálidas, salvo el tapir andino, de pelaje grueso y rizado, que vive en las alturas más frías de los Andes.

¡LOS TAPIRES SON EXCELENTES **NADADORES** Y EL HOCICO LES SIRVE DE TUBO DE **BUCEO**!

¡OJO AL DATO!
VIDA FAMILIAR

Muchos mamíferos viven en solitario, pero otros pasan más tiempo juntos. Cómo y cuánto tiempo viven varía bastante de una especie a otra.

JUNTOS PARA SIEMPRE

En el 3-5 % de las especies de mamíferos, machos y hembras permanecen juntos toda la vida. Estas forman algunas de las parejas más felices:

1 **DIK-DIK** Cuando forman pareja, estos pequeños antílopes (abajo), comparten territorio y pastan juntos.

2 **CASTOR EUROASIÁTICO** Cosa rara en los roedores, los castores se aparean con una sola pareja y viven juntos en cabañas de construcción meticulosa.

3 **COYOTE** Los coyotes lo hacen todo en pareja: cazar, la madriguera y criar a los cachorros.

VÍNCULO FAMILIAR

Muchos animales viven en grupos familiares y cazan o buscan comida juntos, pero una vez acabadas esas tareas, ¡es hora de hacer otras cosas!

ASEO
Quitarse las garrapatas unos a otros une a las familias de cercopitecos.

JUGAR A PELEAR
Las crías de oso pardo aprenden a defenderse luchando por diversión.

CLASE DE LENGUA
Los lobeznos aprenden a aullar de un miembro adulto de la manada.

LA VIDA MÁS LARGA

Los animales jóvenes alcanzan la edad adulta mucho antes que los humanos y la mayoría de los mamíferos viven muchos años. Estas son algunas especies con mayor esperanza de vida. El récord lo tiene la ballena boreal: ¡puede vivir más de 200 años!

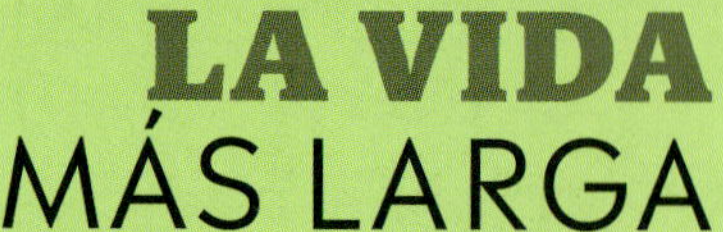

BALLENA BOREAL 200 años

ELEFANTE 56 años

ORCA 50 años

MURCIÉLAGO DE BRANDT 41 años

GORILA OCCIDENTAL 35 años

TAPIR AMAZÓNICO 30 años

LARGA **ESPERA**

Todos los mamíferos salvo los monotremas paren crías vivas, pero el tiempo de desarrollo en el útero varía según la especie. El embarazo de la elefanta africana —el más largo de los mamíferos— dura casi dos años.

En el útero, el **elefante** tiene tiempo para **desarrollar** un **cerebro** impresionante, ¡con **el triple** de **neuronas** que el humano!

HÁMSTER 17 días
RATA PARDA 21 días
CONEJO 31 días
ARDILLA 44 días
PERRO 63 días
GATO 63 días
CERDO 115 días
OVEJA 152 días
VACA 280 días
CABALLO 365 días
ELEFANTE AFRICANO 660 días

PERIODOS DE GESTACIÓN (DURACIÓN DEL EMBARAZO)

BEBER LECHE

Las crías de los mamíferos toman leche materna hasta poder cazar, buscar comida o pastar, ¡pero no es toda igual! La de vaca tiene el 3-5 % de grasa, el 1 % de azúcar y el 3,55 % de proteínas; en otros animales la composición es distinta.

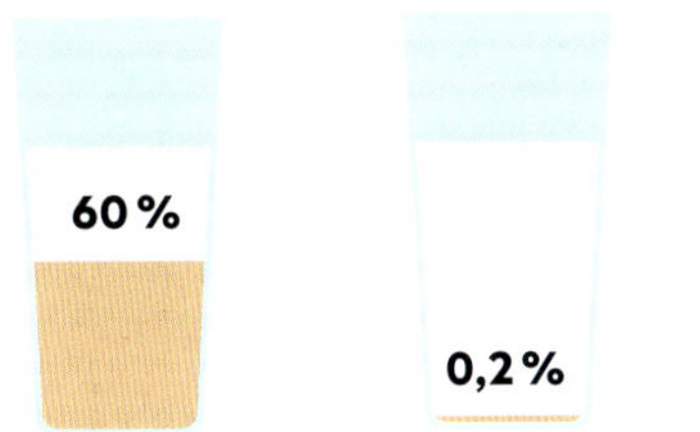

60 %

MÁS GRASA
Las crías de foca de casco maman leche rica en grasa durante 6 semanas.

0,2 %

MENOS GRASA
Las crías de rinoceronte maman leche casi sin grasa durante 18 meses.

12 %

MÁS AZÚCAR
El ualabí de Tammar se alimenta de leche muy dulce.

15 %

MÁS PROTEÍNAS
La leche del conejo del desierto es muy rica en proteínas.

NACER EN EL **AGUA**

Todos estos mamíferos paren bajo el agua. Los recién nacidos deben llegar rápido a la superficie para tomar su primera bocanada de aire.

- **BALLENAS** (1 cría cada 2-3 años)
- **DELFINES** (1 cría cada 1-6 años)
- **HIPOPÓTAMOS** (1 cría cada 2 años)
- **NUTRIAS MARINAS** (1 cría cada año)
- **MANATÍES** (1 cría cada 2-5 años)

MADRES TRABAJADORAS

Los leones son los únicos grandes felinos que viven en extensos grupos familiares. Abuelas, madres, hermanas e hijas forman el núcleo de cada manada y hacen gran parte del trabajo: cazan, cuidan de las crías unas de otras y las protegen de amenazas externas.

LECCIONES DE **VIDA**

Las suricatas jóvenes aprenden a comer escorpiones letales sin que las piquen. Los padres les enseñan a practicar primero con un escorpión muerto, luego con uno herido y, cuando están preparadas, con uno sano.

VIDA ANIMAL

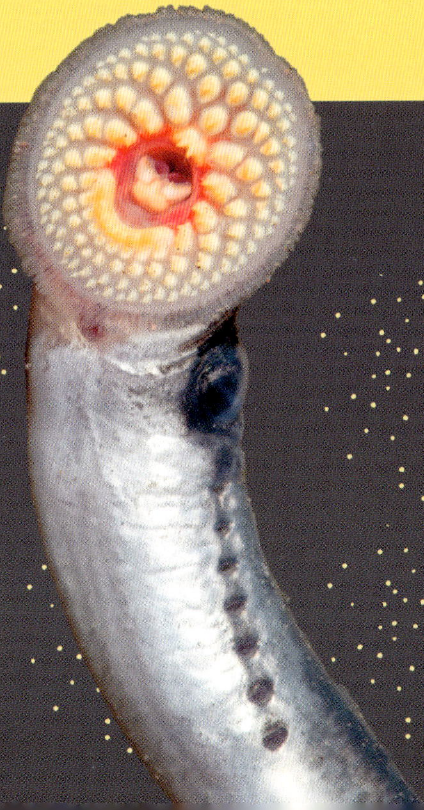

¡MÁS DE **11 000 ESPECIES DE PLANTAS** DEPENDEN DE LAS **HORMIGAS** PARA DISPERSAR LAS **SEMILLAS** Y **POLINIZAR** OTRAS **PLANTAS**!

Socios y **parásitos**

La mayoría de los animales compiten por el alimento y el espacio vital, pero algunos unen fuerzas en la lucha por la supervivencia. Otros son parásitos que viven en o sobre un animal huésped para sobrevivir.

SOCIOS DE LAS **PLANTAS**

Muchas plantas reclutan animales que las ayudan a reproducirse, bien transportando su polen de flor en flor, bien dispersando sus semillas. Las plantas atraen a estos ayudantes porque tienen un manjar sabroso, como néctar dulce o frutas jugosas.

Los petirrojos comen frutas muy diversas, como bayas rojas, uvas y cerezas.

Frutos y semillas
Las bayas rojas son el alimento predilecto de las aves, que digieren fácilmente la pulpa blanda. Las semillas pasan por su sistema digestivo y caen lejos de la planta progenitora.

Néctar y polen
El oposum de la miel australiano, como muchos animales, liba néctar de las flores. Al hacerlo su cuerpo se cubre de polen que luego transfiere a otras flores.

BENEFICIO **MUTUO**

En los arrecifes de coral, los peces grandes hacen cola para que los «limpiadores» les quiten los parásitos y se lleven comida. Este camarón limpiador trabaja sin miedo en la boca de una morena.

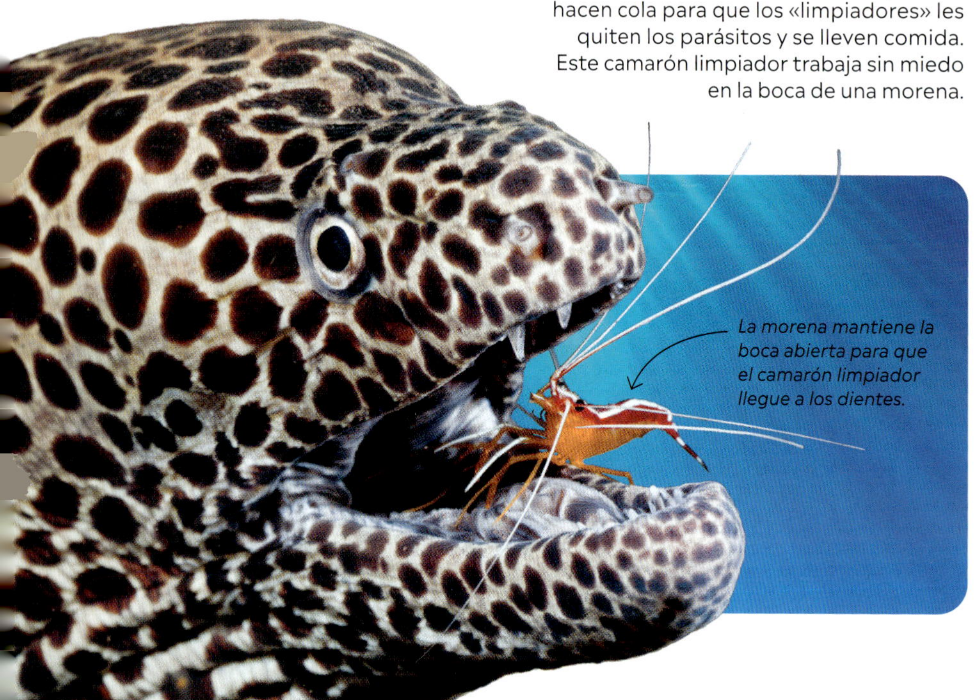

La morena mantiene la boca abierta para que el camarón limpiador llegue a los dientes.

EL **CANGREJO BOXEADOR** LLEVA **ANÉMONAS** URTICANTES CON LAS QUE SE **DEFIENDE**. ¡A CAMBIO, ESTAS **RECIBEN PARTE DE SU COMIDA**!

La desafortunada presa del págalo es un charrán ártico.

El págalo puede volar a 50 km/h.

UN **ATRACO**

Los cleptoparásitos son animales especializados en robarles comida o presas a otros animales en lugar de buscar las propias; así ahorran tiempo y energía. Uno de ellos es el págalo, que persigue y acosa a otras aves hasta que sueltan la presa.

ASUNTO INTERNO

Dentro de otros animales habitan parásitos muy diversos, como miles de especies de gusanos que viven en el intestino de su huésped. Esta tenia del cerdo se alimenta absorbiendo alimento del huésped a través de la piel.

¡ALGUNAS TENIAS CRECEN MÁS DE 3,5 M DE LARGO DENTRO DEL INTESTINO HUMANO!

ADHESIÓN **LETAL**

Algunos animales huéspedes mueren a causa de los parásitos que se alimentan de ellos. Esta lamprea marina se adhiere a los peces y atraviesa su piel con los dientes para chuparles la sangre. Cada lamprea mata unos 18 kg de peces al año.

La boca funciona como una gran ventosa.

Dientes pequeños, afilados y puntiagudos.

CHUPADORES FUGACES

Mosquitos, sanguijuelas y murciélagos vampiro están entre los muchos parásitos que se alimentan de sangre. Otro es el pinzón vampiro de las Galápagos, que perfora con su pico afilado la piel de grandes aves marinas y se bebe su nutritiva sangre.

CRÍAS **IMPOSTORAS**

Los parásitos de puesta engañan a otros animales para que se ocupen de sus crías. Eso hacen cucos y boyeros, que ponen los huevos en los nidos de otras aves huéspedes. El polluelo del cuco nace primero y expulsa los otros huevos del nido para alimentarse sin competencia.

El polluelo de cuco bien alimentado supera en tamaño al huésped.

COMENSAL **NO DAÑINO**

Hay animales que se benefician de otros sin perjudicarlos. La garceta bueyera sigue a las cebras y otros grandes herbívoros (o se sube encima) para atrapar a los invertebrados que se apartan de sus cascos; eso ni beneficia ni perjudica a la cebra.

La garceta bueyera está atenta a insectos como saltamontes y grillos.

DIENTES **AFILADOS**

El depredador típico, como este cocodrilo del Nilo, atrapa con dientes y garras afilados a las presas que luego devora. Arranca trozos de animales grandes que come por partes, pero la carne y el pescado son fáciles de digerir y muchos depredadores tragan enteras las presas pequeñas.

Los dientes del cocodrilo son conos afilados.

Hay pocas posibilidades de escapar de las fuertes mandíbulas del cocodrilo.

Para cazar con éxito es vital tener los sentidos agudos.

DEPREDADOR **ÁPICE**

Solo una parte de las plantas que come un animal se convierte en carne y hueso: el resto se libera en forma de energía. Por tanto, la masa de plantas tiene que ser mucho mayor que la de herbívoros. Lo mismo ocurre entre depredadores y presas; por eso hay muchos menos depredadores que herbívoros. Un depredador superior necesita un territorio amplio para cazar.

Cazadores y **cazados**

¡UNA **PITÓN ASIÁTICA** PUEDE COMER DE **UNA SOLA VEZ** LO SUFICIENTE PARA **MUCHOS MESES**!

La carne se digiere mejor que la materia vegetal, pero conseguirla puede ser difícil y arriesgado. Las presas pueden tener tácticas para huir rápido o defensas como cuernos o veneno, pero a los depredadores les merece la pena cazar porque la carne es muy nutritiva.

Las placas óseas protegen la espalda del cocodrilo.

¡LAS LIBÉLULAS SON **CAZADORAS EXPERTAS** Y ATRAPAN AL **95 %** DE LAS **PRESAS QUE PERSIGUEN**!

SEGUIR CON **VIDA**

La mayoría de las presas tienen formas de evitar ser devoradas. Pueden esconderse, huir o defenderse. Algunas son venenosas y lo anuncian con colores.

¡Veneno!
Las orugas de polilla cinabrio comen la venenosa hierba de Santiago y conservan las toxinas de mal sabor de adultas.

Oruga sujeta sobre las patas traseras.

Ramita de imitación
Los depredadores hambrientos ignoran a la oruga de polilla del azufre, que parece una ramita.

Impostora
Las rayas de las inofensivos sírfidos hacen que las aves las tomen por avispas con un aguijón peligroso.

Desapercibido
Un camuflaje excelente permite a esta rana esconderse a plena vista, ¡mientras se quede quieta!

TEMIBLES **ADAPTACIONES**

Algunos depredadores tienen adaptaciones extremas para encontrar a sus presas, atraparlas y comérselas: armas tan aterradoras como el veneno mortal de algunas serpientes, arañas y escorpiones.

¡Esta serpiente se tragará la rana entera!

¡Bocazas!
Las serpientes tienen la mandíbula especializada para tragar presas mayores que su cabeza.

Colmillos malignos
Las arañas inyectan veneno en las presas mediante un par de colmillos huecos muy afilados.

Terror tóxico
Esta chinche apuñala a insectos y les inyecta saliva tóxica que licúa su carne.

¡EL **PEZ PIEDRA TROPICAL** TIENE EN LAS ALETAS **ESPINAS** CON UN **VENENO MORTAL** PARA UN **HUMANO ADULTO**!

¡LOS **PEREZOSOS LLEVAN EN EL PELAJE** SU PROPIO ECOSISTEMA DE **ALGAS**, **ESCARABAJOS** Y **CUCARACHAS**!

Biomas y **hábitats**

Un bioma es un lugar con un clima específico y formas de vida propias. Cada bioma abarca diversos hábitats: desiertos, praderas y bosques en tierra firme, y el agua dulce y salada.

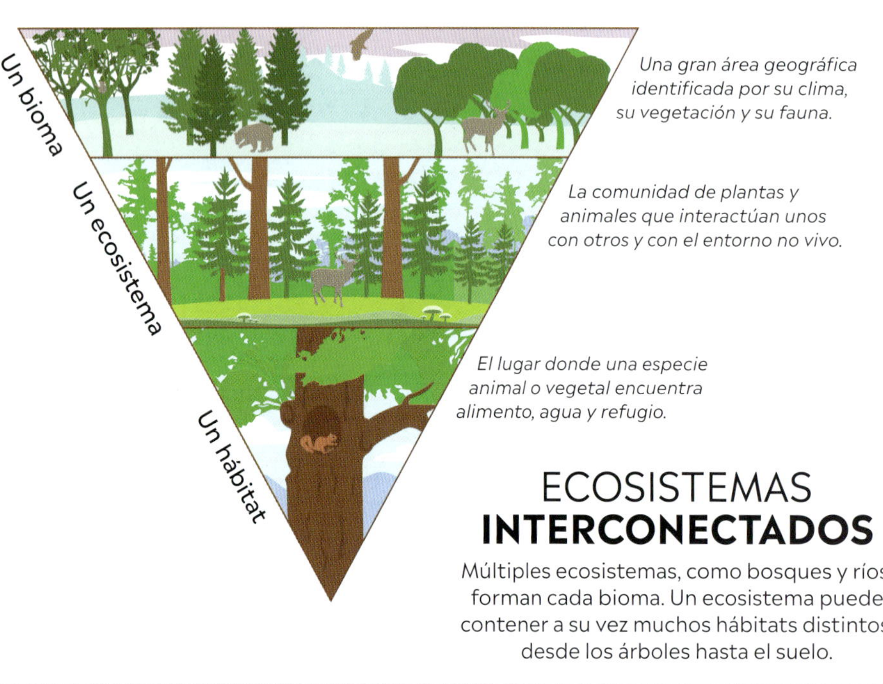

ECOSISTEMAS **INTERCONECTADOS**

Múltiples ecosistemas, como bosques y ríos, forman cada bioma. Un ecosistema puede contener a su vez muchos hábitats distintos, desde los árboles hasta el suelo.

VIAJES ÉPICOS

Muchos animales hacen largas migraciones de un hábitat a otro. El salmón rojo nace en agua dulce y luego nada hasta el mar, donde pasa varios años. Regresa a las zonas de desove de agua dulce para reproducirse.

HÁBITATS DE AGUA CONTINENTAL

Solo alrededor del 2,5 % del agua de la Tierra es agua continental, pero los ríos, charcas y lagos, y las zonas a su alrededor, son hábitats vitales para animales como insectos, ranas, tortugas, castores y peces de agua dulce.

Casi la mitad de las especies de peces viven en agua dulce.

HÁBITATS MARINOS

Los mares, los estuarios y los arrecifes de coral cubren tres cuartas partes de la superficie terrestre. Albergan todo tipo de vida marina, desde tiburones hasta peces mariposa. El mar profundo es el mayor hábitat de la Tierra.

HÁBITATS TERRESTRES

Los hábitats terrestres se suelen clasificar por su vegetación, así como por su temperatura y régimen de precipitaciones. Aquí van algunos ejemplos de hábitats terrestres.

Bosques
Los bosques contienen muchos hábitats, desde el suelo hasta la copa de los árboles, donde los tities como este pasan la mayor parte de su tiempo.

Praderas
Las praderas son hábitats abiertos y llanos, cubiertos de herbáceas que alimentan a herbívoros, como estos perritos de la pradera.

Desiertos
En las zonas cálidas con menos de 25 cm de lluvia al año es difícil encontrar agua. Este escarabajo se mantiene hidratado recolectando gotas de niebla.

Tundra
En zonas frías árticas y subárticas sin árboles y con el suelo siempre congelado, animales como el búho nival conservan el calor gracias al grueso plumaje.

ZONAS **GEOGRÁFICAS**

La Tierra se divide en tres zonas: las regiones polares, en la parte superior e inferior del globo; las tropicales, en el centro; y las templadas, entre las otras dos. Cada zona tiene su clima y animales bien adaptados.

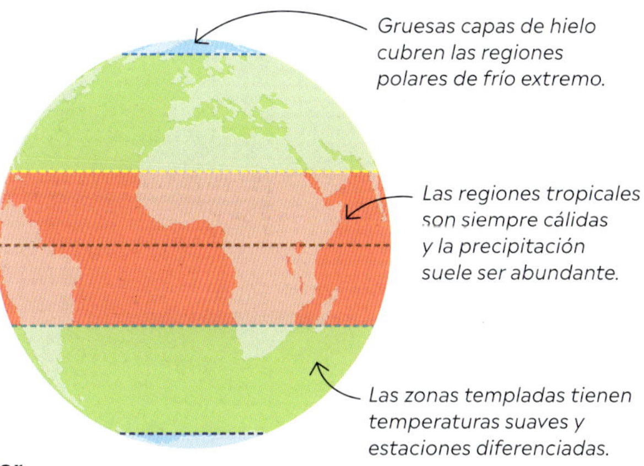

LOS CORRECAMINOS NO NECESITAN BEBER PARA SOBREVIVIR EN CONDICIONES SECAS: ¡OBTIENEN EL AGUA DE LOS ALIMENTOS!

VIDA POLAR

Los animales que viven en las regiones polares están bien adaptados al frío. Estos pingüinos juanito tienen mucha grasa y capas de plumas que los mantienen calientes. Llegan buceando a 220 m en busca de comida.

VIDA TEMPLADA

Las zonas templadas de la Tierra tienen cuatro estaciones (primavera, verano, otoño e invierno), y los animales están adaptados a sobrevivir a lo largo del año: perdiendo las pesadas astas en invierno, los ciervos ahorran energía; vuelven a crecer en primavera.

VIDA TROPICAL

En las regiones tropicales el clima es cálido y húmedo. En las pluvisilvas llueve todo el año, y en áreas con estaciones húmeda y seca hay bosques estacionales o sabanas abiertas con pocos árboles. Muchos animales tropicales, como la rana de ojos rojos, se reproducen durante la estación húmeda.

¡LOS SALMONES VIAJAN CIENTOS DE KILÓMETROS DESDE EL AGUA DULCE HASTA EL MAR!

Colin Beale es profesor de Ecología en la Universidad de York y lleva explorando el mundo natural desde que era niño. Sus estudios incluyen los efectos del fuego sobre la sabana africana (llanuras herbáceas).

Pregunta a un...
ECÓLOGO

P ¿Por qué te hiciste ecólogo?
R Desde niño me han encantado los animales, pero quería saber más: ¿por qué encuentro un tipo de ave solo en algunos lugares? ¿Y cómo podemos proteger la naturaleza para el futuro?

P ¿Qué hace un ecólogo?
R Estudiamos la interacción de animales, plantas y el medio. Observar la naturaleza en lugares sorprendentes, analizar muestras en el laboratorio, tratar datos con superordenadores... La ecología abarca muchas cosas.

P ¿Te preocupaba provocar incendios?
R Somos siempre cuidadosos: si el día es muy caluroso, seco o ventoso, no hacemos fuego. También dejamos cortafuegos, sin nada que pueda arder, para que no se propague. ¡Entonces encendemos el fuego y lo dejamos libre!

P ¿Cómo puede el fuego ser bueno para la naturaleza?
R Los incendios en el lugar que no tocan son muy perjudiciales, pero en las sabanas los ha habido siempre. Las plantas y los animales que viven allí pueden necesitarlos para prosperar.

P ¿No sufren daño los animales por los incendios?
R Casi todos los animales caminan, corren, vuelan o se esconden en un agujero cuando huelen humo. Algunos no escapan, pero entonces acuden babuinos o cigüeñas a darse un festín de langostas asadas.

P ¿Cuánto tarda la sabana en recuperarse?
R Los antílopes suelen volver al día siguiente a lamer las cenizas ricas en nutrientes. Unos días después empieza a crecer la hierba y acuden animales a comer los brotes nuevos. En cuanto llueve, la vida vuelve en todo su esplendor.

P ¿Cómo puedo ayudar a la naturaleza?
R ¡Colaborando! Estés donde estés, habrá grupos voluntarios que vigilan la naturaleza para observar cambios en tiempo real. Juntos nuestro impacto es mucho mayor que como individuos.

APERITIVOS TOSTADOS

El avance del fuego por la sabana es lento y la mayoría de los animales tiene tiempo de huir. Algunas aves, como estas cigüeñas blancas, se acercan a las llamas para atrapar insectos que huyen o comer saltamontes asados. El pequeño corredor etiópico solo anida en terreno recientemente quemado y no puede reproducirse sin incendios regulares. La mitad de la sabana de la reserva del Serengueti, en Tanzania, arde cada año, lo que beneficia a muchas especies de aves y mamíferos.

EFECTO INVERNADERO

Una capa de gases en la atmósfera, entre ellos dióxido de carbono (CO_2), atrapa la energía del Sol y mantiene la temperatura de la Tierra, como hace el vidrio de un invernadero. Quemar combustibles fósiles, como la gasolina, libera CO_2 adicional, que atrapa más calor y aumenta la temperatura; por eso la Tierra se está calentando más rápido que nunca. Ese calentamiento global es una amenaza para la vida en todo el planeta.

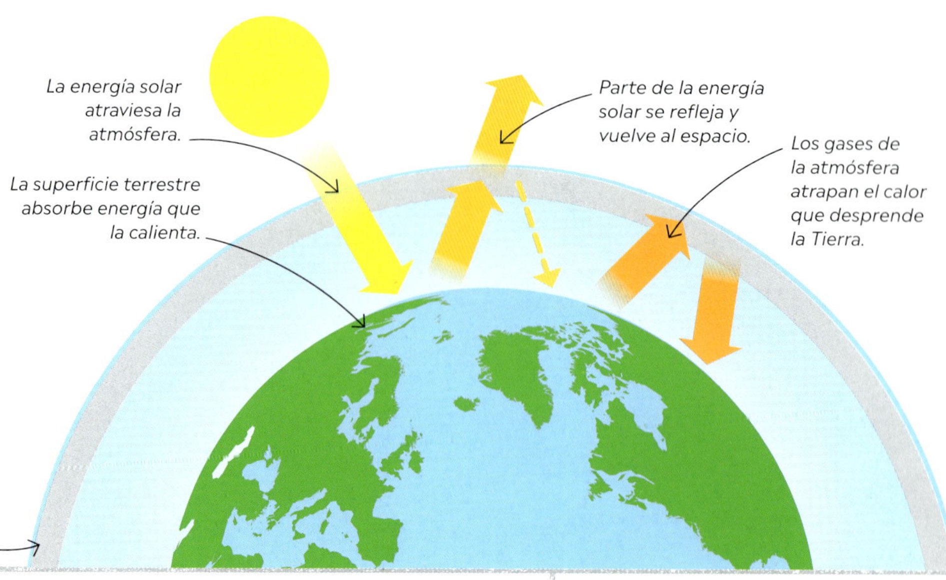

Impacto humano

Los seres humanos tienen un enorme impacto en la Tierra, que afecta a los demás animales. Contaminar, destruir o alterar hábitats produce cambios drásticos en las poblaciones animales. Las especies pueden verse desplazadas, extinguirse o agotar el medio.

LOS ANIMALES A MENUDO ENTRAN EN **ZONAS URBANAS** EN BUSCA DE **ALIMENTO**. ¡UNOS **10 000 ZORROS** VIVEN EN **LONDRES**!

DESPEJAR LA SELVA

La deforestación consiste en talar árboles y otras plantas, como en esta imagen del Amazonas. Se suele hacer para dejar espacio a edificios y carreteras, o para generar pastos para el ganado. Eso destruye los hábitats de aves, mamíferos, insectos y reptiles que viven en torno a los árboles.

AUMENTO DE LA TEMPERATURA

Las temperaturas medias en la Tierra son ahora unos 1,1° C más elevadas que en el siglo XIX. Puede parecer un cambio pequeño, pero afecta al acceso de los animales a los alimentos y el agua y dificulta su supervivencia.

Fusión del hielo marino
El aumento global de la temperatura derrite el hielo marino ártico, lo que reduce el hábitat de los osos polares, que acuden a los asentamientos humanos buscando comida y causan conflictos.

Incendios forestales
Las temperaturas más altas conllevan incendios forestales mayores y más frecuentes, que pueden atrapar a los animales o destruir su hábitat y su fuente de alimento; y el humo transporta toxinas.

A veces, los animales comen plástico que toman por comida.

RESIDUOS **PLÁSTICOS**

El plástico es un material útil, pero en el medio natural supone un gran problema: los animales pueden quedar atrapados en envases, o lo comen, con riesgo de asfixia, de envenenamiento o de que les llene el estómago y les impida comer.

VERTIDOS DE **PETRÓLEO**

Los petroleros a veces pierden su carga en el mar o vierten ilegalmente agua contaminada al limpiar sus tanques. Las sustancias químicas vertidas envenenan a los animales y en las plumas de las aves o el pelaje de los mamíferos marinos les impide nadar, volar o conservar el calor.

Las aves empapadas de petróleo se ven lastradas y les cuesta mantenerse a flote.

SOBRE**PESCA**

A medida que aumenta la población humana, crecen también la demanda de alimentos y las capturas de pescado. Esto reduce los recursos para otros animales marinos y podría colapsar las poblaciones de peces.

MENOS **INSECTOS**

Un tercio de las especies de insectos pueden estar amenazadas hoy por factores como la deforestación, los pesticidas, la contaminación lumínica y el cambio climático. Esto es importante, pues son un alimento clave para otros animales y vitales para polinizar más de tres cuartas partes de las especies vegetales.

Los pelos de las patas pueden recoger partículas de pesticidas que se llevan a la colmena y guardan con el polen.

La abeja lleva a otras plantas los diminutos granos de polen que se le pegan.

ESPECIES **INVASIVAS**

Las especies que introduce el ser humano en un hábitat pueden tener efectos desastrosos. En el siglo XVIII, los colonos europeos llevaron conejos a Australia. Sin depredadores naturales, los conejos se reprodujeron rápido y acabaron con las plantas, dejando sin alimento a otros animales.

EXTINCIÓN

El dodo, gran ave no voladora de la isla de Mauricio (océano Índico), es un ejemplo de especie llevada a la extinción. Cuando los exploradores llegaron en el siglo XVI, mataron dodos para alimentarse y dañaron el hábitat natural del ave, provocando su extinción total en 1681.

El lémur ratón de Berthe está clasificado como en peligro crítico de extinción por la UICN.

LISTA ROJA

En 1964, la Unión Internacional para la Conservación de la Naturaleza creó la Lista Roja de Especies Amenazadas. Para identificar qué especies necesitan protección, los animales se clasifican en grupos como «vulnerable» y «en peligro crítico».

GRACIAS A UNA INICIATIVA GLOBAL, ¡EL **NÚMERO DE TIGRES SALVAJES** HA **AUMENTADO** EN UN **74 % DESDE 2010**!

Salvar animales

En los últimos dos siglos se ha ido comprendiendo la importancia de proteger a los animales, lo que incluye combatir la caza furtiva y el comercio ilegal de animales, vigilar los animales en peligro de extinción y crear reservas naturales.

HUMANOS **BENÉFICOS**

Los conservacionistas trabajan para proteger a los animales y su entorno. La conocida conservacionista estadounidense Dian Fossey vivió más de 20 años con los gorilas de montaña en Ruanda y luchó contra la caza ilegal.

Fossey formó vínculos fuertes con los gorilas que estudió.

UNA **HISTORIA** DE ÉXITO

El insecto palo de la isla Lord Howe se creía extinto en 1920, hasta que se encontró una pequeña población en el islote australiano de la pirámide de Ball en 2001. Sigue en peligro crítico de extinción, pero hay un programa de cría para aumentar su número.

LOS **GORILAS DE MONTAÑA** SE CREÍAN CONDENADOS **A LA EXTINCIÓN** EN 2000, ¡PERO SU NÚMERO HOY **CRECE** GRACIAS A LOS **ESFUERZOS DE CONSERVACIÓN**!

RESERVAS **NATURALES**

Una reserva natural o refugio de vida silvestre es un área protegida que alberga ciertas especies de plantas, animales o, incluso, hongos. Pueden estar en tierra o en el mar, y el objetivo es preservar y proteger a tales seres vivos, así como evitar la caza incontrolada.

Parque Nacional de Gorongosa (Mozambique)
Este parque nacional de 4000 km² en Mozambique forma parte del sistema del Gran Valle del Rift africano. Allí viven pangolines terrestres como este, que fue rescatado de los cazadores furtivos.

Santuario Marino Nacional de Palau
Este refugio en Oceanía, la primera zona marina protegida de su clase, abarca el 80 % de las aguas nacionales de Palau y 800 especies de vertebrados marinos en una zona de pesca prohibida.

TRAS LA PROHIBICIÓN DE LA **CAZA COMERCIAL DE BALLENAS** EN LA DÉCADA DE 1970, ¡EL NÚMERO DE **RORCUALES** SE HA **DUPLICADO**!

PLAN DE RECUPERACIÓN

El takahe de la Isla Sur de Nueva Zelanda se creyó extinto hasta que se encontraron ejemplares en 1948. Desde entonces el Departamento de Conservación tiene en marcha un programa de recuperación, en el que se crían y vigilan los takahes. Hoy en día ya hay unos 500.

Las alas de colores vivos se emplean en la defensa y el cortejo.

AUTOPISTAS PARA **ERIZOS**

El proyecto de conservación británico Hedgehog Street pidió a los propietarios que hicieran «autopistas para erizos»: agujeros en las vallas de los jardines para que los erizos puedan pasar, buscar comida y anidar.

LOS **CORALES**

El aumento de la temperatura del mar por el cambio climático causa el blanqueamiento de los corales. Algunas organizaciones cultivan corales en viveros, los plantan en los arrecifes dañados y supervisan su salud, como aquí, en la laguna de Mayotte, frente a la costa este de África.

TÚNEL PARA **ELEFANTES**

En 2010 se construyó un túnel de 4,5 m de altura en el norte de Kenia para conectar dos áreas silvestres y dos poblaciones aisladas de elefantes que habían quedado separadas. El paso permite a los elefantes moverse con seguridad por la región y buscar alimento y pareja sin que los separen autopistas y vallas.

Glosario

abdomen
En los vertebrados, p. ej., los mamíferos, parte del cuerpo que alberga los órganos digestivos y reproductores. En los artrópodos, parte posterior del cuerpo.

acicalamiento
Limpieza y alisamiento de las plumas que las aves ejecutan con el pico.

acuático
Organismo que vive en el agua siempre o la mayor parte del tiempo.

adaptación
Característica de un organismo que lo hace más apto para su forma de vida o su hábitat.

ADN
Abreviación común de ácido desoxirribonucleico, una molécula que tienen las células de todos los seres vivos y que contiene la información genética, es decir, instrucciones sobre el aspecto y el funcionamiento de ese ser vivo.

aerodinámico
Que tiene una forma suave que facilita el movimiento en el aire o en el agua. Los pingüinos son aerodinámicos y por eso nadan rápido.

aislamiento
Reducción de la pérdida de calor mediante una capa corporal externa, como el pelo, la grasa o las plumas.

aleta dorsal
Aleta situada en el dorso o la parte superior de un pez o de un mamífero acuático. Actúa como estabilizador.

aleta pectoral
Aletas en número par situadas a ambos lados de un pez o de un mamífero marino. En la mayoría de los peces ayudan a orientarse hacia arriba, hacia abajo o hacia los lados. En las rayas, son flexibles y se usan para moverse y alimentarse.

alga
Organismo fotosintetizador, es decir, que utiliza la energía de la luz solar para producir su propio alimento. Casi todas las algas viven en el agua. Algunas son unicelulares y microscópicas, que forman parte del plancton, pero también las hay muy grandes, por lo general, marinas.

amamantamiento
Véase lactancia.

ampollas de Lorenzini
Órganos sensoriales del hocico de los peces cartilaginosos que detectan el campo eléctrico de otros animales. A los tiburones les sirve para localizar a sus presas durante un ataque.

antena
Órgano sensitivo que detecta el movimiento y las sustancias químicas del aire.

artrópodo
Invertebrado cubierto de esqueleto externo y patas articuladas.

banco
Masa de gran número de peces que nadan juntos y de forma coordinada.

banquisa
Placa de hielo flotante.

biodiversidad
La variedad de especies de organismos vivos en una zona concreta.

bioluminiscencia
Luz emitida por un ser vivo, como los animales que viven en las zonas profundas y oscuras del mar, donde no llega la luz del sol.

bivalvo
Molusco, como la almeja, con dos medias conchas que se abren y se cierran, unidas por una bisagra.

branquia
Órgano de los animales acuáticos, como los peces, a través del cual el organismo extrae oxígeno del agua.

cambio climático
Cambios duraderos de los patrones meteorológicos habituales de la Tierra o de una zona concreta. A menudo se refiere a efectos graves causados por la acción humana.

camuflaje
Colores, dibujos o formas de un animal que imitan el entorno y le sirven para evitar ser visto.

caparazón
Cubierta dura y protectora del dorso de algunos animales.

capullo
Envoltura de seda que las orugas de algunas mariposas tejen en torno a su cuerpo antes de convertirse en pupa.

carnívoro
Animal que se alimenta de otros animales.

carroña
Carne en descomposición de un animal muerto. La consumen como alimento los animales carroñeros.

cartílago
Tejido conjuntivo duro y flexible, que ayuda a sostener el cuerpo y cubre los extremos de huesos y articulaciones. Las orejas humanas son de cartílago.

cefalópodos
Grupo de moluscos al que pertenecen los pulpos y los calamares.

cola prensil
Cola que puede enroscarse en torno a ramas o tallos y actúa como una extremidad extra para agarrarse y balancearse.

colmillo
Diente puntiagudo u otro tipo de pieza bucal que en algunas especies inyecta veneno.

colonia
Grupo de animales que viven juntos.

combustible fósil
Combustible que se quema para obtener energía y no se puede sustituir una vez utilizado, como el petróleo, el gas o la gasolina. Se forma a partir de organismos sepultados hace mucho tiempo y comprimidos bajo tierra durante millones de años.

conservación
Acciones destinadas a proteger las plantas, los animales y los hábitats naturales.

copépodos
Grupo de crustáceos pequeños, muchos de los cuales forman parte del plancton marino.

coral
Pequeño animal marino formado por numerosos pólipos diminutos. Los arrecifes de coral se forman a partir del esqueleto duro de individuos de coral, que viven en grandes colonias.

cordón umbilical
Estructura similar a una cuerda que transporta nutrientes, oxígeno y otras sustancias vitales desde el cuerpo de una hembra de mamífero al feto que está gestando.

cortejo
Comportamiento que establece un vínculo entre un macho y una hembra antes del apareamiento.

cría
Animal joven que acaba de salir del huevo.

corriente ascendente
Ascenso del aire detrás de la punta de las alas de un ave en vuelo causado por el aire que pasa por delante de las alas.

crisálida
Estuche duro protector que forma la oruga de una mariposa cuando se convierte en pupa.

crustáceo
Animal dotado de esqueleto externo duro y un número par de apéndices articulados. Son ejemplos el cangrejo y la gamba.

dentado
Que tiene el borde como una sierra.

depredador
Animal que se alimenta de otros animales.

desove
Acto propio de animales acuáticos que consiste en poner sus huevos.

detritívoro
Organismo que se alimenta de materia orgánica muerta y en descomposición.

dióxido de carbono
Gas presente en el aire, expulsado por los organismos o generado en la combustión de carburantes. Los organismos fotosintetizadores, como las plantas y las algas, lo absorben y a partir de él fabrican los compuestos de que se nutren.

disco facial
Zona cóncava de plumas aplanadas rodeada por un anillo de plumas rígidas en la cara de algunas aves, en particular los búhos.

ecolocalización
Forma de localizar presas u objetos en el aire o en el agua mediante la transmisión de impulsos sonoros y la detección de su eco.

ectotermo
Animal cuya temperatura corporal es igual a la del entorno sin que el organismo pueda regularla.

embrión
Animal nonato o planta en las primeras fases de desarrollo.

endotermo
Animal que regula su temperatura corporal interna y mantiene el metabolismo estable, incluso cuando el entorno es más frío o más cálido.

enjambre
Grupo numeroso de insectos voladores.

equinodermos
Grupo al que pertenecen animales marinos de piel espinosa, como las estrellas de mar y los erizos de mar.

escudo
Placa ósea externa cubierta de una capa de cuerno. Se halla en el caparazón de las tortugas y en la piel de los cocodrilos.

especie
Grupo de organismos similares que se pueden cruzar entre ellos y producir descendencia fértil.

especie domesticada
Animales silvestres que se han domesticado para hacerlos útiles al ser humano.

evolución
Proceso de cambio gradual de los seres vivos a lo largo de muchas generaciones.

exoesqueleto
Capa exterior dura que sostiene y protege a algunos animales de cuerpo blando que carecen de esqueleto interno. Es frecuente en especies de invertebrados.

extinción
Desaparición de todos los miembros vivos de una especie.

felino
Especie animal que forma parte de la familia taxonómica félidos y del grupo más amplio feliformes.

fecundación
Unión de una célula sexual masculina con una femenina, cuando el espermatozoide fecunda un óvulo.

flotabilidad
Capacidad de mantenerse a flote.

foseta sensorial
Pequeño orificio, o concavidad, lleno de terminaciones nerviosas, que sirve para percibir los cambios de presión.

fósil
Restos o huellas conservados en la roca de un animal o de una planta extinguidos hace mucho tiempo.

fotóforo
Órgano emisor de luz, en particular, los órganos luminosos que tienen algunos peces de aguas profundas.

garra
Zarpa afilada y ganchuda que se curva hacia abajo. Es propia de algunas aves, reptiles, muchos mamíferos y algunos anfibios. Sirve para excavar, trepar o agarrarse.

gen
Unidad de ADN que controla el comportamiento de las células y el crecimiento y aspecto del organismo. Se transmite de padres a hijos.

herbívoro
Animal que se alimenta de plantas.

hibernación
Estado de reposo similar al sueño muy profundo en el que entran algunos animales durante el invierno.

hojarasca
Hojas en descomposición en el suelo.

hongos
Grupo de organismos que se reproducen mediante esporas, se alimentan de materia orgánica y, en su mayoría, ayudan a descomponer materia muerta y de desecho.

insectívoro
Animal que se alimenta principalmente de insectos u otros invertebrados.

iridiscente
Aspecto de colores que parecen cambiar cuando se ven desde distintos ángulos.

kril
Pequeños crustáceos parecidos a las gambas que flotan a la deriva en el mar formando una masa y constituyen el alimento de algunos animales marinos.

lactancia
Acción de alimentar una hembra mamífera con su leche a las crías.

larva
Fase inmadura de los animales que salen de un huevo y sufren metamorfosis hasta convertirse en adultos.

lecho marino
Tierra firme que se encuentra bajo el mar. También se denomina *fondo marino*.

ligamento
Banda de tejido resistente que mantiene unidos los huesos donde se unen en las articulaciones.

madriguera
Agujero o túnel excavado en el suelo por un animal pequeño, que luego lo utiliza como espacio para vivir.

mandíbula
Piezas de un artrópodo utilizadas para morder, cortar y sujetar alimentos. Siempre están en número par.

metamorfosis
Cambio drástico del cuerpo de un animal a medida que se desarrolla. Las orugas se convierten en mariposas por metamorfosis.

microscópico
Algo tan pequeño que solo es visible con un microscopio.

migración
Viaje largo de desplazamiento periódico de un animal para llegar a un nuevo hábitat. Muchas aves migran cada año en verano y en invierno.

moluscos
Grupo de invertebrados al que pertenecen los caracoles, las almejas y los calamares.

mucosidad
Líquido espeso y baboso que producen algunos animales por diversas razones. La mucosidad que recubre a los peces payaso evita la picadura de las anémonas de mar.

muda
En los artrópodos, desprendimiento del exoesqueleto necesario para que crezca el cuerpo. En los vertebrados, muda de piel, pelo o plumaje, que vuelven a crecer. La muda de los mamíferos y las aves les permite mantenerse en buen estado, adaptarse al clima o prepararse para la reproducción.

mutación
Cambio permanente en el ADN de un organismo.

néctar
Sustancia azucarada producida por las flores, con la que atraen a los animales polinizadores.

Newton
Unidad de medida de la fuerza.

nocturno
Activo por la noche, pero inactivo durante el día.

nutrientes
Moléculas de los alimentos, como glúcidos, proteínas, grasas, aceites, vitaminas y minerales, que necesitan todos los organismos para vivir. El aparato digestivo de los animales los extrae de los alimentos.

ojo compuesto
Ojo propio de insectos y crustáceos, que está formado por cientos de elementos, cada uno con su propia lente diminuta.

ojo de la tormenta
Centro de una gran tormenta, que está relativamente tranquilo y quieto.

omnívoro
Animal que come todo tipo de alimentos: plantas, animales, granos o frutas

osicono
Pequeño cuerno cubierto de piel que tienen las jirafas en la cabeza en número par.

ovipositor
En los insectos hembra, órgano ubicado al final del abdomen que sirve para poner huevos. Suele tener forma tubular o de lámina, por lo que puede insertar los huevos en el suelo, en plantas o en otros animales.

oxígeno
Gas que constituye el 21% de la atmósfera terrestre. La mayoría de los seres vivos, mediante la respiración, toman oxígeno del aire o del agua y lo utilizan para liberar energía de los alimentos.

papila
Pequeña estructura redondeada de la lengua, que sirven para muchos propósitos, como degustar y retener.

parásito
Organismo que vive dentro de otro o sobre él (su huésped) y tiene un efecto negativo sobre este.

peligro de extinción
Riesgo de que una especie se extinga en un futuro próximo. Los animales entran en peligro de extinción por la pérdida de su hábitat, la caza furtiva o las especies invasoras.

percepción de la profundidad
Capacidad de distinguir la proximidad o lejanía de un objeto. Resulta especialmente útil en la caza.

pez cartilaginoso
Pez cuyo esqueleto no es de hueso, sino de cartílago.

pezuña
Cubierta dura de la pata de algunos animales, como el caballo o el cerdo, o la propia pata. Las pezuñas ayudan a los animales a correr con rapidez. También se llama *casco*.

pie ambulacral
Proyección móvil llena de agua propia de los equinodermos, utilizada para desplazarse, alimentarse y respirar.

pigmento
Sustancia química que da color a un organismo.

plancton
Organismo que vive en el mar a la deriva, en lugar de nadar. La mayoría de ellos son diminutos y están en grandes cantidades. Son el alimento fundamental para animales más grandes, como las ballenas.

plumaje
Capa de plumas que recubre a un ave y la protege y la aísla.

plumón polvoriento
Plumas blandas particulares que se rompen en el extremo y forman un polvo que limpia e impermeabiliza las demás plumas. Crecen continuamente, reemplazando los extremos perdidos.

polen
Granos diminutos producidos por las flores o los conos de las plantas que producen semillas. Contienen las células sexuales masculinas, que fecundan los óvulos, lo que da lugar a la semilla.

polinizador
Agente transportador del polen desde la antera masculina hasta el estigma femenino, de la misma flor o de otra, lo que favorece la fecundación. Algunos ejemplos son las abejas, los murciélagos y el viento.

pólipo
Forma que adoptan algunos animales marinos, como las medusas, las anémonas de mar y los corales. Los pólipos tienen boca en un extremo y están anclados por la base a una roca o al lecho marino.

presa
Animal que es devorado por otro animal.

pupa
Etapa de reposo en el ciclo vital de un insecto que sufre metamorfosis.

queratina
Proteína resistente e impermeable que es la sustancia principal del pelo, las plumas, las escamas y las garras.

quilla
Parte ensanchada del esternón de un ave. Los grandes músculos de vuelo de las aves están anclados a la quilla.

rapaz
Ave que caza presas. Son ejemplo el águila, el halcón o el búho.

rebaño
Grupo numeroso de animales que viven y viajan juntos.

regeneración
Reaparición y crecimiento de una parte del cuerpo que se ha amputado.

regurgitar
Llevar el alimento tragado de nuevo a la boca. Muchas aves regurgitan la comida para alimentar a las crías.

reposo
En estado de inactividad.

resistencia
Oposición al movimiento que se genera cuando un objeto empuja dentro de un gas o un líquido, como el aire o el agua, de manera que el objeto se frena por la fricción.

retraer
Recoger algo, como las uñas de un gato.

sabana
Paisaje formado por praderas abiertas en zonas tropicales o subtropicales, especialmente en África; llanura herbácea con algunas zonas boscosas.

tendón
Banda de tejido resistente y fibroso que ancla un músculo a un hueso. Cuando el músculo se contrae, el tendón tira del hueso, haciendo que el cuerpo del animal se mueva.

tentáculo
Prolongación móvil del cuerpo de un animal, a veces provista de células urticantes, propia de invertebrados.

terrestre
Que vive en tierra firme.

tetrápodo
Vertebrado con cuatro extremidades o que desciende de antepasados con cuatro extremidades.

tórax
Parte media del cuerpo de un insecto o de un mamífero, entre el cuello y el abdomen.

sangre caliente, de
Véase endotermo

sangre fría, de
Véase ectotermo

superdepredador
Animal que se encuentra en la cima de la cadena alimentaria y no tiene depredadores naturales.

variación
Diferencias entre organismos.

veneno
Sustancia tóxica que un animal que muerde o pica inyecta a otro para cazar o defenderse.

Índice

Los números de página en **negrita** remiten a las entradas principales. Las páginas de la actividad «Identifica...» se indican en *cursiva*.

A

abeja reina 40, 41
abejarucos 165
abejas 38-39, **40-41**
melíferas **40-41**
obreras 40, 41
abisales, peces 68, **80-81**, 82-83
abubillas 165
ácaros 44
acoso (aves) 163, 172
acuáticos, mamíferos 222-223, 224-225, 226-227, *228-229*
adaptación 7
áfidos 26
agachadiza real 150
águila arpía 132
águilas **132-133**, 162, 163
águilas calvas 133, 162, 163
águilas pescadoras **132-133**
ajolotes 103
albatros 13, 14, **144-145**, 150, 151, 162
alcatraces 146-147
alce 236
aletas 112, 222, 223
alimentación **10-11**
alpacas 232-233
amias 74
anélidos 8, 20, **46-47**
anémonas 20, 50, 51, 250
anémonas de mar 20, 50, 51, 250
anfibios **100**
ranas 104-105, 108-109
salamandras 102-103
anfibios *(Cont.)*
sapos 106-107
ángel, peces 92
anguilas eléctricas 77
anguilas y morenas **76-77**, 89, 250
anguiliformes 76
animales cavadores 43, 136, 179, 195
anseriformes y galliformes **158-159**
apareamiento **14-15**
Aquarius, hábitat 64-65
arácnidos 21, 42-43, **44-45**
araña de agua 43
araña látigo 45
araña lobo 43
araña pescadora 42
araña tejedora 43
arañas 38, **42-43**, 45, 253
araos 147
arawana 78
ardillas 197, 247
arenques 84
armadillos 206-207
armiño 191
arrecifes de coral 50-51, 64-65, 92-93, 254, 261
arrendajos 172, 173
Arthropleura 48
artrópodos 8, 21
aseo 246
asnos 242
astas 236, 237
atún 84
ave del paraíso 15
aves **128-129**, 150-151, 162-163, *174-175*
acuáticas 156-157
anseriformes y galliformes 158-159
buceadoras 146-147
carroñeras 140-141
colibríes y vencejos 160-161
cuervos 172-173
loros 168-169
aves *(Cont.)*
marinas 144-145
martines pescadores 164-165
no voladoras 130-131
pájaros carpinteros y tucanes 166-167
paseriformes 170-171
pelícanos 148-149
pingüinos 152-153
véanse también aves rapaces
aves acuáticas **156-157**
de patas largas **156-157**
aves buceadoras **146-147**, 152, 153
aves cantoras 170-171, *174-175*
aves marinas **144-145**, **146-147**, 251
aves no voladoras **130-131**
aves rapaces *138-139*
águilas 132-133
búhos 136-137
halcones y gavilanes 134-135
avestruces 129, 130, 131, 162, 163
avión común 161
avispa azul 38
avispas 7, 29, **38-39**, 163
avutardas 151
aye-aye 214
azulejos 162

B

babosa marina 56-57
babosas 57
babuinos 211
ballenas **226-227**, 246, 247
ballenas azules 17, 178, 226
ballenas barbadas 226
ballenas boreales 178, 246
ballenas jorobadas 226-227
bancos de peces 85, 86
«bandas» (armadillo) 207
barracudas 85
basilisco 121
Beale, Colin 256-257
beneficio mutuo **250-251**
bigotes 12, 78, 222
bioluminiscencia 82-83
biomas **254-255**
bisontes 236
blenios 94
boa esmeralda 116, 117
boas 116, 117
bolsas de incubación 162
bosques 255
boyeros 163, 251
branquias 11, 69, 74, 100
buey almizclero 237, 238-239
bueyes 237, 238-239
búho chico 136
búho nival 136
búho real 136
búhos **136-137**
buitres 129, 140-141, 151
busardos 134

C

caballas 85
caballitos de mar **90-91**
caballitos del diablo **22-23**
caballos **242-243**, 244, 247
cabra de las Rocosas 237
cabras 237
cacatúas 168, 169
cachalotes 221, 227
cadena alimentaria 181
caimanes 101, 114
calamares 21, 58-59
camaleones 119, 120, 121
camarones 53, 81-83, 91, 250
camellos **232-233**
camellos bactrianos 232
camuflaje 7, 28, 253
cangrejos 21, 50, **52-53**, 250
cangrejos de río 53
canguros 178, 202, 203
caninos **186-187**, *188-189*
capibaras 196
caracales 183
caracoles 20, 57
carnívoros 10, 128, **220-221**, **252-253**
pequeños 190-191, 194-195
carracas 165
carroñeros 10, **140-141**, 190
cartilaginosos, peces 69, 70
castores 196, 197, 246
casuarios 130, 131
cebras 242, 251
cecilias 100
cefalópodos **58-59**, 60-61
celacantos 74
células 8
cerdos 179, **234-235**, 247
cerdos de río 234
cerdos silvestres **234-235**
cetáceos 226
chapín pintado 95
chimpancés 13, 208, 209
chinche de escudo (chinche maloliente) 26
chinche picuda 27
chinches **26-27**
chinches asesinas 26-27, 253
chinches de cama 26
chovas 151, 173
chupasangres 28, 33, 44, 201
ciempiés **48-49**
ciervos 236
ciervos volantes 30-31

cigarras 21, 27, 29
cigüeñas 141, 156, 257
cigüeñuela 156
cineasta 238-239
cisnes 151, 159
civetas 183
clasificación **8-9**
cnidarios 8, 20, **50-51**
cochinillas 53
cocodrilios 101, **114-115**
cocodrilo, pez 89
cocodrilos 15, 114-115, 252-253
colibrí zunzunito 150
colibríes 129, 150, **160-161**, 163
colmillo, peces 68
colmillos 48, 227, 235, 253
colobos, monos 210
colonias 29, 41, 153, 195, 197
comadrejas **190-191**
compuestos, ojos 33
conchas 20, 56, 111
cóndores 141, 151
conejos 247, 259
conservación **260-261**
contaminación 259
copépodos 52, 53
corales 50-51, 64-65, 92-93, 254, 261
cordados 8
cormoranes 146, 147
correcaminos 255
cortejo 14
córvidos **172-173**
coyotes 246
crecimiento **16-17**, 246
crustáceos 21, **52-53**, *54-55*
cucaburra 165
cucarachas 24
cuco, avispa 39
cucos 251
cuernos 237
cuervos 162, **172-173**
Culebras, Jaime 108-109

D

defensa, mecanismos de 119, 253
deforestación 258
delfines 179, **224-225**, 226, 247
deNapoli, Dyan 154-155
depredadores **220-221**, **252-253**
desiertos 255
desove 14
detritívoros 10
diablo espinoso 119
diamantes cebra 162, 170
diente, pico con 137
dietas 10
dik-dik 246
documentales, películas 238-239
dragón, peces 81
dromedarios, camellos 232
duelas de sangre 46

E

ecolocalización 12, 200, 224
ecología 256-257
ecosistemas 254
ectotermos, animales 101
efecto invernadero 258
efímeras 29
egagrópila (bolita de búho) 137
electrocitos 77
elefante, ave 163
elefante, foca 221, 222
elefantes 15, **230-231**, 246, 247, 261
elefantes africanos 231, 247
elefantes asiáticos 15, 230, 231
élitros 31
embriones 16
emperador, pingüino 152, 163
emperador, polilla 35
emú 130, 131
enfermedades, portadores de 27, 28, 33
enjambres 25
Eohippus 243
equidnas 204, 205
équidos **242-243**
equinodermos 8, 20, **62-63**
erizo de mar 62, 63
erizos **194-195**, 261
escamas 34, 117, 121
escarabajo bombardero 30
escarabajo buceador gigante 31
escarabajo titán 30
escarabajos 26, 28, **30-31**
escarabajos peloteros 28
escorpiones 44-45, 247
eslizones 120, 121
espátula (pez) 89,
espátulas 156
especies 7, 9
espinas 62, 95, 195, 197, 204
espiráculos 225
esponjas 8, 17
estrella de mar 62, 63
estrella de plumas 63
esturión 74-75, 88
evolución **6-7**
exoesqueletos 21
extinción 7, 259
peligro de 260

F

facóquero 235
faisanes 158-159
familias **246-247**
felinos 186
grandes **180-181**, 184-185
pequeños **182-183**, 221, 247
filtradores 11, 56, 85, 128
flamencos 128, 157
focas **222-223**, 247
como presas 218, 219, 220, 221
fosas 183, 220
fosetas 12
fósiles 6, 51, 58
Fossey, Dian 260
fotografía 108-109, 142-143
Fox, Helen 64-65
fragatas 144-145
frailecillos 146, 147

G

gacelas 185, 237
gálagos 214-215
Galápagos, islas 7, 111, 152
gallinas 159, 162, 163
gangas 129
gansos 151, 158
garcetas 157, 251
garrapatas 44, 45
garras 132
garzas 157
gastrópodos 57
gato, peces 11, 78, 79, 95
gaviales 114
gavilanes **134-135**, 213
gecos 119, 120, **122-123**
gerifaltes 134, 163
gibones 208, 209
Gila, monstruo de 118, 120
glotones 191
gobio 88
Goliat, rana 105
Goliat, tarántula 42
golondrinas 161, 162
gorgojos 31
gorilas 208, 209, 246, 260
grajos 173
granívoros 128
grasa 178, 219, 222
grillo topo 25
grillos 24, 25
Groenlandia, tiburón de 70
grullas 11, 151
guacamayos 168, 169
guanacos 232
guepardos **184-185**
gusano árbol de Navidad 47
gusano del corazón 46
gusano ganchudo 47
gusano marino 47
gusano tubícula 47
gusanos 10, 20, **46-47**
gusanos cinta 46, 47
gusanos de luz 31

H

hábitats 178, **254-255**
hábitats de agua continental 254
halcón peregrino 134, 135, 142-143, 150
halcones **134-135**, 142-143, 150
halterios 32
hámsteres 247
hemíptero púa 27
herbívoros 10, 202, 209
heterópteros 26
hibernación 195, 216, 219
hielo marino 258
hienas 10, 183, 220, 221
hipopótamos 247
hoja, insectos 28
hojarasca, sapos de la 107
hojas, dragón marino de 91
hojas, hormigas cortadoras de 38-39
hormigas 28, 29, **38-39**, 173, 250
hormigas melíferas 29
huevos 15, 16, 21, **162-163**
humanos 179, 208, **258-259**
hurones 191

I

icneumónida, avispa 39
imitación 116, 169, 253
incendios 256-257
forestales 256-257, 258
insectos 21, **28-29**, 259
abejas 38-39, 40-41
avispas 38-39
chinches 26-27
escarabajos 30-31
hormigas 38-39
libélulas y caballitos del diablo 22-23
mariposas y polillas 34-35, 36-37
moscas 32-33
saltamontes y mantis 24-25
insectos palo 24, 29, 260
invasoras, especies 259
invertebrados **20-21**
arácnidos 42-43, 44-45
cefalópodos 58-59
ciempiés y milpiés 48-49
crustáceos 52-53, 54-55
equinodermos 62-63

invertebrados *(Cont.)*
gusanos 46-47
medusas 50-51
moluscos 56-57
pulpos 60-61
véanse también insectos

J

jabalíes 235
Jacobson, órgano de 117
jaguares 181, 221
jejenes 32
jirafas **240-241**

K

kakapo 168, 169
kiwi 130, 131
koalas 178, 202
Komodo, dragón de 118, 121

L

lagartos 101, **118-119**, **120-121**, 122-123
lamprea marina 251
langosta (insecto) 25
langostas y bogavantes 52, 53
langur chato dorado **212-213**
langures 210
lanzón nariz larga 80
larvas 21, 31, 33, 35
leche 179, 247
lechuza común 136
lémures 214, 215, 260
lenguado lunado 89, 93
león marino **222-223**
león, pez 95
leones 180, 181, 220, 247
leopardos 181, 185
libélulas **22-23**, 253
limícolas 157
lince 183
lince rojo 221
lirio de mar 63
llamas 232
lobos 186, 187, 220, 238-239
lobuladas, peces de aletas 69
lombrices 46, 47
lori perezoso 215
loris 168
loros 11, **168-169**
luciérnagas 31
luciones 121
lucios 78

M

macacos 15, 211
macaroni, pingüino 153
mamíferos **178-179**, 220-221, 246-247
camélidos 232-233
caninos 186-187, *188-189*
cerdos 234-235
domesticados 179, 191, 232, 243
elefantes 230-231
équidos 242-243
felinos 180-181, 182-183, 184-185
jirafas 240-241
marinos 222-223, 224-225, 226-227, *228-229*
marsupiales 202-203
monotremas 204-205
murciélagos 200-201
osos 216-217, 218-219
perezosos 206-207
primates 208-209, 210-211, 212-213, 214-215
rinocerontes y tapires 244-245
roedores 192-193, *198-199*
rumiantes 236-237
manadas 187, 220, 243
manatíes 247
mandíbula, peces sin 68
mandriles 210
mangosta 183, 221
mantarrayas 89
mantis **24**
mapaches 190
marcar territorio 181
margay 182
marinos, hábitats 254
marinos, mamíferos 222-223, 224-225, 226-227, 228-229
mariposa atlas 16-17, 35
mariposa monarca 35
mariposas 14, 28-29, **34-35**, 36-37
mariquitas 21
marlín 86-87
marsupiales 178, **202-203**
martines pescadores **164-165**
masivas, extinciones 7
medusas **50-51**, 82
meganisópteros 23
melenas 185, 235
metamorfosis
anfibios 100, 107
insectos 16-17, 21, 22-23, 35
migración 150, 254
milpiés **48-49**
miriápodos **48-49**
mochuelo de los saguaros 136
mofetas 191
moluscos 8, 20, **56-57**
monos **210-211**, 212-213, 214
monos araña 210
monos aulladores 210, 211
monotremas 178, **204-205**
morfo azul 34
morsas **222-223**
mosca de ojos pedunculados 33
moscas **32-33**
mosquitos 33, 251
movimiento **13**, 178-179
mucosa 79
muda de piel 117, 122-123
murciélagos 12, 179, **200-201**, 221, 246
Murray, Mike 192-193
musarañas 179, **194-195**, 220, 221
músculos 13

N Ñ

narvales 227
nautilo 58
néctar 11, 41, 128, 250
necturo común 103
nematodos 8, 46, 47
nemertinos 47
nidos **162-163**
ninfas 22, 23
Nueva Zelanda, loros de 168
Nuevo Mundo, monos del 210
nutria marina 192-193, 247
nutrias **190-191**, 192-193, 247
ñandúes 130, 131

O

ofiuras 62, 63
omnívoros 10, 202, 210
onicóforos 48
opiliones 44-45
orangutanes 208
orcas 17, 220, 224, 246
ornitología 142-143
ornitorrinco 204-205
orugas 16-17, 28, 35
óseos, peces 69, 74
oso gris 217, 219
oso grolar 219
oso hormiguero 207
oso malayo 216
osos negro 216, 217
oso panda 11, 216
oso pardo 216-217
osos **216-217, 218-219**
ovejas 247
ovíparos, animales 15, 117, 119
ovovivíparos, animales 119

P Q

págalos 146, 251
pájaro moscón de El Cabo 171
pájaros carpinteros **166-167**
parásitos 46, 57, **250-251**
parásitos de cría 163, 251
pardelas 145, 146
pargo 93
partenogénesis 14, 119
parto 15, 179, 247
paseriformes, aves **170-171**
patos 158, 159, 163
pavos reales 159
peces **68-69**, 74-75, **88-89**, *96-97*
abisales 80-81
peces *(Cont.)*
anguilas 76-77
caballitos de mar 90-91
de agua dulce 68, **78-79**
de agua salada 68, **84-85**
de aletas radiadas 69, 74
de arrecife 69, **92-93**
de arrecife tropical **92-93**
picudos 86-87
pulmonados 74, 75
rayas 70-71
tiburones 70-71, 72-73
tóxicos y venenosos 94-95
peces payaso 92-93
peces rana 89
peces rata 95
peces sapo 95
pejelagartos 75
pelaje 179
peleas simuladas 246
pelícanos **148-149**, 151
pepinos de mar 63
percebes 53, 226
perdices 163
perezosos **206-207**, 254
periquitos 168
perlas 56
perros 184, *188-189*, 247
petauro del azúcar 203
petirrojos 162, 163
petreles 144, 145, 153
petróleo, vertidos de 154, 259
pez caracol 81
pez del fango 75
pez espada 87
pez globo 94
pez linterna 81
pez loro 93
pez luna 16, 84, 88
pez murciélago 89
pez piedra 94, 253
pez reloj anaranjado 81
pez sapo verrugoso 89
pez tigre 89
pez víbora 82-83
picudos, peces **86-87**
piezas bucales 33
pingüino enano 153

pingüino rey 152, 154-155
pingüino saltarrocas 153
pingüinos 129, **152-153**, 154-155, 162, 163
pingüinos africanos 153
pingüinos de Adelia 153
piqueros 14, 145, 146, 147
pirañas 79, 89
pitohuí 129
pitón 252
placentarios, mamíferos 178, 179
placodermos 68
plásticos, residuos 259
platelmintos (gusanos planos) 8, 47
plumas 128, 129, 137, 147
plumero (gusano) 47
polares, osos **218-219**, 221, 258
polares, regiones 255
polillas 28, **34-35**, *36-37*
polinización 35, 38, 41, 250
praderas 255, 257
prehistóricos, animales 6, 236, 243
peces 68-69, 74-75, 78
presas **252-253**
prosimios **214-215**
proteos 102
Przewalski, caballo de 243
pseudoescorpiones 45
púas 197
puercoespines 197
puesta de huevos (ranas) 104
pulgares 201, 209
pulgas 28-29
pulmones 11, 74
pulpo de anillos azules **60-61**
pulpos 14, 58, **60-61**
pupa 16, 21, 31, 33, 35
queleas 171

R

ranas 100, **104-105**, 108-109, 255
ranas de cristal 105, 108-109
rape 80, 89
rata topo 197
rata topo desnuda 197
ratas 196, 197
ratites **130-131**
ratones 197
rayas **70-71**, 88, 92
reinos 9
rémoras 84
renacuajos 107
reproducción **14-15**, 119, 162-163
reptiles **101**, 118-119, *124-125*
cocodrilos 114-115
gecos 122-123
lagartos 120-121
serpientes 116-117
tortugas 110-111, 112-113
reservas naturales 261
respiración **10-11**
rinocerontes 178, **244-245**
roedores 179, **196-197**, *198-199*
rumiantes **236-237**

S

sable, peces 81
saco (lagarto anolis) 118
salamandras 100, **102-103**
salmón 84, 254, 255
saltamontes 8, 13, **24-25**
sangre caliente, animales de 128, 178
sangre fría, animales de 69, 100, 111
sanguijuelas 47, 251
sapo de roble 107
sapo partero 107
sapos 100, 104, **106-107**
sargo chopa 88
seda 42, 43
selección natural 7
sentidos **12**
señuelos 80
sepias 58, 59
serpiente de cascabel 12, 117, 136
serpientes 12, 101, **116-117**, 165, 253
serval 182
sexual, reproducción 14
sierra, peces 70
simios **208-209**
sirenas 103
sobrepesca 259
solenodontes 195
solífugos 45
somormujo 162
sondeadores de barro 128
superdepredadores 181
suricatas 183, 247

T

takahes 261
talégalos leipoa 159, 162
tamarinos 211
tapires **244-245**, 246
tarántulas 42
tarseros 214, 221
Tasmania, demonio de 202, 221
tejedor republicano 163
tejones 191
temperatura, zonas 255
tenca 79
tenias 46, 47, 251
tentáculos 51, 58
termitas 28, 29, 185, 207
tetrápodos 69, 101
tetras 78
tiburón blanco 70, 88, 89
tiburón martillo **72-73**
tiburón peregrino 88
tiburón tigre 88
tiburones **70-71**, **72-73**, 88, 89
tiburones ballena 71, 88
tigres 9, 180, 181, 221, 260
tinta 59
típulas 32
tities 211
topos **194-195**
tortuga boba 111
tortuga marina **112-113**
tortuga verde **112-113**
tortugas marinas 10, 101, **110-111**, **112-113**
tortugas terrestres 7, **110-111**
tóxicos, animales 61, 94, 116, 253
tragúlidos 236
trampera, araña 43
tritones 100, 102-103
trompas 230, 231
trompeta, peces 89
tropicales, zonas 255
tuátaras 101, 121
tucanes **166-167**
tundra 255

U

urbanos, animales 142-143, 190, 258
urracas 172

V

vacas 237, 247
vampiro, murciélagos 201, 251
vampiro, peces 79
varano de Papúa 118
varano gigante australiano 118
varanos 118, 120
vejiga natatoria 70, 79
vela, peces 13, 86, 87
vencejos 129, 151, **160-161**
venenosos, animales 29, 94
vertebrados 8, 68, 100, 128, 178
veterinaria, atención 192-193
víboras 12, 117
vicuña 232
vieira 56
Viejo Mundo, monos del 210
vivíparos, animales 15, 117, 119
voladoras, ranas 105
voladores, peces 84, 89
voladores, zorros 200-201
vuelo 141, 144, **150-151**, 161
vuelo estacionario 160-161, 165

W Y

Walters, Alex 238-239
weta 24
Widder, Edith 82-83
wómbat 202
Yassin, Hamza 142-143

Z

zánganos 40, 41
zapateros 27
zarigüeyas 203, 250
zoarcoideos, peces 76
zorros 12, 186-187, 221, 258

Agradecimientos

DK desea expresar su agradecimiento a:

Kathakali Banerjee, Michelle Crane, Ian Fitzgerald, Vicky Richards y Rona Skene por su ayuda en la edición; Kelly Adams, Vikas Chauhan y Prateek Maurya por su apoyo en el diseño; Manpreet Kaur, Vagisha Pushp y Samrajkumar S por su colaboración en la búsqueda de imágenes; Hazel Beynon por la corrección de los textos; Elizabeth Wise por la elaboración del índice; y a todos los expertos que accedieron a ser entrevistados.

La editorial agradece a las siguientes personas e instituciones el permiso para reproducir sus imágenes:

(Clave: a-arroba; b-abajo/inferior; c-centro; d-derecha; e-extremo; i-izquierda; s-superior)

1 123RF.com: Serg_v (sky). **Alamy Stock Photo:** Michel Poinsignon / Nature Picture Library. **2 Dreamstime.com:** Rinus Baak (cia); Isselee (ca); Yothin Piyatrakul (ci); David Dennis (d); Feathercollector (cib); Nynke Van Holten (bi). **Getty Images:** Life On White (bd). **3 Alamy Stock Photo:** Tim Plowden (sc). **Dreamstime.com:** Ziga Camernik (cda). **5 123RF.com:** Thawat Tanhai (sc). **Alamy Stock Photo:** Buiten-Beeld / Jelger Herder (bd). **Dreamstime.com:** Steve Byland (cdb); Natakuzmina (cda); Parfentevamaya (ca). **Getty Images / iStock:** GlobalP (si). **Shutterstock.com:** Independent birds (sd). **6 Dreamstime.com:** Vitalii Bondarenko (cia/explosión); Panupong Ponchai (si); Graphics.vp (cia); Robisklp (cb); Mark Turner (cdb). **Shutterstock.com:** Liliya Butenko (cib); Zero Smany (cb/tiburón). **7 Alamy Stock Photo:** Arterra Picture Library / Clement Philippe (ci); Michele Falzone (cib); Rick & Nora Bowers (cib/ardilla). **Dreamstime.com:** Musat Christian (c). **naturepl.com:** Tui De Roy (sc, sd). **8 123RF.com:** Marek Poplawski / mark52 (sd/cangrejo); Pavlo Vakhrushev / Vapi (bc); Thawat Tanhai (sd). **Alamy Stock Photo:** Alfred Pasieka / Science Photo Library (bd). **Dreamstime.com:** Feathercollector (cib); Aldona Griskeviciene (ci); Siedykholena (c). **Getty Images / iStock:** RomoloTavani (bc/mar). **Shutterstock.com:** Simon Shim (cia). **9 123RF.com:** Andrzej Tokarski / ajt (snail); Michael Zysman / deserttrends (snake); Pavlo Vakhrushev / Vapi (jellyfish); Visarute Angkatavanich / Bluehand (fish). **Alamy Stock Photo:** Nature Picture Library / SCOTLAND: The Big Picture (cdb). **Dorling Kindersley:** Gary Ombler / Cotswold Wildlife Park (panda). **Dreamstime.com:** Amwu (serpiente); Vladimir Melnik / Zanskar (morsa); Isselee (ratón, macaco); Daniel Thornberg (trucha); Abeselom Zerit (leopardo); Kazoka (rana); Xunbin Pan / Defun (gusano); Matthijs Kuijpers / Mgkuijpers (rana dardo); Viacheslav Dubrovin (tortuga); Mirecca (pez ángel); Ziga Camernik (oruga). **Fotolia:** Shchipkova Elena (jaguar). **Getty Images / iStock:** Antagain (Budgerigar); Enrique Ramos Lopez (tucán). **Getty Images:** Life On White (jirafa). **10 Alamy Stock Photo:** Rob Crandall (cda). **Dreamstime.com:** Marielemerle157 (cb); Stephen Noakes (ca). **Getty Images / iStock:** Llgorko (bd). **Shutterstock.com:** Independent birds (bi). **11 Alamy Stock Photo:** robertharding / Louise Murray (sc). **Dreamstime.com:** Wirestock (bi); Yakub88 (sd). **Getty Images / iStock:** GlobalP (bc); rancho_runner (sc/mariposa). **12 Dorling Kindersley:** Frank Greenaway / Natural History Museum, Londres (cb). **Dreamstime.com:** Johnbell (bi); Max5128 (bc). **naturepl.com:** Eric Medard (cdb). **Shutterstock.com:** AngelaLouwe (si). **13 123RF.com:** Surya Zaidan / dagadu (cib). **Alamy Stock Photo:** Imagebroker / Arco / TUNS (bi). **Depositphotos Inc:** ftlaudgirl (sd). **Shutterstock.com:** Daniel Danckwerts (si). **14 Alamy Stock Photo:** Papilio / Robert Pickett (cdb). **naturepl.com:** Tui De Roy (c, bi). **15 Dreamstime.com:** Joergsspannhoff (si); Timothy Stone (bi). **naturepl.com:** Phil Savoie (bd). **Shutterstock.com:** Danny Ye (sd). **16 Dorling Kindersley:** Thomas Marent (cb, cib, cd). **Dreamstime.com:** Frenta (ci); Stevehullphotography (bd). **17 Alamy Stock Photo:** Darren5907 (si). **Dreamstime.com:** Slowmotiongli (sd); Laurie L. Snidow (bd). **naturepl.com:** Dr. Axel Gebauer (cb). **18 Dreamstime.com:** Alslutsky (c); Surabhi25 (si). **Shutterstock.com:** Zaferkizilkaya (cd). **19 123RF.com:** Pavlo Vakhrushev / Vapi (si). **Dorling Kindersley:** Thomas Marent (bd). **Dreamstime.com:** Blackslide (sd); Vasyl Helevachuk (sc); Henrikhl (cb). **20 123RF.com:** Pavlo Vakhrushev / Vapi (ca/medusa). **Dreamstime.com:** Blackslide (cdb); Zestmarina (cia); Seadam (cda). **Getty Images / iStock:** RomoloTavani (ca/bc). **21 Dreamstime.com:** Hot99 (cia); Teh Soon Huat (ca/arsaña); Tetiana Kozachok (bd). **Fotolia:** CPJ Photography (cib). **Getty Images / iStock:** Chushkin (ca). **Shutterstock.com:** tienduc1103 (cdb). **22 Alamy Stock Photo:** Minden Pictures / Thomas Marent (ci, cd). **Dreamstime.com:** Az Septian (bi/insecto). **Getty Images / iStock:** Ani_Ka (bi). **23 Alamy Stock Photo:** Avalon.red / Stephen Dalton (bi); imageBROKER.com GmbH & Co. KG / Ulrich Reichel (sd); Minden Pictures / Thomas Marent (ci, cd). **Dreamstime.com:** Stanislav Judas (bd); Andy Nowack (cdb). **24 Dreamstime.com:** Amplion (cia/cucaracha); Hhurzhi (cia); Razvan Cornel Constantin (d); Alexander Kovalenko (bd). **Fotolia:** Eric Isselee (ci). **Science Photo Library:** Thierry Berrod, Mona Lisa Production (bi). **25 Alamy Stock Photo:** Jan-Luc van Eijk / Buiten-beeld / Minden Pictures (bd). **Getty Images:** Yasuyoshi CHIBA / AFP (ci); Moment / Shawn E Thomas (sd). **26 Alamy Stock Photo:** Scenics & Science (sc). **Dreamstime.com:** Artushfoto (ci); Seamartini (sd, bd); Linas Toleikis (bi). **naturepl.com:** Ingo Arndt (cia). **26-27 Getty Images:** renekoo1978 / 500px (c). **27 Alamy Stock Photo:** MYN / Gil Wizen / Nature Picture Library (cd). **Dreamstime.com:** Alain Lacroix / Icefields (bi/fondo); Leo Malsam (cib). **Getty Images / iStock:** R-DESIGN (bi). **naturepl.com:** Piotr Naskrecki (bd). **28 Dreamstime.com:** Godruma (cdb); Jason Ondreicka (ci). **naturepl.com:** Pete Oxford (si); Robert Thompson (cia); Michel Poinsignon (cd). **29 Alamy Stock Photo:** Avalon.red / Anthony Bannister (cda/termitas); blickwinkel / Hartl (cdb). **naturepl.com:** John Cancalosi (cd); Nature Production (cda). **30 Dreamstime.com:** Vasyl Helevachuk (cia); Hilary Rivers / Hilarywren (cia/mano); Yodke67 (cdb). **30-31 Dreamstime.com:** Jmrocek. **31 Alamy Stock Photo:** Thomas Marent / Minden Pictures (bd). **Dreamstime.com:** Anita Patterson Peppers (sd). **naturepl.com:** Jane Burton (cd). **32 Dreamstime.com:** Nicolas Fernandez (ci). **Getty Images / iStock:** engabito (d). **33 Alamy Stock Photo:** Mark Moffett / Minden Pictures (sd). **Dreamstime.com:** Anjazz Anjazz Doz Santoz (cia); Alexander Zhiltsov / Whizzard (bc). **Getty Images / iStock:** Igor Krasilov (fbl); panom (cd). **Science Photo Library:** THOMAS SHAHAN (bi). **Shutterstock.com:** SIRITAT TECHAPHALOKUL (c). **34 Dreamstime.com:** Alslutsky (c); Eivaisla (bd). **Science Photo Library:** Karl Gaff (cdb). **35 123RF.com:** Richard E Leighton Jr (bi). **Dorling Kindersley:** Thomas Marent (ci, cdb). **Dreamstime.com:** Nicolas Fernandez (sc); Vlasto Opatovsky (cda); Palex66 (bc). **Shutterstock.com:** Cocos.Bounty (sd). **36 123RF.com:** Richard E Leighton Jr (ecda). **Dorling Kindersley:** Frank Greenaway / Natural History Museum, Londres (si, sc, c, ecdb, bc); Tim Parmenter / Natural History Museum, Londres (cia). **Dreamstime.com:** Feathercollector (sd); Stephanie Frey (cda); Nexus7 (cd); Weerapat Kiatdumrong (cdb); Matee Nuserm (bi). **Fotolia:** Tan Kian Khoon (bd). **Getty Images / iStock:** Antagain (ca). **Shutterstock.com:** Simon Berenyi (ci). **37 Alamy Stock Photo:** PhotoSpin,Inc (sc). **Dorling Kindersley:** Thomas Marent (ca); Colin Keates / Natural History Museum, Londres (esi, si); Frank Greenaway / Natural History Museum, Londres (ecia, c, ci, cib). **Dreamstime.com:** Melinda Fawver (ebi); Acharaporn Kamornboonyarush (bc); Sutisa Kangvansap / Mathisa (bd). **Getty Images / iStock:** epantha (bi). **38 Alamy Stock Photo:** Mircea Costina (si). **38-39 naturepl.com:** Nick Garbutt (c). **39 Getty Images / iStock:** ConstantinCornel (cdb). **40 Alamy Stock Photo:** Papilio / Robert Pickett (cdb). **Dreamstime.com:** Meisterphotos (si). **41 123RF.com:** Daniel Prudek (sd/abejas). **Dreamstime.com:** Le Thuy Do (bd); Maksym Fesenko (sd); Kkovaleva (cib); Serg_velusceac (bc). **naturepl.com:** Palo Alto JR Museum / MD Kern (cdb). **42 Minden Pictures:** Stephen Dalton (b). **43 Alamy Stock Photo:** Blickwinkel / H. Bellmann / F. Hecker (bc). **Science Photo Library:** Claude Nuridsany & Marie Perennou (cda). **Shutterstock.com:** Cathy Keifer (s, cia). **44 Alamy Stock Photo:** Jürgen Kottmann (si). **Dreamstime.com:** Stefan Rotter (ca); I Wayan Sumatika (sd). **Science Photo Library:** Power And Syred (bi). **44-45 Shutterstock.com:** I Wayan Sumatika (b). **45 Dreamstime.com:** Cosmin Manci (sc); Larry Rains (cia). **46 Alamy Stock Photo:** Adisha Pramod (si); Science History Images / Photo Researchers (c). **Shutterstock.com:** Pee Paew (ca); Sinhyu Photographer (cda). **47 Alamy Stock Photo:** Blue Planet Archive BPA (bd); Nature Picture Library / Andy Jackson / 2020VISION (si); imageBROKER.com GmbH & Co. KG / Norbert Probst (sc); Science Photo Library / Juan Gaertner (cib); Nature Picture Library / Sue Daly (bi); Science History Images / Photo Researchers (ebi). **Dreamstime.com:** John Anderson (sd); Bernhard Richter (ci). **naturepl.com:** Nature Production (esd); Nick Upton (fclb). **48 Alamy Stock Photo:** Bazzano Photography (sd). **Dreamstime.com:** Corey A Ford (cia). **48-49 Dreamstime.com:** Yothin Piyatrakul (c). **49 Dreamstime.com:** Danolsen (bd); Rueangsin Phuthawil (bi). **Shutterstock.com:** BlueRingMedia (sc). **50 Dreamstime.com:** Salvatore Ianniello (ci); Johninpix (bi). **50-51 Alamy Stock Photo:** Terence Dormer (b). **51 Alamy Stock Photo:** Natural Visions / Heather Angel (cdb). **52-53 Alamy Stock Photo:** blickwinkel / F. Teigler (b). **52 Alamy Stock Photo:** blickwinkel / Hecker (bc). **53 Alamy Stock Photo:** dpa picture alliance (cia). **Dreamstime.com:** Irina Andreeva (cdb); Andrii Bezvershenko (cda); Aldona Griskeviciene (cb); Fredweiss (ecdb); Yisi Li (bd). **naturepl.com:** Doug Perrine (sd). **54 123RF.com:** Marek Poplawski / mark52 (sd). **Alamy Stock Photo:** Connect Images / Albert Lleal Moya (ci); Alan Gregg (ebd). **Dorling Kindersley:** Linda Pitkin (cdb). **Dreamstime.com:** Serge Bertasius (cia); Natakuzmina (si); Eyeblink (cda); Bluehand (ca); Isselee (cib); Henrikhl (cb); Digitalimagined (bc); Shaffandi (bd). **55 Dreamstime.com:** Bluehand (bi); Puntasit Choksawatdikorn (cib). **56 Dreamstime.com:** Vladwitty (c). **Science Photo Library:** ANDREW J. MARTINEZ (sd). **56-57 Dreamstime.com:** Carol Buchanan (bd). **57 Depositphotos Inc:** cheattha (sd). **58 Alamy Stock Photo:** Chris Newbert / Minden Pictures (sc). **Dreamstime.com:** Blueringmedia (cia); Bokasana (ci); Ekaterina Mikhailova (sd); Surabhi25 (cib); Dmitry Rogatnev (bi). **Shutterstock.com:** Zaferkizilkaya (cb). **58-59 Alamy Stock Photo:** Gabriel Barathieu / Biosphoto (c). **59 BluePlanetArchive.com:** Steven Kovacs (cdb). **Dreamstime.com:** Seamartini (cda). **60 naturepl.com:** Gary Bell / Oceanwide (si). **60-61 Shutterstock.com:** Thierry Eidenweil (b). **61 Alamy Stock Photo:** Reinhard Dirscherl (bc); James Peake (si, sd); WaterFrame_fur (cb/pulpo). **Getty Images / iStock:** blueringmedia (cda); Luca Gialdini (cb). **62-63 naturepl.com:** SCOTLAND: The Big Picture. **62 Alamy Stock Photo:** Album (bd); WaterFrame_fba (cia). **63 Dorling Kindersley:** Frank Greenaway / Natural History Museum, Londres (cda). **Dreamstime.com:** 3drenderings (si); Alexander Ogurtsov (cb); Lgor Dolgov / Id1974 (cdb). **Science Photo Library:** Kjell B. Sandved (ecdb). **Shutterstock.com:** Laura Dts (bd). **64 Laurie Raymundo:** (bi). **64-65 Alamy Stock Photo:** James T Carnehan / Stephen Frink Collection. **66 123RF.com:** Visarute Angkatavanich / Bluehand (cda). **Dorling Kindersley:** Frank Greenaway (sd). **Dreamstime.com:** Isselee (si, ca); Vladvitek (sc); Igor Zubkov (cd); Surachet Khamsuk (bc). **67 123RF.com:** Bonzami Emmanuelle / Cynoclub (si). **Alamy Stock Photo:** Andrey Nekrasov (bd). **68 Dreamstime.com:** Arsty (ca). **Getty Images / iStock:** RomoloTavani (cda/fondo). **Getty Images:** Westend61 (cia). **68-69 Dreamstime.com:** Seadam. **69 123RF.com:** Visarute Angkatavanich / Bluehand (cdb). **Dreamstime.com:** Iadamson (si); Vladvitek (ci); Isselee (ca); Mgkuijpers (sd); Vitas (bd). **Getty Images / iStock:** marrio31 (cb); RomoloTavani (c/bajo el agua x3). **70 Dreamstime.com:** Tazdevilgreg (bc). **Shutterstock.com:** Tetsuo Arada (bi); Sebastian Kaulitzki (c). **70-71 Shutterstock.com:** Lindsey Lu (s). **71 Dreamstime.com:** Snehitdesign (bd/autobús escolar); Torsten Velden / Tvelden (bd). **Getty Images / iStock:** RomoloTavani (bc/agua). **naturepl.com:** Doug Perrine (cib). **72 Alamy Stock Photo:** Media Drum World (bi). **Getty Images / iStock:** RomoloTavani (bi/agua). **72-73 Dreamstime.com:** Steven Melanson (b). **73 Dreamstime.com:** Seadam (si). **74-75 Alamy Stock Photo:** blickwinkel / A. Hartl (c). **Dreamstime.com:** Krzysztof Odziomek (c/agua). **74 Alamy Stock Photo:** A. Hartl / blickwinkel (bd). **Dreamstime.com:** Slowmotiongli (cib). **75 Alamy Stock Photo:** Wolfgang Pölzer (sd). **naturepl.com:** Piotr Naskrecki (bi). **Shutterstock.com:** Arip Apandi (cd); BOONCHUAY PROMJIAM (bd). **76**

Dreamstime.com: Stevehullphotography (fondo). **naturepl.com:** Tony Wu. **Science Photo Library:** Dante Fenolio (sd). **77 Alamy Stock Photo:** Andrew Walmsley (c); Poelzer Wolfgang (sd, ci). **Dreamstime.com:** Md Annur Ahamed (cdb); Isselee (cda/anguila). **Getty Images / iStock:** Stevehullphotography (cda). **Shutterstock.com:** Takamaru (si, si/2, si/3). **78 Alamy Stock Photo:** imageBROKER / Mathieu Foulquie (bi). **Dreamstime.com:** Slowmotiongli (ci). **78-79 Getty Images / iStock:** bbevren. **79 Alamy Stock Photo:** Jorge García / VWPics (bd). **Getty Images / iStock:** llazarus (sd). **Shutterstock.com:** Martin Pelanek (cd); Tristan Tan (si). **80 naturepl.com:** David Shale. **81 Alamy Stock Photo:** blickwinkel / Schmidbauer (c). **Science Photo Library:** Solvin Zankl / Nature Picture Library (bd). **UWA Deep Sea Research Centre:** Alan Jamieson (cd). **82-83 ORCA:** Edith Widder. **82 Ocean Research & Conservation Association (ORCA):** (bi). **84 123RF.com:** macrovector (cdb); Micha Klootwijk / michaklootwijk (cia). **Dreamstime.com:** Duncan Noakes (cb). **Getty Images / iStock:** Andykrakovski (ci); LUNAMARINA (b). **naturepl.com:** Norbert Wu (sc). **Shutterstock.com:** Michael Bogner (si). **85 Alamy Stock Photo:** Blue Planet Archive MVA (bi); Nature Picture Library / Alex Mustard. **Getty Images / iStock:** RainervonBrandis (sd). **86 Alamy Stock Photo:** Tosh Brown (si); Minden Pictures / Pete Oxford (c). **Dreamstime.com:** Hery Siswanto (cdb). **Oceanwidelmages.com:** Chris & Monique Fallows (ca). **86-87 naturepl.com:** Henley Spiers (c). **87 naturepl.com:** Ralph Pace (b). **88 Shutterstock.com:** Elonsy (si). **89 Alamy Stock Photo:** Minden Pictures / Fred Bavendam (cib/pez sapo verrugoso, bd); James Peake (c). **naturepl.com:** David Fleetham (cb); Birgitte Wilms (cib); Shane Gross (sc); Alex Mustard (ca/pez rana); Linda Pitkin (ca); Andy Murch (c/raya). **NOAA Office of Ocean Exploration and Research, 2019 Southeastern U.S. Deep-sea Exploration:** (bi). **90 BluePlanetArchive.com:** Steven Kovacs (caballito de mar). **Getty Images / iStock:** Stevehullphotography. **91 Alamy Stock Photo:** Andrey Nekrasov (bd); Todd Winner (cib). **BluePlanetArchive.com:** Rudie Kuiter (c). **Dreamstime.com:** Patrimonio Designs Limited (cdb/x17). **92 Alamy Stock Photo:** Colin Marshall (ca); Stocktrek Images, Inc. / Brook Peterson (sd). **92-93 naturepl.com:** Franco Banfi. **93 Alamy Stock Photo:** FB-StockPhoto-1 (sd); David Fleetham (cd). **Dreamstime.com:** Orpoliii (bd). **Shutterstock.com:** Heiko Jetzkowitz (cdb). **94 Alamy Stock Photo:** Marli Wakeling (c). **Dorling Kindersley:** Frank Greenaway (cb). **Dreamstime.com:** Daniel Thornberg (sd). **Getty Images / iStock:** Addillum (bi); Pe-Art (cib). **Shutterstock.com:** Hennadii H (cib/pez globo). **95 Dreamstime.com:** John Anderson (c/fondo). **Getty Images:** Universal Images Group / Wild Horizon (sd). **96 123RF.com:** Bonzami Emmanuelle / Cynoclub (sc); livingpitty (bc). **Adobe Stock:** Tomas Drahos (cia). **Dreamstime.com:** Arsty (sd); Peter Leahy / Pipehorse (si); Sneekerp (ca); Isselee (cda, cdb/18, bi); Planetfelicity (cdb); Parfentevamaya (bd); Surachet Khamsuk (ebd). **naturepl.com:** David Shale (ca/9). **96-97 Dreamstime.com:** Fenkie Sumolang / Fenkieandreas (c). **97 123RF.com:** Visarute Angkatavanich (si). **Alamy Stock Photo:** David Cook / blueshiftstudios (cb). **Dorling Kindersley:** Jerry Young (ci). **Dreamstime.com:** Bluehand (cib); Mirkorosenau (sc, cia, bi); Isselee (ca). **98 Dreamstime.com:** Dirk Ercken / Kikkerdirk (ca). **Getty Images / iStock:** GlobalP. **99 Alamy Stock Photo:** Daniel Borzynski (bd); Gillian Pullinger (sd). **Dorling Kindersley:** Twan Leenders (bi). **Dreamstime.com:** Am Wu / Amwu (ca). **Shutterstock.com:** Bildagentur Zoonar GmbH (si). **100 Alamy Stock Photo:** David Chapman (cib). **Dorling Kindersley:** Twan Leenders (cd). **Dreamstime.com:** Dirk Ercken / Kikkerdirk (sd); Slowmotiongli (c/tritones). **Getty Images / iStock:** Azureus70 (c). **101 Alamy Stock Photo:** Reinhard Dirscherl (sd). **Dreamstime.com:** Bobhilscher (cd); Alain Lacroix / Icefields (rayos x2); Anusorn Thongpasan (c); Shane Myers (c/tortuga); Isselee (cdb). **Getty Images / iStock:** Mark Kostich (c/ Viper). **102 Alamy Stock Photo:** Buiten-Beeld / Jelger Herder (c). **Dreamstime.com:** Liliya Butenko (bi); Kamensky (si); Patrick Guenette (si/lagartija). **102-103 Shutterstock.com:** Bildagentur Zoonar GmbH (ca). **103 Alamy Stock Photo:** Cris Ritchie Photo (cdb). **Dreamstime.com:** Nynke Van Holten (bd); Javier Alonso Huerta (cda). **Science Photo Library:** Roger Hall (sc); Luis Montanya / Marta Montanya (sc/tritón); Carlyn Iverson (sc/tritón norteamericano oriental, sd); Roger Hall / Science Source (esd). **104-105 Alamy Stock Photo:** Minden Pictures / Buiten-beeld / Ernst Dirksen (ca). **104 Alamy Stock Photo:** Alistair and Jan Campbell UKCI (cb). **Dreamstime.com:** Dirk Ercken / Kikkerdirk (ci). **Getty Images:** Rosemary Calvert / Photographer's Choice (bd). **naturepl.com:** Michael & Patricia Fogden (bi). **105 Alamy Stock Photo:** Daniel Borzynski (bd). **Getty Images / iStock:** Rob Jansen (sd). **naturepl.com:** Stephen Dalton (si); Andrew Murray (cd). **106 Dreamstime.com:** Kerstiny (cia, cib). **naturepl.com:** Kim Taylor (cda). **106-107 Alamy Stock Photo:** Ivan Kuzmin (b). **107 Alamy Stock Photo:** Natural History Archive (bd). **Getty Images / iStock:** Wirestock (c). **naturepl.com:** Melvin Grey (cd). **108-109 Jaime Culebras. 108 Jaime Culebras:** (si). **110 123RF.com:** Artem Mykhaylichenko / artcasta (sky). **naturepl.com:** Tui De Roy. **Shutterstock.com:** chrisbrignell (bi). **111 Alamy Stock Photo:** Gregory Johnston (sc). **Dorling Kindersley:** Colin Keates / Natural History Museum (cda). **Dreamstime.com:** Kim Deadman / Kimdeadman (bd). **naturepl.com:** Jordi Chias (cb). **112 Dorling Kindersley:** Eleanor Bates (si). **naturepl.com:** Tui De Roy (sd); Solvin Zankl (bd). **112-113 123RF.com:** Chonlasub Woravichan (c). **Dreamstime.com:** Almir1968 (bajo el agua). **113 Alamy Stock Photo:** Laura Romin & Larry Dalton (cib); Jan Wlodarczyk (bd). **Dreamstime.com:** Annstasag91 (bi). **Shutterstock.com:** 4LUCK (sd). **114 Alamy Stock Photo:** Danita Delimont (sc). **Dreamstime.com:** Valentyna Chukhlyebova / Vac (ci); Sergey Uryadnikov (cib); Pindiyath100 (bc). **114-115 naturepl.com:** Anup Shah (b). **115 Dreamstime.com:** Stu Porter (sd). **Shutterstock.com:** Vladimir Turkenich (si). **116-117 Getty Images:** McDonald Wildlife Photography Inc. (si). **116 Shutterstock.com:** Scott Delony (cdb); bluedog studio (cd); Reynaldo Graca Lopes (bd). **117 123RF.com:** radiantreptilia (c). **Alamy Stock Photo:** Media Drum World (cia). **118 Getty Images:** Photodisc / Ascent Xmedia / Adam Goessaert (sc). **119 Alamy Stock Photo:** Giovanni Giuseppe Bellani (sc); John Sullivan (ci). **Getty Images / iStock:** Uwe-Bergwitz (c). **naturepl.com:** Paul Bertner (cia); Richard Herrmann (si); Pete Oxford (cia/geco). **120-121 Shutterstock.com:** Kurit Afshen. **120 Dreamstime.com:** Amwu (bc, bd); Seamartini (sc); Arifkdh (sc/ aumentos); Ekaterina Muzyka (sd); Godruma (cdb). **121 Alamy Stock Photo:** Blickwinkel / Fotototo (cib); Nature Picture Library / Bence Mate (si); Imagebroker / Arco / TUNS (bc). **Dreamstime.com:** Ken Griffiths (bd); Mollynz (sd); Rudmer Zwerver (cb). **122-123 Shutterstock.com:** I Wayan Sumatika. **122 Alamy Stock Photo:** Ivan Kuzmin (bi). **Shutterstock.com:** Neos1am (si). **123 Alamy Stock Photo:** Gillian Pullinger (sc). **Science Photo Library:** Power and Syred (cib). **124 123RF.com:** Teerayut Yukuntapornpong / Joesayhello (cdb). **Dreamstime.com:** Amwu (bd); Isselee (si). **Getty Images / iStock:** GlobalP (sc, cdb/monstruo de Gila). **125 Dorling Kindersley:** Twan Leenders (c). **Dreamstime.com:** Am Wu / Amwu (c/tortuga); Rinus Baak (bd); Mgkuijpers / Matthijs Kuijpers (bc). **Getty Images / iStock:** Cellistka (ci). **126 Getty Images / iStock:** Freder (bi). **Getty Images:** Image by David G Hemmings (c). **naturepl.com:** Christian Ziegler (si). **126-127 Dreamstime.com:** Isselee (sc). **127 123RF.com:** Sergei Uriadnikov (cb/pingüino de El Cabo). **Alamy Stock Photo:** MichaelGrantBirds (cb); Michel Poinsignon / Nature Picture Library (sd). **Dorling Kindersley:** Frank Greenaway / National Birds of Prey Centre, Gloucestershire (bi). **Dreamstime.com:** Charles Brutlag (cda). **Getty Images / iStock:** Enrique Ramos Lopez (cib). **Shutterstock.com:** muhammadadeel007 (bd). **128 Alamy Stock Photo:** Science Photo Library / Steve Gschmeissner (ci). **129 Alamy Stock Photo:** Biosphoto / Daniel Heuclin (cd). **Dreamstime.com:** Yuriy Balagula (ca); Slowmotiongli (sd); Natalia Golovina (ci); Flowersofsunny (fondo); Anna Lopatina (cdb); David Herraez (bc). **Shutterstock.com:** Oded Ben-Menachem (cib). **130 123RF.com:** santonius (bd). **Dreamstime.com:** Tadeasvonh (sd). **naturepl.com:** Christian Ziegler (b). **131 Alamy Stock Photo:** Nicolas Fernandez (b); Octavio Campos Salles (cd). **Dreamstime.com:** Hel080808 (cib). **Shutterstock.com:** Tara N Salgado (sd). **132-133 Alamy Stock Photo:** Praxis Creative (c). **132 123RF.com:** Artem Mykhaylichenko / artcasta (sc/ cielo). **Alamy Stock Photo:** Dave Collins (sc/águila pescadora). **Getty Images / iStock:** Freder (bi). **133 Alamy Stock Photo:** ZUMA Press, Inc. (bd). **Shutterstock.com:** Rudy Umans (bi). **134 Dreamstime.com:** Harry Collins (si); Dennis Jacobsen (sc); Mikelane45 (sc/busardo). **naturepl.com:** Ian McCarthy (ca). **Shutterstock.com:** Rob Palmer Photography (b, cdb). **135 Getty Images / iStock:** David Johnson (bc). **Shutterstock.com:** Mualvi. **136 Alamy Stock Photo:** Media Drum World (si). **Dreamstime.com:** Pavel Naumov (ci/cib); Ondrej Prosicky (s/fondo). **Getty Images / iStock:** evilknevil (b/fondo). **naturepl.com:** Lynn M. Stone (bi). **Shutterstock.com:** Spirit Mouse (cib). **136-137 Alamy Stock Photo:** Media Drum World (c). **Shutterstock.com:** Josef Pittner (ca). **137 Alamy Stock Photo:** BSIP SA / Jacopin (sd); FLPA (cdb). **Dreamstime.com:** Spineback (cia). **naturepl.com:** Michael Quinton (cda). **138 Dorling Kindersley:** Frank Greenaway / National Birds of Prey Centre, Gloucestershire (bc, bi, c); Frank Greenaway / The National Birds of Prey Centre (ca); Liberty's Owl, Raptor and Reptile Centre, Hampshire, UK (bd, cdb). **Dreamstime.com:** Dennis Jacobsen (cd/13); Yaroslava Polosina (ci). **Getty Images:** Daniel Parent (cd). **naturepl.com:** Joel Sartore / Photo Ark (cdb/falconete). **139 Dorling Kindersley:** Gary Hanna / Mattscott (si). **Dreamstime.com:** Isselee (cb); Jmrocek (c); Martin Mecnarowski (ca). **Getty Images / iStock:** JBLumix (ci). **140 Getty Images / iStock:** BrianEKushner (sd). **naturepl.com:** Anup Shah (c). **141 Dreamstime.com:** Abxyz (cia); Meunierd (sd); Stepanjezek (si); Lukas Blazek (cib). **naturepl.com:** Jen Guyton (cb). **142-143 naturepl.com:** Luke Massey. **144 123RF.com:** Serg_v (s/cielo). **naturepl.com:** Ben Cranke (cdb). **144-145 naturepl.com:** Bruce Thomson (c). **145 123RF.com:** Serg_v (b/cielo). **Alamy Stock Photo:** Steve Bloom Images (b/ave). **Dreamstime.com:** Agami Photo Agency (cd). **naturepl.com:** David Tipling (si). **Shutterstock.com:** Maquiladora (sd). **146-147 Getty Images / iStock:** David Keep (c). **147 Alamy Stock Photo:** Danita Delimont / Martin Zwick (cda); Alain Poirot (sc); Michel Poinsignon / Nature Picture Library (si); FLPA / Mike Jones (bi); Ivan Kuzmin (bc). **Dreamstime.com:** Séligour Christophe (bd). **Fotolia:** Impala (sd). **148 Alamy Stock Photo:** Brown Pelican bird (cia). **naturepl.com:** Alan Murphy / BIA (sd). **148-149 Alamy Stock Photo:** Malcolm Schuyl. **149 Dreamstime.com:** Mogens Trolle (sd). **Shutterstock.com:** Martin Blazicek (bc). **151 Alamy Stock Photo:** Chris Robbins (cb). **naturepl.com:** Robin Chittenden (si); Bruce Thomson (bd). **152 Dorling Kindersley:** Eleanor Bates (bi). **Dreamstime.com:** Kjersti Joergensen (cib); Jan Martin Will (cdb/pingüino emperador). **153 123RF.com:** ambeon (ci); Sergei Uriadnikov (bc/grupo). **Alamy Stock Photo:** James Caldwell (si); MichaelGrantBirds (bi). **Depositphotos Inc:** NedoB (bc/pingüino saltarrocas). **Dreamstime.com:** David Dennis (bd). **naturepl.com:** Klein & Hubert (sd). **154-155 Dyan deNapoli. 154 Dyan deNapoli:** (si). **156 Alamy Stock Photo:** Gary and Donna Brewer (sd). **Shutterstock.com:** Independent birds (bc); muhammadadeel007 (i). **157 Alamy Stock Photo:** Allen Creative / Steve Allen (cdb). **Dreamstime.com:** Kenneth Keifer (bc); Sdbower (sd). **Shutterstock.com:** Nadine Wagner (ci). **158 Dreamstime.com:** Holainsemar (si). **naturepl.com:** Nick Upton (sc). **158-159 Shutterstock.com:** Wang LiQiang (c). **159 Alamy Stock Photo:** jack perks (cia). **Shutterstock.com:** Agnieszka Bacal (sd). **160 Getty Images:** Image by David G Hemmings (c). **160-161 123RF.com:** serezniy (bc). **161 123RF.com:** Artem Mykhaylichenko / artcasta (b). **Alamy Stock Photo:** Robin Chittenden (ci); imageBROKER / S & D & K Maslowski (cda). **Dreamstime.com:** Gallinagomedia (bd). **Shutterstock.com:** Amadeu Blasco (bc). **162 Alamy Stock Photo:** Natalia Kuzmina (sc); Rolf Nussbaumer Photography / Bill Draker / Rolfnp (esd). **Dreamstime.com:** Slowmotiongli (cib). **Getty Images:** Moment / Marcia Straub (si). **naturepl.com:** David Kjaer (sd). **163 Alamy Stock Photo:** Science History Images (bd). **Dreamstime.com:** GCapture (cb); Smitty411 (cdb). **164-165 Alamy Stock Photo:** alantookthis. **164 Dreamstime.com:** Panuruangjan (bd). **165 Dreamstime.com:** Stu Porter (cia). **Getty Images / iStock:** Ian Fox (cdb). **naturepl.com:** Angelo Gandolfi (sd); Dave Watts (cb). **Shutterstock.com:** Stock for you (cda). **166-167 Dreamstime.com:** Christoph Lischetzki (c). **167 Alamy Stock Photo:** Duncan Usher / Minden Pictures (ca); Octavio Campos Salles (sd). **Dreamstime.com:** Viktoria Protsak (cd). **naturepl.com:** Douglas Herr / BIA (bd). **168 Dreamstime.com:** Mark Aplet (ci); Gilles Malo (bi). **Shutterstock.com:** George J Alukkal (ca). **168-169 Dreamstime.com:** Isselee (c). **169 Dreamstime.com:** Isselee (cd). **naturepl.com:** Mark Carwardine (sd). **Shutterstock.com:** Daiquiri (cdb). **170 Dorling Kindersley:** Andrew Beckett (Illustration Ltd) (bi). **170-171 naturepl.com:** Guy Edwardes (c). **171 Alamy Stock Photo:** blickwinkel / B. Zoller (si). **Dreamstime.com:** Linncurrie (bi). **Shutterstock.com:** Reimar (sd). **172-173 naturepl.com:** Markus Varesvuo. **172 Alamy Stock Photo:** Duncan Usher (bd). **Dreamstime.com:** Zagrosti (cia). **173 Alamy Stock Photo:** imageBROKER / Paul Sawer (cd). **Dreamstime.com:** Edwin Butter (bd). **174 Alamy Stock Photo:** Tim Plowden (sd). **Dorling Kindersley:** Geoff Dann / Barleylands Farm Museum and Animal Centre, Billericay (cdb). **Dreamstime.com:** Charles Brutlag (cb/13); Steve Byland (ecia); Michael Truchon (cia); Phichak Limprasutr (ca); Vasyl Helevachuk (cb); Isselee (cib); Narupon Nimpaiboon (cb/16). **Getty Images / iStock:** drakuliren (cda); Leopardinatree (sc). **175 Depositphotos Inc:** steve_byland (c). **Dreamstime.com:** Charles Brutlag (cb/32); Isselee (cia); Vasyl

Helevachuk (ca, ci); Wildlife World (cb, cb/34); Svetlana Foote (cib). **176 Alamy Stock Photo:** Auscape International Pty Ltd (ci). **Dreamstime.com:** Rudmer Zwerver (sd/x13). **naturepl.com:** Suzi Eszterhas (si). **Science Photo Library:** Peter Chadwick. **177 Alamy Stock Photo:** Asbjorn M. Olsen (sd); Westend61 GmbH / Gemma Ferrando (bi). **Depositphotos Inc:** lifeonwhite (bc). **naturepl.com:** Pete Oxford (si). **178-179 Dreamstime.com:** Cornelius20 (bc). **Getty Images / iStock:** Preto_perola (cb). **178 Dreamstime.com:** Andegraund548 (bi); Abeselom Zerit (ca); Lucielang (bc); Pokec / Jan Pokorni (cb); Stu Porter (cb/cheetah); Neelsky / Nilanjan Bhattacharya (c). **Science Photo Library:** Gustoimages (cda). **179 Alamy Stock Photo:** Auscape International Pty Ltd (cib/ardilla); John Porter LRPS (ca). **Dreamstime.com:** Mealmeaw (ci); Emmanuel Nalli (ecia); Slowmotiongli (bi); Rudmer Zwerver (cib). **Getty Images:** Ariel Skelley (sd). **naturepl.com:** Vincent Grafhorst (cia). **Shutterstock.com:** Gallinago_media (bd). **180 Dreamstime.com:** Marina Pissarova / Byheaven87 (s/nubes grises); Photomo (s). **Getty Images:** Ibrahim Suha Derbent. **181 Alamy Stock Photo:** André Gilden (ca); Stu Porter (cdb). **Dreamstime.com:** Dima1970 (cb); Ana Vasileva (bd); SaveJungle (bi, cib/x2); Fredweiss (sd/x11); Hhurzhi (cia). **182 Alamy Stock Photo:** Pardofelis Photography. **Dreamstime.com:** Mariia Klymenko (sd); Zafi123 (cib). **183 123RF.com:** Serg_v (ca). **Alamy Stock Photo:** Biosphoto / Sylvain Cordier (cda); Imagebroker / Arco / G. Lacz (bi); Survivalphotos (bd). **Dreamstime.com:** Elena Abramovich (sc); Geoffrey Kuchera (c). **184 Dreamstime.com:** Borja Xanela (bc). **naturepl.com:** Peter Blackwell (si). **184-185 Shutterstock.com:** Elana Erasmus (c). **185 Dreamstime.com:** Appfind (sd); Denisa Prouzová (sc); Keith Wheatley (bi); Stu Porter (bd); Ndp (cia). **186-187 Alamy Stock Photo:** Nature Picture Library / Nick Garbutt (b/zorro). **Getty Images / iStock:** evilknevil (b). **186 Dreamstime.com:** Volodymyr Byrdyak (si); Mythja (ci). **naturepl.com:** Luiz Claudio Marigo (bd). **187 Alamy Stock Photo:** imageBROKER.com GmbH & Co. KG / Ronald Wittek (cd). **Dreamstime.com:** Pavel Naumov (ca). **naturepl.com:** Will Burrard-Lucas (si). **188 Dorling Kindersley:** Tracy Morgan / Berry (c). **Dreamstime.com:** Chris Brignell (bi); Isselee (cda, cdb, cb/12); Eriklam (c/9); Willeecole (cb/14); Cynoclub (cia, bd); Gurinaleksandr (cia/6); Viorel Sima (cib); Jagodka (ca). **Shutterstock.com:** Ivanova N (si); Rita_Kochmarjova (sd). **189 Alamy Stock Photo:** Grossemy Vanessa (ca/23). **Dreamstime.com:** Adogslifephoto (ca, c); Jagodka (bi, cib); Volodymyr Melnyk (cb); Judith Kiener (cia); Aleksandr Tarlokov (cd); Isselee (bc, ci, sc); Eastmanphoto (ca/25); Mila Atkovska (si). **190 Dreamstime.com:** Holly Kuchera (cib). **190-191 Dreamstime.com:** Andrey Gudkov (s). **191 Alamy Stock Photo:** Arterra Picture Library / Arndt Sven-Erik (sd); Jason Hornblow (bc). **192-193 Getty Images:** The Washington Post. **192 Monterey Bay Aquarium:** (si). **194 Getty Images:** Moment / Stan Tekiela Author / Naturalist / Wildlife Photographer (si). **194-195 Alamy Stock Photo:** imageBROKER.com GmbH & Co. KG / Dieter Mahlke (b). **195 Dreamstime.com:** Isselee (cd). **naturepl.com:** Klein & Hubert (cia); Photo Ark / Joel Sartore (cda); Andy Sands (c). **196 Dreamstime.com:** Edurivero (cda); Grafxart (cd). **naturepl.com:** Jeff Foott (i). **197 Alamy Stock Photo:** David Sewell (bi). **Dreamstime.com:** Sarah2 (cib). **Getty Images:** Gamma-Rapho / Xavier Rossi (cda). **198 Alamy Stock Photo:** Auscape International Pty Ltd (si). **Dorling Kindersley:** Exmoor Zoo, Devon / Gary Ombler (bc); Marwell Zoological Park, Winchester / Frank Greenaway (ca). **Dreamstime.com:** Farinoza (cda); Isselee (cia, c); Oleg Kozlov (cb); Irina Kozhemyakina / Ir717 (cdb); Eduard Kyslynskyy (ecdb). **199 Dreamstime.com:** Musat Christian (cb); Isselee (sc); Poeticpenguin (cib). **Getty Images / iStock:** GlobalP (si). **200 123RF.com:** yotrak (esi). **Alamy Stock Photo:** Stephanie Jackson - Australian wildlife collection (cia); Ivan Kuzmin (bi). **Depositphotos Inc:** Myimagine (si). **Dreamstime.com:** Rudmer Zwerver (sd/x13). **Science Photo Library:** merlintuttle.org (bd). **201 Alamy Stock Photo:** blickwinkel / M. Woike (cda/zorro volador). **Dreamstime.com:** Michael Lynch (cd); Roman Nazarov (bd). **naturepl.com:** Kim Taylor (cda). **202 Alamy Stock Photo:** Imagebroker / Arco Images / Mosebach, K. (cb/bandicut); imageBROKER.com GmbH & Co. KG / Gerry Pearce (ci). **Dreamstime.com:** Isselee (cb); Slowmotiongli (si); Marco Tomasini (cdb). **203 Alamy Stock Photo:** Album (s); Auscape International Pty Ltd (sd); Westend61 GmbH / Gemma Ferrando. **Shutterstock.com:** Evelyn D. Harrison (cdb). **204-205 Alamy Stock Photo:** Minden Pictures / D. Parer & E. Parer-Cook (c). **204 Alamy Stock Photo:** Ben Nottidge (bd). **Ardea:** (cb). **naturepl.com:** Roland Seitre (sd); Bruce Thomson (bi). **206 Dreamstime.com:** Micha Klootwijk (bd). **naturepl.com:** Suzi Eszterhas (i). **207 Alamy Stock Photo:** adrian hepworth (cib); Minden Pictures / Suzi Eszterhas (sd). **Depositphotos Inc:** lifeonwhite (c). **Shutterstock.com:** Ekaterina Gerasimchuk (cdb); GR92100 (cd). **208 Getty Images:** Stone / Anup Shah (bd). **naturepl.com:** Suzi Eszterhas. **209 Alamy Stock Photo:** Minden Pictures / Thomas Marent (bd). **Dorling Kindersley:** Andrew Beckett (Illustration Ltd) (si). **210 Dreamstime.com:** Ksenyalim (bd); Jenny Mendoza (cib); Anna Kucherova (sd). **210-211 Alamy Stock Photo:** Nature Picture Library / Anup Shah (c). **211 Alamy Stock Photo:** blickwinkel / Layer (bd); Buiten-Beeld / Ronald Messemaker (bi); imageBROKER.com GmbH & Co. KG / GTW (sd). **212 Alamy Stock Photo:** Hemis.fr / Sylvain Cordier (cda); Minden Pictures / Cyril Ruoso; Nature Picture Library / Wild Wonders of China / Staffan Widstrand (sc). **naturepl.com:** Cyril Ruoso (bd). **213 Alamy Stock Photo:** Asbjorn M. Olsen (bd). **Dreamstime.com:** Rawin Thienwichitr (sd/fondo). **naturepl.com:** Cyril Ruoso (si, cib); Xi Zhinong (c). **214 Alamy Stock Photo:** imageBROKER.com GmbH & Co. KG / Thorsten Negro (b). **215 Alamy Stock Photo:** Danita Delimont / Pete Oxford (bi); Mediadrumimages / AndreCloete (d). **Dreamstime.com:** Nynke Van Holten (si). **naturepl.com:** Anup Shah (cib). **Shutterstock.com:** PurpleShine (cia). **216-217 Barrett Hedges**. **216 Dreamstime.com:** Volodymyr Byrdyak (sc); Johnbell (bi). **Getty Images / iStock:** wrangel (si). **naturepl.com:** Willi Rolfes / BIA (bc); Will Burrard-Lucas (ci). **217 Science Photo Library:** WILLIAM ERVIN (bd). **218 Getty Images:** Stone / Paul Souders (b). **219 Alamy Stock Photo:** Arterra Picture Library / Clement Philippe (si); Matthias Breiter / Minden Pictures (cd). **Dreamstime.com:** Mirage3 (ca); Sergey Uryadnikov / Surz01 (bc). **Getty Images:** Moment / MB Photography (ci). **Science Photo Library:** Claus Lunau (cib). **220 naturepl.com:** Bernard Castelein (sd); Jabruson (cdb). **221 Alamy Stock Photo:** Avalon.red / Anthony Bannister (cib); Tarun Chopra (sd); Alf Jacob Nilsen (bi). **Ardea:** Pascal Goetgheluck (cib/meloncillo). **naturepl.com:** Michael Quinton (cib/lince rojo); Christian Ziegler (bd). **222 Depositphotos Inc:** aleksei.ee (cdb). **Shutterstock.com:** Colin Seddon (cd). **223 naturepl.com:** Tui De Roy. **Shutterstock.com:** LouieLea (bi). **224-225 123RF.com:** Iakov Kalinin (c). **Alamy Stock Photo:** imageBROKER / P. Wegner (c/delfines). **224 naturepl.com:** Kevin Schafer (bi). **225 Alamy Stock Photo:** David Jefferson (bi); Karina Tkach (si). **Shutterstock.com:** Anna L. e Marina Durante (cda); Triduza Studio (sd). **226-227 Shutterstock.com:** Craig Lambert Photography (s). **226 Dreamstime.com:** Evgenia Kotozhekova (cib). **naturepl.com:** Flip Nicklin (bi). **NOAA:** (clb/map). **227 Alamy Stock Photo:** Blue Planet Archive FBA (bi). **Dreamstime.com:** John Abramo (bd); Chase Dekker (ebd). **naturepl.com:** Eric Baccega (cd). **228 123RF.com:** Eric Isselee / isselee (bd). **Dorling Kindersley:** Gary Ombler / Cotswold Wildlife Park (ci). **Fotolia:** Eric Isselee (ca). **Shutterstock.com:** Aleksei Verhovski (bi). **228-229 Dreamstime.com:** Torsten Velden / Tvelden (c). **229 Dorling Kindersley:** Harry Taylor (cib). **Dreamstime.com:** Jnjhuz (ca); Rudmer Zwerver (bc). **230-231 Dreamstime.com:** Johannes Gerhardus Swanepoel (c). **230 Alamy Stock Photo:** AfriPics.com (cdb). **Dreamstime.com:** Sharon Day / Shaday365 (bi). **231 Alamy Stock Photo:** Christine Johnson (sc). **naturepl.com:** Yashpal Rathore (bc). **232 Dreamstime.com:** Dima1970 (i/x6); Peer Marlow (sc). **232-233 naturepl.com:** Pete Oxford (bd). **233 Getty Images:** Tuul & Bruno Morandi / The Image Bank (si). **Shutterstock.com:** SeraphP (ca). **234 Dreamstime.com:** Rudolf Ernst (b). **235 Alamy Stock Photo:** Steve Taylor ARPS (cd); Roger de La Harpe / Biosphoto (sc). **Depositphotos Inc:** NataliiaMelnyc (cia). **Getty Images:** Riza Marlon (bd); Mark Newman / The Image Bank (sd). **236 Alamy Stock Photo:** John Bennet (sd). **Dreamstime.com:** SaveJungle (bi/x2). **236-237 Alamy Stock Photo:** Steve Boice (c). **237 Alamy Stock Photo:** Andrey Podkorytov (bc). **Dreamstime.com:** Insima (sd/x2); Lequint (ca). **Shutterstock.com:** Amadeu Blasco (si). **238-239 Ronan Donovan**. **238 Alex Walters:** (bi). **240-241 Getty Images:** Sølve Fredheim / 500px (c). **240 Alamy Stock Photo:** J-FRANCOIS DUCASSE (cib). **Dreamstime.com:** Isselee (c). **241 Alamy Stock Photo:** Roger de La Harpe / Biosphoto (cb); Kevin Schafer (cdb). **Shutterstock.com:** GUDKOV ANDREY (si). **242 Science Photo Library:** Peter Chadwick. **243 Alamy Stock Photo:** inga spence (sd). **Dreamstime.com:** Olga Itina / Olikit (si). **244 Dreamstime.com:** Isselee (cda); Sandra Van Der Steen (c/fondo). **Shutterstock.com:** Krakenimages.com (c). **245 Alamy Stock Photo:** JACOPIN / BSIP (sc). **Dreamstime.com:** Zzizar (si). **Getty Images:** Ger Bosma (cd). **Shutterstock.com:** Eric Isselee (bi); MyImages - Micha (bd). **246 Alamy Stock Photo:** David Cantrille (cib); GPNaturePhotos (cda); Arco / TUNS / Imagebroker (cdb); J & C Sohns / imageBROKER.com GmbH & Co. KG (cd). **247 Alamy Stock Photo:** Robin Hoskyns / BIOSPHOTO (bd); Diana Rebman (bi). **Dreamstime.com:** Anankkml (cda). **248 Alamy Stock Photo:** J-FRANCOIS DUCASSE (bi). **Getty Images / iStock:** Yann-HUBERT (c). **naturepl.com:** Andrew Parkinson (sd). **Shutterstock.com:** Milan Zygmunt (si). **249 Alamy Stock Photo:** Buiten-Beeld / Jelger Herder (bi); Reinhard Dirscherl (sd). **Getty Images / iStock:** Luis Espin (si). **Shutterstock.com:** Cavan-Images (bd). **250 Alamy Stock Photo:** Helmut Corneli (bd); Reinhard Dirscherl (bi). **Dreamstime.com:** Addict (bc). **Getty Images / iStock:** Gordon Magee (c). **naturepl.com:** Jiri Lochman (cd). **251 123RF.com:** Artem Mykhaylichenko / artcasta (si/cielo). **Alamy Stock Photo:** Buiten-Beeld / Jelger Herder (cd); Runk / Schoenberger / Grant Heilman Photography (sc); Tui De Roy / Nature Picture Library (cb). **Getty Images / iStock:** nomis_g (bi). **naturepl.com:** Oliver Richter / BIA (bd); Andrew Parkinson (si). **252-253 Alamy Stock Photo:** J-FRANCOIS DUCASSE (c). **252 Dreamstime.com:** Supertrooper / alex (ci). **253 Alamy Stock Photo:** Michel Rauch / Biosphoto (bc). **Dreamstime.com:** Iancphotography (bi). **Getty Images / iStock:** Luis Espin (ebi); KeithSzafranski (cd); Yann-HUBERT (cdb). **Shutterstock.com:** BenOBrienPhotography (c); Hugh Lansdown (sd); Marek R. Swadzba (sc). **254 Dreamstime.com:** Seadam (bd); Sekarb (cd). **Getty Images / iStock:** Rike_ (bc). **Shutterstock.com:** Milan Zygmunt (si). **255 Alamy Stock Photo:** Jim Cumming (bi); Ann and Steve Toon (cib); turventur.com (cb). **Dreamstime.com:** Rinus Baak (cia); Heiti Paves / Heitipaves (si); Hotshotsworldwide (cdb). **Getty Images / iStock:** Bkamprath (bc). **256-257 Elza Friedlaender**. **256 Victoria Beale:** (si). **258 Alamy Stock Photo:** Morley Read (cb). **Dreamstime.com:** Volodymyr Byrdyak (bd). **Getty Images / iStock:** NiseriN (cd). **259 Depositphotos Inc:** titoslack (cdb). **Getty Images / iStock:** DamianKuzdak (bi); sezer66 (cia). **naturepl.com:** Gerrit Vyn (sd). **Shutterstock.com:** Cavan-Images (si). **260 Alamy Stock Photo:** Liam White (cib). **naturepl.com:** Emanuele Biggi (bd); Nick Garbutt (si). **261 Alamy Stock Photo:** AP Photo / Jason Straziuso (bd); Gabriel Barathieu / Biosphoto (cd); Jen Guyton / Nature Picture Library (cia). **Dreamstime.com:** Izanbar (ci). **Getty Images / iStock:** Robert CHG (cda). **262 Dreamstime.com:** Geoffrey Kuchera (bi). **263 Dreamstime.com:** Le Thuy Do (bd); Serg_velusceac (bi). **264 123RF.com:** Sergei Uriadnikov (bc). **Alamy Stock Photo:** MichaelGrantBirds (bi). **Depositphotos Inc:** NedoB (bd). **Dreamstime.com:** David Dennis (ebd); Jan Martin Will (ebi)

Imágenes de cubierta: *Cubierta frontal:* **Alamy Stock Photo:** Gabriel Barathieu / Biosphoto esi; **Dreamstime.com:** Atalvi cib, Sean Beckett ebi, Dashark c, Kristof Degreef bi, Jakub Krechowicz bd, Dmitry Petlin ecdb, Channarong Pherngjanda cda, Elena Sanchez cdb, Tiberiu Sahlean / Tiberiusahlean sc; **Fotolia:** Eric Isselee esd; **Getty Images / iStock:** cyoginan cda/ (flamenco), Mingfei Hou si, JuliGin cdb/ (estrella de mar), kerkla ci, MicrovOne bi/ (insecto), NatuskaDPI (algas), OGphoto eci, Ekaterina Sheshina cia/ (caracol); **Shutterstock.com:** HelloRF Zcool ecd; *Contracubierta:* **123RF.com:** Bonzami Emmanuelle / Cynoclub cib; **Alamy Stock Photo:** Urs Hauenstein c, blickwinkel / F. Teigler cda, Poelzer Wolfgang bc; **Depositphotos Inc:** Krakenimages.com bi, lifeonwhite ecib; **Dreamstime.com:** 2day929 esd, Edi Hidayat ecd, Derek Holzapfel sd, Tae208 cb; **Getty Images / iStock:** Craig Lambert cdb, MicrovOne (insecto), MorePics ecia, NatuskaDPI (algas); *Lomo:* **Dreamstime.com:** Isselee ca